农村土地"三权分置"

释　论

——基于实践的视角

何宝玉 ◎著

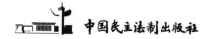

中国民主法制出版社

图书在版编目（CIP）数据

农村土地"三权分置"释论：基于实践的视角/何
宝玉著．—北京：中国民主法制出版社，2022.10

ISBN 978-7-5162-2869-2

Ⅰ.①农… Ⅱ.①何… Ⅲ.①农村—住宅建设—土地
制度—研究—中国 Ⅳ.①F321.1

中国版本图书馆 CIP 数据核字（2022）第 111208 号

图书出品人：刘海涛
责 任 编 辑：贾萌萌 袁 月

书名/农村土地"三权分置"释论——基于实践的视角
作者/何宝玉 著

出版·发行/中国民主法制出版社
地址/北京市丰台区右安门外玉林里 7 号 （100069）
电话/（010）63055259（总编室） 63058068 63057714（营销中心）
传真/（010）63055259
http：// www. npcpub. com
E-mail：mzfz@ npcpub. com
经销/新华书店
开本/16 开 710 毫米×1000 毫米
印张/17 字数/241 千字
版本/2023 年 1 月第 1 版 2023 年 1 月第 1 次印刷
印刷/三河市宏图印务有限公司

书号/ISBN 978-7-5162-2869-2
定价/69.00 元

序　言

　　土地是一种特殊的自然资源，不可移动、不可再生，任何国家、任何人须臾不可或缺。土地既是人类社会赖以存续和发展的重要物质基础，也是人类社会最重要的财产。所以，自古以来有关土地的法律制度建设，都是国家立法的重点。尤其是涉及人民衣食保障的农用土地，相关的法律制度更是国家立法的重中之重，不但民法等法律要加以规定，而且宪法也要加以规定。一般而言，土地法律制度是以土地权利体系为核心，其中的土地权利又是以土地所有权作为基础，以其他实际利用权利作为实操性权利形成的一个和谐整体。

　　中华人民共和国成立以后，我国的农村土地所有权制度几经变化。从中华人民共和国成立初期的农民土地所有权；到农民带着自己的土地加入合作社，合作社的土地所有权建立在农户享有固定股份性质的民事权利的基础之上；再到实行三级所有的人民公社，形成了农民集体土地所有权。1978 年改革开放后，农村开始推行家庭联产承包责任制，农村土地实行家庭承包经营，在不改变集体土地所有权的基础上，承认承包户对其承包地享有土地承包经营权，从而形成了集体土地所有权与农户土地承包经营权"两权分离"的法律制度格局。农户的土地承包经营权，虽然是集体土地所有权派生出来的，但却是一项独立的权利，而且与传统的用益物权不同。传统民法中的用益物权与所有权，是两个完全没有关系的民事主体之间的法律关系（比如地主与佃户之间的土地权利），而我国的农民集体恰恰是农民自己组成的，集体所有权就是农民集体的权利，农民在集体中享有成员权，所以农户的土地承包经营权具有自物权性质。实行"两权分离"的家庭承包经营制度极大地调动了亿万农民的积极性，有效地解决了广大农民和整个国家的温饱问题。实践证明，土地承包经营权的创立，获得了农民的衷心拥护，也取得了非常好的经济和社会效益。

　　随着农村改革不断深化和工业化、城镇化的迅速推进，许多农民进城务工经商，他们既希望把土地流转给他人经营，又想保留土地承包经营权。此外，很多地区承包户自己经营耕作小块土地，也出现了效益低下的问题。为了顺应社会经济发展的现实，顺应广大农民的愿望，国家深化农村土地制度改革，在总结地方实践探索的基础上，将农户的土地承包经营权进一步分为土地承包权和土地经营权，土地承包权仍然归农户，土地经营权可以转让给其他经营者，这样就形成了农村耕作土地上"三权分置"的格局，即农村集体经济组织享有土地所有权、承包户享有土地承包权、经营人享有经营权。农村土地实行"三权分置"，可以在坚持土地集体所有、尊重农户土地承包经营权的基础上，通过土地经营权的流转，促进农村土地的规模化经营，扩大农业的经营规模，提高农业生产效率和绿色经营的水平，加快推进农业农村现代化；同时，集体的权利和承包户的权利也得到了充分的尊重。"三权分置"是继家庭联产承包责任制后农村改革又一重大制度创新，是农村基本经营制度的自我完善，符合生产关系适应生产力发展的客观规律，对于我们国家的现代化建设具有重大意义。

为了从法律上确立农村土地"三权分置"，国家修改了农村土地承包法，制定了民法典，确立了"三权分置"相关法律制度，使"三权分置"合法化、规范化，为处理实践中的矛盾、保护当事人的合法权益提供了公正、透明的法律保障。在农村土地"三权分置"入法的过程中，不少法学专家学者从法学理论角度作出了比较充分的研究论证，特别是对于土地承包权与土地承包经营权的关系、土地经营权的法律性质等问题，进行了深入研究，提出了各种观点，对于建立"三权分置"法律制度发挥了应有的作用。在依据科学理论促进改革、促进立法发展方面，许多人都贡献了自己的智慧，但是，全国人大农业与农村委员会具体从事这一方面的立法工作者的研究和经验总结，应该说更有法律学习和适用的参考价值。因此，我想在这里特别推荐何宝玉先生著的《农村土地"三权分置"释论——基于实践的视角》这本书。

何宝玉先生早年毕业于中国社会科学院研究生院农村发展研究系，对英国的信托法、地产法、合同法都有比较深入的研究。研究生毕业后数十年来，他一直在全国人大从事立法工作，具有比较丰富的立法工作经验。而且他多年来一直钟情于"三农"问题研究，持续数十年集中精力研究农村土地问题的立法和其他法治实践。因为工作机缘，他有机会更为全面、深入地了解农村改革发展的探索、创新和实践状况，并且在扎实的理论功底之上对这些问题进行深刻的思考和总结。他先后参与起草、修改农村土地承包法，对我国农村土地制度，特别是农村土地从"两权分离"到"三权分置"的发展过程更为熟悉。他的这本书着重挖掘法律制度背后的实践基础，整理立法者制定该法时细致精准的指导思想，所以，这本书不仅仅是一本少有的、从立法工作者的角度阐释农村土地"三权分置"的著作，而且是一本在一个重要制度的环节上反映我国立法如何应现实需要、推动法治国家进程的著作。

在我看来，本书的内容有四个显著特点：

一是对农村土地承包实践发展和制度演进的梳理非常清晰。厘清实践发展和政策形成过程，是理论研究和立法的基础。本书作者以立法工作者的严谨态度，对农村土地承包的实践发展、农村土地集体所有权的形成和发展、农村土地"三权分置"的发展历程，以及土地经营权抵押、登记的实践发展和政策演进等，都进行了非常清晰而全面的梳理，读后对农村土地承包实践和相关制度的背景，以及实践发展和制度演变的来龙去脉都能一清二楚。

二是把理论分析与实践总结很好地结合起来。本书着重基于实践的视角进行研究，挖掘法律制度背后的实践基础，同时也与理论分析密切结合。"三权分置"新创立的土地经营权是什么性质的权利，究竟是物权还是债权？土地承包经营权和土地经营权可否抵押？都是争议很大的重要问题。本书对这两个问题都进行了比较深入的理论分析，同时，作者结合立法工作实际，着重从实践的角度，全面地分析了各方面现实情况和实践可行的重要考虑因素，对于我们从实践角度理解相关法律制度，进一步深入开展研究，都是富有启发意义的。

三是对法律制度的分析研究非常细致、深入。农村土地"三权分置"的核心要义是放活土地经营权，对土地经营权的研究通常都是一般性和概括性的，很少注意到实践中不同类型的土地经营权。本书按照新修改后的农村土地承包法和民法典的相关规定，认真厘清了两类、四种土地经营权，并且分情况，细致地分析了不同的土地经营权的法律性质、登记、融资担保、再流转、收回、入股、继承等，有助于更全面、更深刻地理解土地经营权的有关法律制度，也为进一步深入研究提供参考。

四是思路开阔视野宽。农民集体土地所有权是中华人民共和国成立后按照社会主义法权思想体系建立起来的，我国宪法、民法典都规定了集体所有权，我们必须坚持。本书结语部分对坚持和完善农村土地集体所有权的论述，没有局限于纯理论分析，而是回顾中华人民共和国成立后建立农村土地集体所有制的历史背景，以及中国共产党建立公有制为基础的社会主义国家的执政理念，指出土地私有化在政治上和实践上都是行不通的。同时，基于1982年宪法制定过程中关于农村土地国有化的争论，以及当前的国际国内形势，分析指出农村土地国有化既不太可能，也没有必要。这些研究分析，思路很开阔，很有价值。书中关于国外以及我国历史上土地权利分置的规律性研究，也具有很好的借鉴意义。

　　总体而言，本人对这本书给予充分肯定的评价。应作者之邀为其作序，是本人的荣幸。在此衷心地将这本书推荐给大家。

中国社会科学院学部委员
全国人大宪法和法律委员会委员
中国社会科学院大学特聘教授
孙宪忠
2022 年 4 月 22 日

前　言

——

　　土地是一种具有稀缺性的特殊资源。英国古典政治经济学家威廉·配第早在17世纪就指出，劳动是财富之父，土地是财富之母。土地作为国民财富的源泉，其占有和使用涉及社会最基础的财富生产和分配，这个问题既是极其重要的经济问题，也是极其重大的政治问题。所以，土地制度是一个国家的基础性制度，事关经济社会发展和国家长治久安，其重要性无论怎样强调都不过分。

　　中国几千年历史的经验教训表明，中国的问题归根结底是农民问题，农民问题的核心是土地问题。如何处理好农民与土地的关系，始终是国家治理和经济社会发展面临的重要难题。中国共产党成立以来，处理好农民与土地的关系始终是党的重要工作任务。中华人民共和国成立后及时推行土地改革，把土地分给广大农民。农村改革开放也是从调整农民与土地的关系开始的，在坚持土地集体所有的前提下，普遍推行家庭承包经营，极大地调动了广大农民的生产积极性，极大地解放和发展了农村生产力，促进农业农村发生了翻天覆地的变化，为顺利推进改革开放、促进国民经济持续健康发展奠定了坚实基础。在当前的新形势下，处理好农民与土地的关系，仍然是深化农村改革的主线。

　　我国农村土地数量大、类型复杂、用处多。不同类型、不同用途的土地涉及不同的经济活动和利益主体，会产生复杂的法律关系。特别是，我国农村土地最重要的功能是政治功能（维持整个乡村社会的稳定）、社会功能（是解决几亿人维持最基本生存的一种保障），而不是经济功能。[①] 我国农民集体土地所有权的首要功能在于为集体成员提供最基本的社会保障。[②] 还有学者认为，农户的土地承包经营权是农民的生存权。[③] 农村土地问题不

[①]　赵万一主编：《民商法学讲演录》（第三卷），法律出版社2010年版，第112页。

[②]　黄忠：《城市化与"入城"集体土地的归属》，载《法学研究》2014年第4期。

[③]　郑尚元：《土地上生存权之解读——农村土地承包经营权之权利性质分析》，载《清华法学》2012年第3期。

仅关系农业农村农民，而且影响经济建设和社会发展，可以说是牵一发而动全身。因此，中央对于推进农村土地制度改革，历来坚持审慎、稳妥的原则。[①]

随着工业化、城镇化的推进，农业生产、经济建设、人民生活对土地的需求日益增长，为满足各方面对有限土地的多样化需求，不得不实行土地权利的分割与分享，将土地的不同权利分配给不同的人。面对日益强烈、日趋复杂的土地需求，各国普遍采取土地权利分置的办法，让不同的人分享土地的权利。英国长期以来实行的地产权分割制度、德国的地上权制度，可以看成两大法系实行土地权利分享的典型代表。将土地特别是农地的不同权利分配给不同主体，以满足不同需求、实现不同目的，是普遍存在的现实，也是难以抗拒的规律。

我国农地权利的分置与分享具有深厚的历史传统和渊源。我国古代的农地永佃制度，特别是唐宋以后形成的农地"一田二主"和"一田三主"，都是在人地矛盾高度紧张的情况下，农地使用权与所有权分离，通过分享农地权利，提高土地利用率和农业生产力，以维持农民生活，缓解社会矛盾，维护农村和社会稳定。[②]

农村改革开放后，我国农村土地普遍实行家庭承包经营，形成集体土地所有权与农户土地承包经营权的"两权分离"。进入21世纪，越来越多的农民进城务工，他们不再经营承包地，却又希望保留土地权利，以便在城市生活遇到困难时可以回去种地。为了顺应农民保留土地承包权、流转土地经营权的愿望，在"两权分离"基础上，经过实践探索，进一步形成所有权、承包权、经营权"三权分置"，经营权流转的格局。国家修改了农村土地承包法，把农村土地"三权分置"纳入法律规范，并且制定民法典予以确认，使农村土地的权利在更多主体之间分享，特别是让经营者享有独立的土地经营权。农村土地"三权分置"，是继家庭承包责任制以后农村改革的又一重大制度创新，对于巩固农村基本经营制度，稳定农村土地承包关系，发展多种形式适度规模经营，构建新型农业经营体系，促进

---

① 陈锡文：《农村土地制度改革与"三权分置"制度探讨》，载黄建中主编：《农地"三权分置"法律实施机制理论与实践》，中国法制出版社2017年版，第2页。

② 赵晓力：《中国近代农村土地交易中的契约、习惯与国家法》，载《北大法律评论》1998年第2期。

农业农村现代化，具有重大的理论和实践意义。

从起草物权法开始，法学理论界对农村土地问题明显更加关注，研究更趋深入。特别是在修改农村土地承包法和制定民法典，把"三权分置"纳入法律规范的过程中，许多法学家积极加入农村土地"三权分置"的理论研究，依据法学理论对"三权分置"进行分析论证，提出了许多很有价值的理论观点，对于丰富法学理论、健全相关法律制度具有积极意义。但是，结合农村土地承包的复杂现实情况，在宏观层面、从实践角度进行深入的分析研究明显不多。

从一般意义上说，研究中国的社会科学者必须从实践的认识而不是西方经典理论的预期出发，建立符合中国历史实际的理论概念，通过民众的社会生活，而不是以理论的理念来替代人类迄今未曾见过的社会实际，来理解中国的社会、经济、法律及其历史。[①] 社会科学研究要遵循"从实践中来到实践中去"的认识路线，对经验饱含敬畏之情，对实践充满同情理解。[②]

具体到农村土地法律制度的研究，这不是一个单纯的法学理论问题。农村土地制度的立法必须有科学的法学理论指导，必须符合法理，同时更需要植根于我国农村的历史传统和发展现实，不能单纯依靠演绎推理，片面追求应然结论。一方面，现实永远比理论复杂很多，理论也会因为社会结构的变迁而在两难之中陷入纠结。[③] 法律的生命在于实践，而不在于逻辑。另一方面，制度变迁的根本原因是因应时势变化，无论是水滴石穿的渐变，还是大刀阔斧的改革，都是因为时势发生了变化，制度必须跟着变。国内国际形势既变，则必调整做法以因应之，这才是制度变迁的根本动力。[④] 事实上，我国改革开放的一条基本经验是"摸着石头过河"，就是要从基层的社会实践中总结经验，从行得通的做法中提取政策元素。[⑤] 过去十几年来，中国最重要、最成功的制度和法律变革在很大程度上是由中国人民，特别是农民兴起的，那些比较成功的法律大都不过是对这种创新的承认、概括和总结。[⑥] 因此，立足实践经验，切合农村实际一直是我国

---

① 黄宗智：《认识中国——走向从实践出发的社会科学》，载《中国社会科学》2005 年第 1 期。
② 陆剑：《我国农地使用权流转法律制度研究》，中国政法大学出版社 2014 年版，第 24 页。
③ 熊逸：《治大国：古代中国的正义两难》，江苏凤凰文艺出版社 2018 年版，第 51 页。
④ 赵冬梅：《法度与人心：帝制时期人与制度的互动》，中信出版社 2021 年版，第 38—39 页。
⑤ 徐远：《人·地·城》，北京大学出版社 2016 年版，第 239 页。
⑥ 苏力：《法治及其本土资源》，北京大学出版社 2015 年版，第 40 页。

农业农村立法的重要遵循,否则,结果很可能是,实际运作中的法律同教科书上的"学理"是两码事。① 费孝通先生早在 80 年前论及中国农村经济的转变时就指出,正确地了解当前存在的以实事为依据的情况,将有助于引导这种变迁趋向于我们所期望的结果。②

正因为如此,依据现行法律制度和基本法理,从实践的视角对农村土地"三权分置"进行梳理和分析研究,就显得尤为必要,这也是本书旨趣之所在。

笔者 1999 年参加农村土地承包法起草工作后,就一直关注该法的实施和实践,2015 年又参加农村土地承包法修正案草案的起草工作,在工作过程中,认真梳理、学习党中央国务院有关农业农村特别是土地承包的政策文件,力求准确理解精神实质;有机会聆听了曾经领导和推动农村改革的杜润生、张根生、段应碧、吴象、王郁昭、陆子修等老同志对制定农村土地承包法和深化农村土地制度改革的意见;广泛研读专家学者的有关著述;还到一些地方调研,并且与有关部门和地方的同志反复进行座谈、讨论,尽可能全面、深入地了解农村土地承包的实际情况、存在的问题、解决问题的探索和实践经验,特别是立法、修法过程中重要立法政策选择的背景和实践因素。

本书就是在此基础上,着重从宏观的实践视角,阐释农村土地"三权分置"法律制度。第一章首先分析英国的地产权制度、德国的地上权制度、中国古代的永佃制和"一田二主"制度等,以及土地权利的演进趋势,表明土地权利分置是共同的规律。第二章归纳总结农村土地承包情况,区分了家庭承包、"四荒"承包和其他土地的承包,这是农村土地承包法律制度的基础性区分。第三章梳理农村土地"三权分置"的演进过程、相关理论争议,研究"三权分置"的法律表达,提出"三权分置"的制度设计。第四章对集体土地所有权的形成与发展进行梳理,依据现行法律阐释集体土地所有权的权利主体与行使主体、集体土地所有权的特征和主要内容,并且着重对我国农村集体土地所有权与日耳曼法的土地总有制度、英国的土地合有制度、我国民法的共同共有进行了比较分析。第五章在辨析社员、村民与集体经济组织成员之间关系,明确农村集体经济组织

---

① 冯象:《政法笔记》,北京大学出版社 2012 年版,第 202 页。

② 费孝通:《江村经济》,北京大学出版社 2012 年版,第 4 页。

成员权主要内容的基础上，分别阐述了土地承包经营权与土地承包权。第六章从土地经营权的产生入手，厘清了制定民法典后的两类、四种土地经营权，并且区分不同类型的土地经营权，分别研究土地经营权的法律性质、登记、融资担保、再流转、收回、入股、继承等，特别是深入分析了确定土地经营权的法律性质所考虑的现实背景和实践因素。结语部分展望了"三权分置"的未来发展趋势，就是在坚持和完善农村土地集体所有权制度的前提下，集体土地所有权的运行更加规范化，农户土地承包经营权（土地承包权）趋于价值化，土地经营权逐步物权化。本书着重于结合基本法理，深入分析、研究相关立法政策选择的实践因素和现实考虑，从一个侧面记录和反映"三权分置"的实践发展及相关法律制度的形成过程，为进一步深入研究提供参考。

衷心感谢孙宪忠教授对农村土地承包立法的支持并为本书作序。孙宪忠教授不仅以法学专家、全国人大宪法和法律委员会组成人员的身份积极参与物权法和民法典的制定工作，而且十分关注和支持农村土地承包立法。1999 年全国人大农业与农村委员会牵头起草的农村土地承包法草案在提请审议前，起草工作小组按照委员会领导要求，专门请法学专家从法理上把关，孙宪忠教授等专家和起草工作小组的同志一起，逐条对草案进行分析研究，提出修改意见，完善法律草案。2015 年全国人大农业与农村委员会牵头起草农村土地承包法修正案草案的过程中，孙宪忠教授在征求意见的座谈会上明确提出，应当确定土地经营权的物权性质，并且设专章对土地经营权（耕作经营权）作出规定，这些意见对修改法律发挥了积极作用。本书印出校样后，孙宪忠教授又欣然应邀作序，在此深表谢忱！

衷心感谢王小映研究员、任大鹏教授和王超英、贾东明、李生、王乐君、郭文芳、赵鲲、胡建峰、金文成、吴晓佳、刘春明、刘涛等同志以及全国人大农业与农村委员会法案室的同事，在参与起草、修改农村土地承包法的过程中开展研究、座谈、讨论时给予我的指导和启发！

衷心感谢中国民主法制出版社刘海涛社长、陈曦同志的信任和贾萌萌、袁月同志认真细致的编辑工作！

书中的不妥之处，敬请读者批评指正。

何宝玉

2022 年 4 月于北京

目　录

第一章

土地权利分置是普遍规律

从一些国家的土地利用和土地权利配置的历史经验来看，土地权利特别是农地权利的分置是一种普遍规律。因为人类的一切活动都离不开土地，农业生产经营活动更离不开土地这个基本的生产资料，而土地，特别是适宜耕种的农地，又是一种不可或缺、不可替代、不可再生的独特资源。随着经济发展、人口增长以及工业化和城镇化的推进，土地的稀缺性日益突出，农业、工商业、服务业以及人们的生活需要等对土地的需求日益增长，而且各种需求相互竞争，使得数量和质量都有限制的土地必须用来满足不断增长且越来越多样化的需求。因此，在更加集约地利用土地的同时，不得不将土地的不同权利分配给不同的人，以满足人们对土地的各种不同需求。

事实上，面对日益强烈、日趋复杂的土地需求，不同国家都采取了土地权利分置的做法，土地权利分置已经成为一个普遍规律。英国的地产权制度就是英美法系国家土地权利分置的典型代表，德国作为典型的大陆法系国家也建立了土地权利分置的地上权制度，我国古代的永佃制、"一田二主"和"一田三主"同样体现为土地权利特别是农地权利的分置。可以说，将土地特别是农地的不同权利分配给不同的主体，以满足不同需求、实现不同目的，既是普遍存在的现实，也是难以抗拒的规律。

第一节 英国的地产权和农地租赁制度

英国是近代工业革命的发源地，是最先实现工业化的国家，也是一个经历过兴盛与衰落的国家。英国的法律制度历经千年仍然延续至今，是英美法系的典型代表。英国的土地法律经过近千年的发展，虽然几经变化以适应经济社会发展的现实需要，但基本原则一直保持未变，作为一个历经兴衰的国家，其土地制度无疑是值得研究的。

一、英国的地产权制度

英国的土地制度是从封建土地分封发展起来的。1066 年威廉一世征服英格兰以后，为了强化王权统治而引入西欧采邑制，将英格兰的所有土地收归己有，宣布国王自己是全国土地唯一的最终所有者。国王留下一部分森林和土地，作为王室亲自管理的直辖领地，同时将其他土地分封给随同征战的贵族，称为直属封臣，他们通过国王的分封获得一定面积的土地作为采邑，一方面，他们享有采邑土地的占有、使用、收益等权利，并且可以将土地再进一步分封给他人，但他们不享有土地所有权；另一方面，作为取得土地权益的条件，他们必须向国王承担相应的义务，主要包括宣誓效忠国王、按照封地面积向国王缴纳税赋、提供骑士及装备为国王服兵役、一旦发生战争必须应召率兵出征、为国王的婚丧嫁娶提供"助钱"等，而且，封臣死亡后，其继承人必须向国王缴纳继承税才能继承采邑。显然，国王分封土地并未授予封臣土地所有权，只是授权他们按照规定的条件持有土地。

国王分封土地时允许直属封臣继续向下分封，但是必须确保履行对国王的义务。这些直属封臣通常并不耕种受封的土地，而是将土地再分封给其他贵族、骑士等，当然，受封者获得的土地权利不能大于直属封臣从国王那里得到的权利，更不能获得土地所有权，只是在直属封臣获得的权利范围内，按照分封条件获得一定的土地权利，并且承担相应的劳役等义务。

受封者还可以按照同样的方式、不同的条件，再向他人分封土地。而且，这种土地分封不仅产生土地保有关系，同时形成人身依附关系，受封者作为土地保有人同时与领主（分封者）形成固定的身份关系，未征得领主同意，不得自由转让其土地权益。这种人身依附关系是分封制早期的一个重要特征。受封者不能自主转让其土地权益，客观上迫使他进一步向下分封，以实现转让土地权益所要达到的经济目的。

因此，许多土地经过多次分封，最终形成分封土地的金字塔：塔尖上是唯一的土地所有者国王，国王下面是直接受封于国王的直属封臣，然后，依次继续向下分封，形成多层次的分封关系，最底层是农奴或者佃农。其中，最底层的农奴、佃农亲自耕种土地并提供繁重的劳役或者履行其他义务，但是经过层层分封，他们享有的土地权利是最小的。

通过土地分封形成的权利义务关系称为土地保有制度（tenure），而不是土地所有权关系，它表明受封者依什么条件、以什么方式持有土地。受封者对受封土地享有的权利统称为地产权（estate），他们只是持有土地并享有地产权，并非拥有土地或者享有土地所有权。国王作为唯一的土地所有者享有土地所有权，但他已经通过分封，按照一定的条件（受封者的义务）将土地的权利交给受封者，受封者的土地权利具有排他性，甚至可以对抗国王，国王同样受到分封的约束，他虽然享有土地所有权，但是既不能占有、使用分封的土地，也不能处分受封者的土地权利。因此，英国的土地权利从一开始就是在国王和其他分封者、受封者之间进行分割的。

土地的保有制度确定受封者保有土地的条件和方式，不同受封者的保有条件在性质和法律地位方面各有不同。早期的土地保有方式主要是终身保有并且由长子继承，后来，国王分封时直接将土地授予受封者及其继承人，继承人无须征得分封者同意即可直接继承土地，从而使受封者对土地享有一定的所有者权益。基于土地作为核心财产的特殊性以及封建土地关系的复杂性，法律逐渐承认多种土地保有形式，除自由保有（可以自由继承）、租赁保有（在租期内有效）以外，还有终身保有（不能继承）、限嗣继承保有（限特定子嗣继承）等。

从 13 世纪开始，受封者被允许转让其土地保有权，受封者的土地保有关系日益摆脱人身依附，地产权逐渐转化为一种独立的财产权益。一方面，土地保有人承担的封建义务逐渐可以用交纳一定数额的货币代替，而不必亲自履行劳役等劳务；另一方面，议会先后通过立法限制国王的土地权利，强化受封者的土地权利。例如，1290 年议会制定《保有转让法》，从维护大领主利益出发禁止分封，以防止土地被无限分封损害领主利益，同时也照顾到土地保有人要求自主转让土地权益的愿望，明确允许土地自由保有人无须征得领主同意就可以转让部分或者全部土地，受让人作为新的土地保有人履行对领主的义务。到 14 世纪中期，议会立法废除了中间层的贵族和骑士的土地保有权及相关的封建义务，使得所有土地保有人都直接承受于国王名下，最底层的农奴和佃农承担的一些封建义务逐渐转换为支付租金，贵族和骑士可以独自雇佣劳动者，从而使双方都获得了一定的自由。

此后，为适应经济发展和社会变革的需要，一方面，受封者与国王的关系日趋简化，早期受封者必须承担的为国王提供骑士、劳务等封建义务逐渐被取消，时至今日，土地保有人为国王提供某种服务更多是一种源于传统的荣誉而非义务。同时，土地持有人与国王的联系日趋淡化，绝大部分土地持有人甚至没有意识到自己与土地所有者国王之间的封建土地关系起源。另一方面，法律逐步简化土地保有形式，废除了多种土地保有形式及其附带义务，1925 年后，法律只承认一种土地保有形式，即自由保有制度，把土地持有人全部当成直接承租人，即土地持有人被视为直接从国王那里取得并持有土地，但不承担向国王提供劳务等义务。

实质上，英国的土地分封制度就是将土地权利在不同的封建主、农民之间进行分割，国王作为唯一的土地所有者享有土地所有权，但是，土地经过层层分封，受封者分别享有不同的、越来越小的土地权利，同时履行一定义务（如服兵役、缴纳税赋等），就是通过分封的方式，将土地权利在不同权利人之间分割，受封者以履行一定义务为前提享有土地权利，只要受封者恰当地履行义务，分封者（领主）就不能随意收回土地，甚至国王作为土地所有者也受到分封的约束，必须尊重其他人的土地权利。受封者与分封者之间实际上形成了一种相互制约的关系，是对彼此所享有的地产权的制约。因此，英国的地产权本身就具有相对性。

随着经济社会发展，经过长期斗争和妥协，受封者，甚至是最底层亲自耕种土地的农民，都获得了可以对抗国王和分封者的地产权，由此导致的结果是，不同的人可能对同一土地分别享有不同的法定权利，同时，没有人享有完整、绝对的土地权利，即使国王作为土地所有者，虽然可以声称"普天之下，莫非王土"，但国王实际上只享有名义上的土地所有权，土地的占有权、使用权分别属于其他受封者和耕种土地的农民。时至今日，国王享有土地所有权的主要内容是，万一某个土地权利人生前没有处置土地权利，死后又没有继承人，其土地权利就回归国王所有。为了反映和保护这种土地所有权结构，英国的土地制度很少使用土地所有权概念，而是采用地产权概念，即不同的人分别对土地享有不同的地产权，但没有人享有绝对的、完整意义的土地所有权。①

① 参见何宝玉：《地产法原理与判例》，中国法制出版社 2013 年版，第 17—32、115—132 页。英国的一些简明地产法著作所附词条里，甚至没有通常译为所有权的 ownership 一词。

更进一步看，地产权表述的是一种抽象的权利存在状态，这种状态使各种土地权利都是一种针对抽象物的排他性支配权利，而不是针对土地本身的权利，就此而言，所有土地权利都是抽象权利，因此，地产权可以在时间和内容上进行分割，几代人可以同时和相继拥有同一块土地上的地产权或所有权。[①]

不同的人同时分享土地权利和利益，是英国土地制度的普遍现象和基本特征。经过不断简化和完善，目前英国仍然同时承认自由保有地产权与租赁地产权两种法定地产权。法律直接将租赁关系产生的租赁地产权作为法定地产权加以保护，租期 7 年以上的租赁都应当依法登记。因此，英国土地所有关系的典型情形是：甲享有特定土地的自由保有地产权（类似于无期限的土地所有权）；同时，甲将土地租赁给乙（租期 99 年）；乙又将土地租给丙（租期 50 年）。结果，对该土地，甲享有无限期的自由保有地产权，乙享有 99 年的租赁地产权，丙享有 50 年的租赁地产权，三人对该土地各自享有独立的法定地产权，但是当前只有丙现实地占有和使用土地，丙的租期届满，土地回归乙占有、使用；乙的租期届满，土地回归甲占有、使用。除此以外，丙还可以将土地转租给丁，只要租期短于 50 年即可。[②] 而且，通常情况下还会有他人享有该土地的权益，例如，某 A 可能对该土地享有担保权益，某 B 可能享有采光权，某 C 可能享有通行权。可以说，不同的人分享土地的不同权益是英国土地制度的常态，同一个人享有土地全部权利的现象只是十分罕见的例外情形。

英国土地法律制度不仅允许不同的人同时享有土地上不同性质的权利，还允许不同的人相继享有土地上相同性质的权利（即从时间上分割土地权益），甚至允许不同的人同时分享相同性质的权益。典型的情形是，甲享有特定土地的法定地产权，乙享有该土地的租赁地产权，租期为 99 年，丙也享有该土地的租赁地产权，租期为 50 年，三人同时享有该土地的地产权，但他们享有的地产权性质和内容可能各有不同，也可能是相同的。例如，乙、丙二人同时都享有该土地的租赁地产权，不过，他们享有

---

① 任庆恩：《中国农村土地权利制度研究》，中国大地出版社 2006 年版，第 147 页。
② 有学者认为，英国的租赁地产权、终身地产权等，非常类似于我国的土地用益物权，两者在产权功能和产权内容上有很多相通之处，因此直接将这些地产权和利益统称为土地用益物权制度。参见侯银萍：《新型城镇化背景下的土地用益物权研究》，法律出版社 2015 年版，第 99—100 页。

的租赁权的内容不完全相同。现实中，丙可能实际地占有、使用土地，待其租期届满后，由乙占有、使用土地，乙的租期届满后，由甲占有、使用土地。他们实际占有土地的时间可能有先后，但他们都现实地享有该土地的法定地产权，并且可以随时加以处分，例如，甲可以在任意时间将其享有的法定地产权出售给丁，并且实际地取得对价，随后由丁取代甲享有该土地的法定地产权。

土地权利作为一项法律拟制具有概念化的特点，它本身就是一种概念上的权利。英国在财产的法定权利之外，又发展出衡平法权利，这同样是一种概念上的权利。就土地来说，同一土地上不仅可能存在前述的各种法定权益，而且同时还可能存在衡平法权益。例如，夫妻或者母子共同出资购买房屋，房屋登记在丈夫或者儿子名下，如果购房时没有其他约定，英国法律就认为，登记的房屋所有者（通常是丈夫或者儿子）是房屋的法定所有者，享有房屋的法定所有权，但他是为自己和妻子（母亲）而持有房屋的法定所有权；同时，妻子、母亲是房屋的衡平法所有者，享有房屋的衡平法权益。所以，该房屋上既可能存在各种法定权益，同时也存在衡平法权益。[①]

英国作为英美法系的发源地，特别是19世纪后英国推行殖民统治，将其法律制度引入许多国家，英国的土地所有权制度也普遍为英美法系国家所接受。因此，在英美法系国家，不同的人分享土地的不同权利是一种普遍现象。

对比我国历史上的土地权利制度，我国古代西周中期以前，在宗法制、分封制条件下，同样是天子拥有全部土地的最终所有权，即所谓"普天之下，莫非王土；率土之滨，莫非王臣"。各级封建领主通过分封、赏赐等途径获得土地的所有权，同时各级下属领主、附庸负有向上级领主、天子纳贡的义务。[②]有学者研究指出，按照严格的罗马法观点，除了作为全国唯一对土地拥有完全所有权的皇帝以外，其他任何人从理论上讲都不是完全所有权人。因为享受皇帝赐封的诸侯王对土地占有的权利，是与履

---

①　衡平法是英美法系区别于大陆法系的一个重要特征，为避免问题复杂化，这里不多论述，有兴趣的读者可参看拙著《信托法原理与判例》关于英国衡平法产生和发展的简要介绍。参见何宝玉：《信托法原理与判例》，中国法制出版社2013年版，第2—14页。

②　祖彤、杨艳丽、孟令军：《我国农村土地承包经营权制度研究》，黑龙江大学出版社2014年版，第6—9页。

行诸种与赐封相关联的封建义务联系在一起的，义务履行不到位，他们对土地的占有权就会被剥夺，重者常因此而失去对封地的占有、使用权。①周朝吸取商朝的经验教训，普遍实行井田制，把土地分割成"井"字方块，中间一块是"公田"，周围八块是"份田"，八家奴隶或平民提供劳务，共同耕种"公田"，在完成"公田"耕作的基础上，各家自己耕作"份田"并缴纳贡赋。井田制是一种土地所有权和使用权相分离的土地政策。②后来，随着长期的政治变革和社会变迁，通过井田制的发展演变，封建生产方式的土地制度得以确立，土地基本实现私有，国家通过向土地所有者征收土地税、人口税和征发徭役，来满足各项财政需求。为防止土地过度集中，国家推行"均田制"，使大部分农民有地可耕，能够安家立业。③

二、英国的农地租赁制度

英国早期的农村土地制度实行封建地主的庄园化，领主拥有庄园土地的地产权，但是并不亲自耕种土地，通常将庄园的大部分土地分别交由农奴耕种，取得的收益归农奴所有；同时将庄园的小部分土地作为领主的自营地，由农奴提供劳役服务，代为领主耕种，所得收益归领主所有。

早在12世纪和13世纪，在英格兰大地产的发展过程中，地主开始把自营地出租，通过取得佃户交纳的地租，来抵付封建义务或者完全为自己所用，即地主把出租地产作为增加收入的一种手段。14世纪，大土地所有者，特别是教会大地主，常常把他们的庄园自营地作为大规模商业农场来经营。15世纪，许多大地产所有者不再直接开发他们的可耕地和牧场，而是把它们出租给农场主，形成了数量众多的小租地农场，租期有长有短。承租人的来源混杂，有农奴、骑士、农民农场主，也有乡绅，还有少数教士和商人。承租人的经营方式也不相同，有个体家庭经营，也有使用雇佣劳动力的大农场经营。按照学者的估算，农户凭自己家庭的力量，最大限度可耕作30英亩的农场。因此，面积超过30英亩的租地农场，在经营时

---

① 冯卓慧：《汉代民事经济法律制度研究：汉简及文献所见》，商务印书馆2014年版，第46页。
② 李宴：《农村土地市场化法律制度研究》，中国法制出版社2012年版，第3页。
③ 崔文星：《中国农地物权制度论》，法律出版社2009年版，第10—17页。

必须使用雇佣劳动力，实际上包含了资本主义的成分。①

　　土地租赁的具体方式也是多样化的。有租期 21 年甚至长达 99 年的长期租赁，租赁双方长期稳定；也有租期 1 年且不断延续的逐年租赁，虽然租期为 1 年，但逐年延续，实际上租赁关系通常会持续较长时间，有的承租人甚至从父亲到儿子长期持续租种达半个世纪；还有依地主意愿的租赁，即地主可以在当年收获期结束时决定是否继续租赁，承租人可以收获当年种下的庄稼；地主如不打算继续租赁，必须提前 1 个季度通知承租人，以便他有足够时间找到其他土地。多种租赁方式并存，主要是与租赁土地的面积大小、不同承租人的经营能力等客观条件相适应的。不同租赁方式下，租赁双方可以按照其协商认可的内容商定租赁的条件，签订租赁协议，明确各自的权利义务。通常情况下，双方会正式签订书面租赁协议，但是，依地主意愿的租赁以及某些 1 年期租赁，可能只是协商达成口头协议。租赁协议实施过程中，还要受到相关法律规定和当地经营习惯的约束。

　　15 世纪，英国兴起圈地运动，起初主要圈占公地。当时，由于英国对外贸易迅速发展，羊毛价格不断上涨，毛纺织业日益兴旺，为了追求养羊业的丰厚利润，贵族地主开始圈占敞田、公地以及森林、沼泽、荒地等公共用地，变为牧场，发展养羊业。圈地运动初期，圈占土地一般采取协议圈地方式，并且需要得到庄园法庭、大法官法庭或者议会私法的批准，大体上还是在法律框架内进行的。

　　随后，英国工业革命爆发，城镇化进程加快，人口迅速增长，以及追求更多利润的刺激，进一步促进了圈地运动，到 17 世纪形成了圈占土地的热潮。1688 年光荣革命后，改变了国家由国王控制的局面，确立了议会作为最高权力机构的地位，议会更多地通过圈地法令推进圈地运动，到 18 世纪出现了圈占土地建大农场的高潮。18 世纪 30 年代和 40 年代，议会分别通过圈地法令 39 个，50 年代通过了 117 个，60 年代通过了 393 个，70 年代通过了 640 个，80 年代通过了 237 个，90 年代通过了 579 个。② 在议会立法的支持下，贵族地主赶走租种土地的农民，大量小农耕种的土地被圈占，无数农民倾家荡产，流离失所，被迫成为出卖劳动力的雇佣工人。

---

① 沈汉：《英国土地制度史》，学林出版社 2005 年版，第 69—81 页。
② 沈汉：《英国土地制度史》，学林出版社 2005 年版，第 249 页。

长达 3 个多世纪的圈地运动，导致大批独立小农丧失赖以生存的土地，成为雇佣工人，曾经在英国农业中占优势地位的独立小农最终在 19 世纪初消失。① 贵族地主圈占大片土地后雇工经营，或者出租给租地农场主经营。残酷的圈地运动摧毁了封建的自给自足的小农经济，消灭了小农阶层，使土地所有权不再附着任何超经济的人身依附因素，客观上推动了英国农村的小农经济向商品化大生产发展，促进了英国资本主义大农业的形成和发展。

圈地运动是一把双刃剑，它既消灭了小农阶级，又为资本主义生产方式以及资本主义农场制度的产生开辟了道路。② 圈地运动推动英国农村土地经营制度发生重大变化，产生了新型农村土地经营形态，即规模化的租地农场，形成了近代英国农村土地经营的二元结构，即土地所有者亲自经营的自营农场与经营者租地经营的租地农场。圈地运动几乎消灭了小农经营者，大量小农经营的土地被强迫圈占，小农丧失土地权利，成为只能出卖劳动力的无产者，其中大部分流入城镇，小部分成为农业工人。贵族地主占有土地，但他们通常并不经营，而是将土地租赁给大农场主，农场主享有租赁土地的地产权，同时雇佣丧失土地的小农（农业工人）从事耕作活动，形成了"土地所有者—租地农场主—农业雇佣工人"这种新型农场经营形式，并且成为英国农村土地经营制度的典型形态。其中，贵族作为土地所有者享有地产权，但并不经营土地，也不能干预农场主的经营活动；农场主作为土地使用者享有独立的地产权，只要按照租地条件使用土地，履行租约确定的义务（包括按时支付租金），就可以自主经营土地，并且取得经营收益；农场的雇佣工人只是出卖劳动力的劳动者，直接从事耕作，但只能取得劳动报酬，不再享有任何土地权益。

除了租地农场这种普遍存在的典型形态，还存在少量自耕农的自营农场，他们享有小块农地的地产权，亲自进行生产耕作并取得收益，但这些自营农场数量很少，经营的土地面积所占比例很低，根据 1887 年的首次官方农业调查数据，当时只有 14% 的农民完全拥有自己耕种的土地。③ 1890—1910 年，拥有自己耕种土地的自营农场主所占的比例一直在 12% 上

---

① 赖泽源等：《比较农地制度》，经济管理出版社 1996 年版，第 27 页。
② 赖泽源等：《比较农地制度》，经济管理出版社 1996 年版，第 123 页。
③ 解玉军：《论英国现代农业生产关系的主要变化》，载《生产力研究》2005 年第 10 期。

下波动。①

　　租地农场主与地主可以按照他们协商认可的条件，自行确定租赁条件和租约条款，明确双方的权利和义务。地主的主要权利是按照约定收取地租，租地上的采矿权、伐木权和狩猎权仍归地主；租地农场主在租期内实际占有和使用土地，开展生产经营活动，他必须自己寻找生产资本，以及生产工具、送货马车、大车、家畜、种子和肥料。② 农场主按约支付租金并取得经营收益。一般来说，地主负有改良土地的义务，租地农场主改良土地的，有权获得相应补偿。不论哪一方要求终止租约，都必须提前通知对方，不得突然终止租赁关系。随着农地经营方式的逐步发展，英国议会先后通过法律对农地租赁关系加以规范，重点是保障租地农场主的权利。

　　租地农场与自营农场的区别主要体现在三个方面：（1）自营农场的规模通常不大，农场主即地主，一般亲自经营土地并获得经营收益；租地农场的规模各不相同，有上千英亩的大租地农场，也有面积在十几英亩到几十英亩的小家庭农场，租地农场的地主通常不直接经营土地，只取得地租收益。（2）自营农场的农场主通常享有农场土地的自由保有地产权（几乎相当于土地所有权），其对土地的利用、处分，只要符合法律规范和土地规划，几乎不受其他方面的限制；租地农场的农场主对农场土地只享有租赁地产权（有期限、甚至有条件的地产权），实质是使用权，其对农场土地的利用、处分不仅受到法律规范和土地规划的约束，还可能受到法律之外的其他限制，例如贵族地主在租约里提出的限制性要求。（3）自营农场的土地所有权与使用权是统一的，都归农场主；租地农场的土地所有权与使用权显然是分离的，地产权归贵族地主，使用权归租地农场主。

　　随着经济发展和社会变迁，租地农场与自营农场的发展呈现此消彼长的变化，在一定程度上反映了英国农地制度变革的历史进程。总体上看，直到19世纪末期，租地农场长期以来一直居于主导地位，是农村土地的主要经营形式。1887—1891年，在英格兰和威尔士，有82%的土地占有者是没有土地所有权的佃户，14%的土地占有者拥有全部土地所有权，剩下4%的土地占有者拥有部分土地所有权，在此期间，在种植作物和牧草的土地中，约有85%是租佃经营的，约15%是所有者经营的。进入20世纪

---

① 赖泽源等：《比较农地制度》，经济管理出版社1996年版，第28页。
② 沈汉：《英国土地制度史》，学林出版社2005年版，第305—306页。

以后，租地农场逐渐衰落，自营农场明显增多。特别是两次世界大战以后，地主的经济地位恶化，其地租和土地权利受到限制，农场主的地位明显改善，取得了越来越有保障的租佃权，实际上成为终身租佃，农场主在农业利润中取得的份额越来越大，经济实力增强，越来越多的租地农场主购买其租佃的农场土地，成为租佃土地所有者和自营农场主。因此，自营农场逐渐发展起来并成为主流经营形态。1919—1927 年，在英格兰和威尔士，土地所有者自营农场的比例从 11.7% 上升为 36.6%。[①] 1960 年，租地农场占农场总数的 46%，自营农场占 54%；1977 年，租地农场的比例降为38%，自营农场上升到 62%。[②]

　　之所以发生这种转变，既有经济原因，也有政治因素。

　　从经济方面看，经济发展的客观现实逐渐变得不利于守住农地不放的地主。一方面，19 世纪末，英国农业出现萧条，导致农村土地的地租普遍下降，地主出租土地的收益明显减少。另一方面，土地的税收负担不断加重，而税赋主要由地主承担，从而进一步削减了地主可能获得的土地利益。同时，工商业的发展在经济上越来越具有吸引力，放弃农村土地转而发展工商业，变得越来越有利可图。

　　从政治方面看，英国政府基于现实政治和社会政策的需要，采取措施限制地主的权利，维护土地承租者的权益。随着工业化、城市化的推进，农产品需求旺盛，而农村土地主要被贵族地主控制，因而租金较高，作为农业主导经营形态的租地农场，租金负担比较重。而且，租地农场主为增加土地肥力、修建农业设施而进行的投入，在租期届满后，其成果完全归贵族地主所有，对租地农场主明显不公平。因此，英国政府先后通过立法，从多方面维护租地农场主的利益，主要包括：（1）法律明确规定，贵族地主不得干预租地农场主如何利用农场土地，地主如果单方面解除租约或者在租约期满前出售土地，农场主有权要求地主对其改良土地的投入给予补偿。（2）法律赋予农场主更加稳定的租佃权，只要农场主愿意，就可以获得终身租期。同时，法律限制贵族地主随意解除租约，要求贵族地主必须提前 1 年通知农场主，才能解除租约。（3）法律直接将出租人的补偿义务法定化。1875 年和 1883 年的《农地法》明确规定，在租赁期满后，

---

① 沈汉：《英国土地制度史》，学林出版社 2005 年版，第 311 页。
② 孙佑海：《土地流转制度研究》，中国大地出版社 2001 年版，第 54 页。

承租人有权移除租赁期间在土地上修建的附着物，出租人应当对承租人在租赁期内所做的改良进行补偿，并且明确了改良的性质、补偿的标准和保障措施等。① （4）通过立法实行租金管制，限制贵族地主提高租金，以防止地主通过提高租金迫使农场主退租，并且法院还授权农场主，如果认为租金过高，可以申请仲裁，要求降低租金。②

由于政治和经济两方面原因，越来越多的贵族地主出售土地，而购买土地的一般都是租种该土地的租地农场主，因为农场主实际经营土地，有购买土地的愿望，而贵族地主通常知道租地农场主熟悉土地，相信他们经过多年经营已对土地产生感情，今后会妥善经营土地，因而愿意将土地出售给他们。这样一来，拥有农村土地的贵族地主不断减少，同时租地农场也不断减少，自营农场不断增多，逐渐取代租地农场，成为占主导地位的土地经营形式。

第二次世界大战以后，随着英国的海外殖民地纷纷独立，国内城市化、现代化建设步伐加快，英国更加重视农业发展，在自营农场逐渐占多数的情况下，英国政府加强了农村土地的保护和管理，对农村土地实行用途管制，农村土地的所有者要求改变农地用途的，必须缴纳一定的税收；同时采取财政补贴、地方补助等措施，鼓励农场主扩大生产经营规模，提高农业生产效率和农业竞争力，从而促进农场扩大规模，降低成本，提高效率，并且通过发展农业旅游等方式，促进农场主增加收入，增强农场和乡村生活的吸引力。③

英国法律对土地承租人权益的保护，是随着社会变迁而不断增强的。在中世纪初期，只有长期租赁才被看成是一种土地保有关系，12 世纪时，

---

①　咸鸿昌：《英国土地法律史——以保有权为视角的考察》，北京大学出版社 2009 年版，第 362 页。

②　为保护房屋承租人，英国很早就对房屋出租实行租金管制。英国《1885 年工人阶级住房法》就规定了租金限制条款，第一次世界大战爆发后，《1915 年房租增长和抵押利息（战时限制）法》明确地将工人住房的租金限制在战前水平，而且战后英国政府延续了租金管制政策，进一步明确租金上涨的条件和最高限额。直到 20 世纪 80 年代撒切尔政府推行私有化政策，才取消租金直接控制，转而采取适当管理政策，即明确租金上涨的原则，同时设立租金评估委员会，房东与房屋承租人对租金发生争议的，可以申请评估委员会裁决。参见王霄燕：《英国住房法专论》，新华出版社 2016 年版，第 58—62 页。

③　英国 1967 年修订《农业法》规定，政府对合并小农场提供一半费用，对放弃经营的小农场主可以给予 2000 英镑以下补助，或者每年给予不超过 275 英镑的终身年金。参见赖泽源等：《比较农地制度》，经济管理出版社 1996 年版，第 31 页。

普通法就曾经用土地保有制度的模式认识和规范长期土地租赁关系，短期租赁权则被看成是一种动产权利。到 15 世纪，土地租赁已经成为一种很普遍的土地经营方式，随着普通法诉讼程序的发展，承租人对土地的占有获得法律认可，普通法对承租人提供更有力的保护，租赁权益的性质随之发生变化，成为一半是动产、一半是不动产的准不动产（chattel real）。[①]1925 年英国财产法律改革进一步明确，承租人的权益即租赁地产权与法定地产权一起，构成英国法律承认的两种不动产地产权，得到不动产法律的充分保护。

第二节 德国的用益权及地上权制度[②]

德国是大陆法系典型国家，关于土地权益，德国民法不仅规定了土地所有权，还规定了土地的用益权和地上权。在德国，不同的人同样可以分别享有土地的不同权益。

一、德国的用益权制度

所谓用益权，是指不可转让、不可继承的使用他人之物的权利。法律对用益权人如何使用物并没有限制，但是限制用益权不能转让、不能继承，即只能由权利人个人享有，不能由其他人享有，这是德国用益权的本质特征。

德国的用益权内容非常广泛，为了实现对物的使用，权利人必须占有物、使用物、获得物的孳息，但是并非一切用益权都包含对物的收益。当事人在设立用益权时，可以约定排除用益权人的收益权。法律不允许用益权转让，但是允许他人为权利人行使用益权，即可以转让用益权的行使权。例如，用益权人委托的人为用益权人取得物的孳息等，但这并不等于将用益权转移给他人。

德国民法的用益权可以分为三类。具体为：（1）物上用益权，是指不可转让、不可继承的，直接占有、使用物并获得物的孳息的权利，简而言

---

① 咸鸿昌：《英国土地法律史——以保有权为视角的考察》，北京大学出版社 2009 年版，第 255—277 页。

② 参见孙宪忠：《德国当代物权法》，法律出版社 1997 年版，第 228、244—250 页。

之，就是使用物并取得收益的权利。例如，耕种他人土地并取得土地产出物的权利。物上用益权是用益权的基本类型，另外两类用益权在很多方面都适用关于物上用益权的规定。（2）权利用益权，是在物的所有权之外的其他民事权利上设立的用益权，主要包括通过对这些权利的占有而获得权利的法定孳息的权利、通过占有某一债权而获得债权的利息的权利、通过占有有价证券而获得分红的权利。不过，用益权人的权利仅仅体现为对这些权利的占有而不是所有，用益权人可以根据权利取得这些权利的利益，但不能处分这些权利。实践中主要表现为商法上的权利，例如在公司份额、企业股份上设定的用益权。（3）将来可能取得的权利和财产请求权的用益权。这类用益权在现实生活中已不多见，实践价值不大。

二、德国的地上权制度

所谓地上权，是在他人土地的地表之上或者地面之下，以建筑为目的的一种可以转让、继承的权利。一般认为，地上权是指建立在他人土地上的具有物权性质但有时间限制的使用权，但地上权人在他人的土地上建造建筑物，该建筑物完全归自己所有，这是地上权的本质特征。按照《德国民法典》的规定，地上权人对其在他人土地上建造的工作物拥有完整的所有权，即地上权是独立于土地所有权之外的一种物权，被看成是与所有权相类似的权利。地上权受到妨害或者有被妨害的危险时，地上权人可以准用基于所有权人的请求权而受到保护，保护的方式与不动产所有权基本相同。[①]

地上权制度的确立，限制了土地所有者的权利，扩张了土地使用者的权利。土地上设立地上权之后，地上建筑物不再是土地的附属，而是地上权的附属。

地上权可以转让、可以继承，而且，地上权人和土地所有权人不得约定排除地上权的可转让性和可继承性，如果通过限制地上权的期限或者继受人的范围，导致地上权实际上无法转让，这样的限制也是无效的。

德国法律关于地上权的内涵和外延是不断丰富发展的，地上权人对土

---

① 除德国外，瑞士、日本等也建立了地上权制度，这些国家的地上权总体上都是指在他人土地上因建造、保有建筑物或其他工作物、竹木而使用他人土地的权利。依地上权而使用他人土地，目的是设置工作物或者修建建筑物，不是收取物的收益。

地的利用，不仅可以利用土地表面，而且可以利用土地上的空间和地下，使地上权人对他人土地的利用向立体化方向发展。地上权人可以在土地的地表之上或者之下拥有建筑物，即允许建筑物完全处于地表之下。如果土地的地表不是地上权指向的建筑物（例如地下车库）的组成部分，土地地表仍然具有完整的使用价值，则地表部分仍然属于土地所有权人，这样，土地上虽然设有地上权，但土地所有权人仍然可以利用地表修建建筑。当然，地上权人的地下建筑与土地所有权人的建筑必须是完全分离、相互独立的。

地上权人的义务主要有，一般应当按照约定支付租金，并且按照约定的方式依法使用土地、建造建筑物，不得随意使用土地。

随着人口不断增长，高楼住宅不断增加，特别是第二次世界大战以后，德国大量住房被摧毁，住房紧缺问题亟待解决，必须大量修建高层住房，但却面临《德国民法典》规定的土地和地上建筑物只能拥有一个统一所有权的法律障碍。为了从法律上解决多层公寓式住宅的权属分割难题，德国于1951年制定了《住宅所有权与长期居住权法》，在《德国民法典》之外创设了一个新的所有权概念，即住宅所有权，承认德国普通法和地方法一直认可的楼层所有权，允许高层公寓楼的房屋购买者，脱离土地而对公寓楼内的特定房间享有所有权，即购买者可以直接享有高层公寓楼的单个房间的住宅所有权，从而使建筑物所有权与土地所有权分离，使高层公寓楼的房屋购买者脱离土地而成为独立的住宅所有者。

同时，德国民法在地上权的基础上进一步发展了次地上权，因为人口增长导致居住日益集中，城市人口密度越来越大，地价高涨，对土地的利用被迫向脱离土地地面的上、下空间发展，科技进步也为这样分割土地权利提供了现实可能性。次地上权也称下级地上权，是以地上权为本权而再次设立的地上权，就是在地上权设定之后，地上权人还可以与第三人达成协议，在自己支配的不动产上设立次地上权。次地上权的设立条件与地上权完全一样，次地上权人与地上权人一样享有使用土地或者空间进行建造的权利，承担相同的义务。不过，次地上权是以地上权为基础而设立的，是地上权派生出来的，因此，次地上权的权利内容，包括次地上权的各项权能和期限，必须在地上权人所支配的范围之内。次地上权人根据其权利，支配地上权人支配范围内指定土地的地表或者地下空间，或者只是支配不连接土地地表的上层空间或者下层空间。显然，次地上权为土地的上下空间脱离地面而独立成为民法物权客体提供了新的法律手段，次地上权的设立无疑有利于更充分地利用越来越稀缺的土地。

而且，通过设立次地上权，土地所有权人可以避免直接与最终土地使用者发生法律关系。土地所有权人设立地上权以后，地上权人再设立次地上权，次地上权人依法享有在该土地上进行建筑的权利，并且享有建筑物的所有权。对于土地所有权人来说，他只需要与地上权人发生合同关系，并不直接与次地上权人发生合同关系，次地上权人只与地上权人发生合同关系。既然次地上权的设立条件与地上权完全一致，只是次地上权建立在地上权的权利基础之上，而且，次地上权又可以分割为多个住宅所有权，由地上权人直接与住宅所有权人发生关系，那么，土地所有权人就只需要与地上权人发生法律关系，从而避免与各个住宅所有权人分别发生法律关系。

顺便指出，我国台湾地区也建立了地上权制度。[①] 根据我国台湾地区"民法"第 832 条等条文，其地上权制度的主要内容包括：（1）地上权是指以在他人土地上有建筑物、其他工作物或竹木为目的而使用其土地之权利，也称借地权。地上权是用益物权的一种，是使用他人土地建筑房屋、其他工作物或种植竹木的权利。[②]（2）地上权人在其权利目的范围内有占有、使用他人土地的权利，并且，除设定地上权时另有约定或者另有习惯以外，地上权人有权转让其地上权或建筑物、工作物及竹木。地上权的标的物是土地，因此，地上权设定后不因建筑物或竹木灭失而消灭。这一点与欧洲国家不同，欧洲国家的地上权主要涉及建筑物，建筑物灭失，地上权即归于消灭。（3）地上权应当有期限，具体期限可长可短，设定地上权时未确定期限的，可以按照习惯确定期限；没有特别习惯的，地上权人可以随时放弃地上权。（4）设定地上权可以是有偿的，也可以是无偿的，即地上权人可能支付或者不支付租金。需要支付租金的，租金的确定及增减，由双方协商确定。地上权人负有支付地租义务的，如因不可抗力妨碍

---

① 李宜琛：《李宜琛法学文集》，余晓欢点校，法律出版社 2018 年版，第 68—75 页。

② 这里的种植竹木是指种植可供殖林之植物，包括建设建筑物的同时栽植草花以壮观瞻，但不包括耕种稻麦桑茶果树等。对于为耕种粮果茶等而使用他人土地的权利，我国台湾地区"民法"另设为永佃权。

地上权人利用土地，地上权人一般不得请求减免租金；如地上权人欠租达
到两年租金额，除另有习惯外，土地所有权人可以撤销其地上权；地上权
人放弃地上权的，应当提前一年通知土地所有人或者支付未到支付期之一
年份租金。（5）设定地上权的土地灭失或者被收用时、设定地上权所附的
解除条件成就时、地上权人放弃地上权的，地上权归于消灭，地上权人应
当取回其工作物或竹木，恢复土地原状，交还土地所有人。地上权消灭
的，土地所有人要求按照时价购买地上权人的工作物或竹木的，地上权人
不得拒绝。一方面，地上权因存续期限届满而消灭，地上权人的工作物为
建筑物的，土地所有人应当按照该建筑物的时价给予补偿，但设定地上权
时另有约定的，从其约定；另一方面，土地所有人在地上权期限届满前，
有权请求地上权人在建筑物可得使用期限内延长地上权的期限，地上权人
拒绝延长的，在地上权期限届满时，不得请求土地所有人按照该建筑物的
时价给予补偿。

第三节　中国古代的永佃制、"一田二主"　与"一田三主"

永佃权制度最早出现在古希腊。希腊自古以来就有在他人土地（尤其
是公地）上栽种葡萄或其他树木的永佃权制度。罗马法结合其固有法，继
受并完善了永佃权制度。按照罗马法的定义，永佃权是一种可以转让并可
以转移给继承人的物权，它可以使人充分享用土地，同时负有不能毁坏土
地并交纳租金的义务。[①] 有学者更简明地概括为，永佃权是指在支付租金的
条件下，长期或永久地充分享用他人土地的一种可转让、可继承的权利。[②]

根据罗马法的永佃权制度，永佃权人的权利主要包括：（1）享有对标
的物的长期或永久的使用收益权；（2）在不减损标的物价值的前提下，可

[①] ［意］彼德罗·彭梵得：《罗马法教科书》（2005 年修订版），黄风译，中国政法大学出版社
2005 年版，第 203 页。

[②] 孙佑海：《土地流转制度研究》，中国大地出版社 2001 年版，第 72 页。永佃与永佃权虽
仅一字之差，但两者的渊源、内涵及意义等相去甚远，"永佃"如同"世耕""永耕"，乃清代民
间契约用语，直接反映某种租佃关系；永佃权则是一个分析概念，其确定的内涵来自现代民法，
其渊源可以追溯至古代罗马。永佃权的权能比"永佃"更大，比"一田二主"更小。参见梁治
平：《清代习惯法》，广西师范大学出版社 2015 年版，第 89—90 页。

以改良标的物或者变更其用途；（3）收取标的物的孳息，即在孳息与原物分离时，永佃权人取得其所有权；（4）可以处分永佃权，不论通过无偿行为或有偿行为、生前行为或死因行为，均可处分其永佃权，但永佃权人不得抛弃永佃权，因为他负有耕种土地、维护房屋的义务；（5）永佃权人在永佃权的范围和期限内，可以在标的物上设定役权、抵押权等，但这种他物权因永佃权的消灭而消灭，故应视为存在于永佃权上，而非存在于永佃权标的物本身。

永佃权人的主要义务包括：（1）可以改良标的物或变更用途，但不得减损其价值，也不得擅自对其形态为永久变更，例如未经所有人同意而将耕地辟为鱼塘等；（2）负担管理和一般修缮费用以及赋税；（3）按期交付租金，即使遇有不可抗力因素导致收益减少甚至绝收，也不得减免租金；（4）出让永佃权应提前通知所有人，所有人接到通知后两个月内，有以同等价格受让永佃权的优先权，永佃权人怠于通知的，其永佃权即行丧失，如所有人出价低于市价，永佃权人可将权利出让给他人；（5）永佃权人将其权利出让、赠与他人的，应向所有人支付一定的费用，由所有人与他人另订新约；（6）永佃权定有期限或附有解除条件的，则在期限届满或条件成就时，返还原物和附属物。此外，当事人也可以另行约定永佃权人的其他义务。

一、中国古代的农地永佃制

我国古代的农地就存在永佃制，永佃制是随着经济社会发展和人口增长而出现的。一般认为，我国的永佃制是从南宋开始的，是租佃制长期发展后的产物，当时实行土地私有制，土地租佃关系迅速发展起来以后，伴随着经济发展和人口的迅速增长，农地利用从简单租佃制发展到转租佃，再从转租佃萌发了永佃制。也有学者认为，事实上的永佃制出现或萌芽于隋唐或唐中期以后，主要内容是，土地归国家所有，承租人是佃户，承租人永佃国家的公田，视为自己的产业，国家承认佃户的产业，[①] 即所谓的久佃成业。

---

① 赵晓耕主编：《观念与制度：中国传统文化下的法律变迁》，湘潭大学出版社 2012 年版，第 174 页。

事实上，在永佃制出现之前，为稳定租佃关系，一些地方在实践中就形成了"随田佃客"的惯例，即在土地买卖时，买主允诺继续把土地出租给原佃户，并在契约中写明原佃户的姓名，或者卖主请求买主承认原佃户的承佃权继续有效，买主接受并记载于文书。这种情况在买卖山林的契约中尤为普遍。①

永佃制实质是一种佃农有权永久性地耕种地主土地的租佃制度，在人口密度较高的江浙皖赣闽等地区较为流行，明代中叶盛行，延续到清代和民国时期，清代中叶以后逐渐衰落。佃农在永佃制下享有的永远耕作土地的权利，称永佃权。永佃制在一定意义上有利于稳定农民与土地的关系，提高农民增加收入的积极性，促进增加土地产出。

从永佃制的形成过程看，主要可以归结为以下四类：②

一是开垦永佃。这是早期的永佃类型，普遍认为是产生永佃关系的最主要途径。在地广人稀的地区，土地所有者拥有大量荒地，要变成可以耕种的熟地需要投入大量劳动，而土地所有者无力开垦、改良，为招徕农民垦荒、改良，许诺授予其永佃之权，并且保证不增租夺佃。根据土地来源不同，开垦永佃又可以分为三类：（1）自然形成的大片江河淤地、海滩沙田，多为贫瘠之地，需要经过艰辛的改良过程，必须让开垦者享有永佃权。如清朝乾隆时期，崇明岛多草荡或海边圩田，用圩围起来防阻海浪，便可改造成耕地，有些地主无力围垦，佃户自己组织人力筑圩，付出了圩田工本，草荡变成旱涝保收的圩田，地主为补偿佃户的工本费，把田面权长期交给佃户。③（2）政府对边疆荒地实行开禁政策，或者宗族、寺院放领大批荒地，给予承领者永佃权。（3）由于战乱形成大批弃田、废田，如太平天国后，江南各省许多农田荒废，地主以授予永佃权招徕佃户。总之，开垦永佃的前提是有大量荒地而劳动力稀缺，佃农处在相对有利的谈判地位，能比较容易取得永佃权，基本上不存在人身依附关系。开垦永佃可以看成是对佃户投入垦荒的一种激励。

二是购买永佃。即佃户预先交纳押租而形成永佃。有些地主在确立租

①　赵冈、陈钟毅：《中国土地制度史》，新星出版社2006年版，第299—301页。

②　赵冈、陈钟毅：《中国土地制度史》，新星出版社2006年版，第303—306页；熊宇翔、刘哲华：《从永佃制的存在探究双重所有权》，载《山西财税》2013年第9期。

③　李倩、王改艳：《明清—民国永佃制下地权关系的演变——以苏、皖、浙、闽等省为中心的分析》，载《重庆科技学院学报（社会科学版）》2012年第20期。

佃关系时，为保障自己的权益，防止佃户欠租，要求佃农预交一笔押租，地主若不退还押租，佃户便可以永世耕种，久而久之，佃户取得了永佃权。后来，押租逐渐蜕变为购买永佃权的代价，永佃权便可以直接买卖了。押租的本意是为了防止欠租，但在许多情况下却由此形成了事实上的永佃。[①] 地主出卖永佃权主要是出于经济利益考虑，一方面，雇工经营达到一定规模后，边际利润下降，成本费用高昂，变得不经济，需要把多余的土地出租；另一方面，战乱对乡村破坏严重，大大增加了大面积经营土地的风险，加之繁华的城市生活对乡村地主的吸引力增大，许多地主出租土地后干脆离开乡村。对农民来说，购买永佃权虽然要付出相当高的代价，但总是远低于土地的价格，农民有能力接受。而且，农民采取购买的方式获得永远耕种的权利，其永佃权不仅可以传给后代，也可以再转让给其他人。

三是改良永佃。佃农租种地主的土地，历久经年，经过勤劳耕作，改良土地，使土地生产能力明显提高，产出不断增加，佃农租地的权利逐渐演变成一种永远租佃的权利，并且可以自由买卖。这种永佃田也称"灰肥田"，这种永佃权在交易时，往往要对前期改良者给予经济补偿。

四是保留永佃。保留永佃俗称"卖田留耕""卖田不卖佃"，自耕农无力偿还债务遂以土地抵偿，或者因耕作不力、迫于生计等必须出售土地所有权，同时，为维持生计，又在出卖契约中明确约定自己保留耕种土地的权利，作为出卖土地的附带条件之一，即自耕农被迫出卖土地所有权，又不愿意放弃土地耕作权，这是民间进行自我救济和土地融资的有效途径。[②] 一般来说，自耕农出售土地所有权都是因为生活所迫，但也有些是出于经济利益的比较和自主选择，例如，农民为逃避税赋主动将土地投献给富豪，同时自己享有永佃的权利，这样，农民既规避了税赋，又保留了耕种土地的权利，仍然能够依靠土地维持生活。

有些学者更具体地将成立永佃的原因归纳为如下 7 种：（1）给垦。地主将其所有的荒地给垦于佃户，佃户投本施工，因而设定永佃权。（2）改良。佃户施工下粪改良土地，改普通佃权为永佃权。（3）受押租钱。地主从佃户处受领巨额的押租钱而设定永佃权。（4）私垦地放租。佃户未经批

---

① 史志宏：《清代前期的小农经济》，中国社会科学出版社 1994 年版，第 73 页。
② 刘云生：《永佃权之历史解读与现实表达》，载《法商研究》2006 年第 1 期。

准自行开垦官有荒地，官方既不准报领又不便夺其耕种地，乃将地放租于原耕作人；或者地主逃难，他人私占其地，地主复归后不得已承认耕种人的永佃权。（5）保留佃权。地主出卖土地时保留耕种权。（6）投献及施舍。地主为保全土地耕种权，自愿或者被迫将土地投献于皇室、豪族或寺庙；或者地主崇信神佛，求其保佑，将土地施舍于寺庙而保留其佃权。（7）久佃。因佃作已久而变成永佃权。[①]

按照一些学者的概括，永佃制的主要特征有：（1）佃户负有按约定交租的义务；（2）佃户在依约履行义务的前提下，可以不限年月、永远耕作地主的土地，即享有永远耕作土地的永佃权，地主则不得增租夺佃；（3）佃户可以随时退佃，但不得自行转佃；（4）地主的变动并不影响佃户的地位，即通常所说的"换东不换佃""倒东不倒佃"。[②]

可见，永佃制的实质是土地所有权与租佃权的分离：地主享有土地所有权，佃户享有永佃权。[③]地主有权按照约定收取租金，但无权随意提高租金，而且，一般来说佃户欠租不能作为地主要求退佃的理由；[④]地主不得干预佃农的耕作，也不得随意撤佃；佃农有权占有并利用土地，但负有依约向地主交租的义务，佃农可以自由退佃，但是不得转租、典卖其永佃权。因此，永佃制下，佃农取得土地的永佃权，只要不欠租金，就有永久佃耕的权利。但是佃农的权利受到两项重要限制：一是没有自由转佃的权利；二是出租、出典需要经地主同意。

永佃制虽名为永佃，但一般认为佃户并非享有永远租佃的权利，而是享

[①]　戴炎辉：《中国法制史》，台湾三民书局 1979 年版，第 305—306 页。清代还有一种情况，即被圈为旗地的农田，因旗人不善农耕，往往将原来的汉人田主留下使之佃耕，或另召民户承佃，这些租佃关系都立有契约文书，而且往往都予以佃户永佃权，不欠租不许夺佃。参见赵冈、陈钟毅：《中国土地制度史》，新星出版社 2006 年版，第 262 页。

[②]　杨国桢：《明清土地契约文书研究》（修订版），中国人民大学出版社 2009 年版，第 72 页；梁治平：《清代习惯法：社会与国家》，中国政法大学出版社 1996 年版，第 81—82 页。

[③]　永佃权是一种财产，可以购入名下为"业"，可以世袭，可以成为分家析产之对象，也可以出卖转让，有一定的"时价"。有的地方认为永佃权是土地所有权的一部分，故享有永佃权者称为二田主，于是形成"一田二主"制，就是田主与永佃权人共同享有此块土地之主权。参见赵冈、陈钟毅：《中国土地制度史》，新星出版社 2006 年版，第 302—303 页。

[④]　但有资料表明，佃户欠租额达到田面价时，田主几乎都会不由分说地没收田面。对此，日本有学者解释认为，田主把佃户的佃权所具有的经济价值视为佃户欠租的一种担保，佃户欠租不多时田主不去追征，是着眼于田面具有的经济价值，一旦出现问题，可用于抵债，但佃户欠租额达到田面价格时，由于田主害怕追征无望，就会要求没收佃户的田面权。参见［日］寺田浩明：《权利与冤抑：寺田浩明中国法史论集》，王亚新等译，清华大学出版社 2012 年版，第 15 页。

有长期租佃的权利。清末的《大清民律草案》第 1089 条就规定：永佃权期间为 20 年以上 50 年以下；若设定期限在 50 年以上者，缩短为 50 年。①

有学者研究指出，我国古代永佃制下土地权利配置的特点主要体现在三个方面：一是永佃权人在取得田面权之前，只是享有永久耕作土地的权利，不能自主转让其永佃权；佃户之间的私相授受，则是永佃权向"一田二主"转化的过渡形态。二是佃农取得田面权后，可以自由地处分，可以继承、出租、出卖，无须经过田底主同意。三是永佃权人转佃之后，田面权与永佃权一并发生转移，田底主一般和新田面主成立新的永佃契约关系。② 由此可以看出，永佃权人的权利与土地所有权人的所有权形成对应关系，一旦永佃权流转，永佃权人的永佃权（以及田面权）都流转给受让方，即受让人继受取得永佃权人的所有权利，就是说，永佃权流转时，永佃权人享有的权利并未发生分离，而是整体流转给受让人。

永佃制和明清时期一些地方盛行的"一田二主"并非官方正式颁布的法律制度，只是得到官方认可的民间惯例或习俗，即使在"一田二主"比较发达的清代，也只是得到地方政府的认可，并未形成正式的法律制度。清末法律改革时起草的《大清民律草案》虽然规定了永佃权，但该草案实际上并未真正施行。直到 1930 年国民政府颁布《中华民国民法典》物权编，永佃权才作为用益物权的一种类型正式列入该法，被定义为"支付佃租永久在他人土地上为耕作或牧畜之权"。永佃权人可以让与权利，或者在永佃权上设定抵押，但是不得将土地出租给他人，目的是贯彻扶植自耕农的土地政策，废除中间剥削佃农之恶习。③ 不过，学者的田野调查表明，在 1949 年中华人民共和国成立前，有的地方（如湖北武汉）仍然存在保留租佃而产生的永佃权，即土地所有者出售土地所有权时保留租佃权，自己变为固定的佃户；购买者再次出售土地也不影响佃户的租佃权。而且，佃户的租佃权是可以继承、转让的。④

成熟阶段的永佃制和"一田二主"有一个附带的好处，即可以在不涉及土地所有权变动的情况下，通过田面权的流转实现土地耕作的整合，从

---

① 杨立新主编：《中国百年民法典汇编》，中国法制出版社 2011 年版，第 170 页。
② 张明：《民国时期皖南永佃制实证研究》，人民出版社 2012 年版，第 59 页。
③ 谢在全：《民法物权论》，中国政法大学出版社 1999 年版，第 411 页。
④ 朱炳祥主编：《土地制度与土地文化：武汉市黄陂区油岗村的田野调查》，民族出版社 2006 年版，第 46—47 页。

而提高土地的经营规模和效益。佃户可以在不涉及田底权的情况下，通过田面权的交换调剂，将自己耕作的土地连接成片，便利生产耕作，从而节省耕作成本，提高劳动生产率和土地产出率，这种田面权的交换调剂并不涉及田底权的转让，地主并无损失，反而能从提高产出中获益，因而乐见其成。这也是永佃制得以盛行的一个重要原因。① 明清时期，随着人口不断增加，土地分割、碎片化日益严重，地主又不愿意轻易放弃土地，因此，通过田面权的交易促进佃户提高经营规模，是比较现实、可行的办法。

我国台湾地区曾经承认永佃制度，但在 20 世纪 50 年代，我国台湾地区全面推行农地改革，先后实施"公地放领""耕地三七五减租""耕者有其田"政策，大力扶持自耕农，永佃权在实践中逐渐衰微，特别是永佃权造成土地所有权与用益权的长久分离，影响农地合理利用，已经不符合现时农地政策。因此，2010 年我国台湾地区修改相关规定，废止了永佃权，代之以新的农育权（即在他人土地上为农作、森林、养殖、畜牧、种植竹木或保育的权利），其中，保育是指基于物种多样性与生态平衡原则，对于野生物或栖地所为保护、复育、管理的行为。② 这样修改的主要理由是，当前的农业政策是鼓励不愿继续从事农业、离农的农地所有权人，将农地交由他人从事耕作使用，并于期限届满后仍可收回其使用权，故永佃权已与当前农业政策不合，实务上也很少有以永佃权登记的。③ 而且，这样修改也有利于完善民事法律体系的结构，因为用益物权本质上应当是有期限的，如此才不会妨害所有权的完全性，而永佃权作为用益物权却是永久性的，影响物权法律体系的逻辑完整。④

二、中国古代的"一田二主"

随着明代永佃制的进一步发展，特别是清代经过所谓康乾盛世的繁荣之后，人口达到历史顶峰，在江苏、安徽、江西、浙江、福建等地区，人

---

① 钟怀宇：《中国土地制度变革的历史与逻辑》，西南财经大学出版社 2014 年版，第 144—145 页。

② 王泽鉴：《民法物权》，北京大学出版社 2010 年版，第 315 页。

③ 梁慧星、陈华彬：《物权法》，法律出版社 2015 年版，第 255 页。

④ 张弘毅：《从永佃权到农育权——试论台湾地区农育权的法制史渊源》，载《法制与社会》2013 年第 2 期。

多地少的矛盾更加突出，土地交易频繁，反映在农地权利上，就是地权明显分化，一些佃农开始得到地主的许可而转佃他人，甚至可以将其永佃权典卖给他人，地主与佃农的权利进一步分化，佃农的权利逐渐独立于地主，成为一种独立的权利，形成了"一田二主"的地权关系。迟至19世纪中叶，太平军起义造成浙江、安徽、江苏等地人口锐减，土地荒芜，在战后垦复过程中，永佃乃至"一田二主"现象复又大量发生。①

所谓"一田二主"，就是把同一块地分为上下两层，上地（称田皮、田面）与底地（田根、田骨）分别属于不同的人所有，地主享有的权利称为田底权，佃农享有的权利称为田面权。田面权与田底权并列，也是一个永久性的独立物权。显然，这是土地所有权与经营权分离的更典型情形。一般来说，底地所有人（田底权人）需要承担缴纳税赋的义务，他享有的权利是，每年可以从享有土地收益权的上地所有人（田面权人）那里收取租金（固定的利得），即田面权人需要承担交租的义务，但是欠租一般不成为解除佃约的原因；而且，田底权人与田面权人各自处分其田底权、田面权时，相互之间没有牵制。就是说，上地所有者可以任意转让出租，底地所有者的同意并非转让出租的要件。而且，上地、底地各自所有者的变更，对另一方所有者的权益也不构成影响。②

需要耕种"一田二主"的土地，一般的做法是，首先必须与现有的佃户耕作者进行交涉，在双方同意后（通常是佃户立契据交给对方）到田主那里办理承佃手续，田主不能拒绝与现佃户达成协议的新佃户承佃耕种；反过来，新佃户未与现佃户交涉，先与田主交涉办理了承佃手续，田主也不能以此为由逼迫现佃户交出土地。③

有学者甚至直接把永佃制等同于"一田二主"，认为永佃制度下土地所有权与使用权发生分离，地主拥有土地所有权，佃农拥有使用权，即永久佃耕的权利，而且，佃农的这种权利不因地主买卖土地而丧失。地主只

①　梁治平：《清代习惯法：社会与国家》，中国政法大学出版社1996年版，第58页。
②　［日］寺田浩明：《权利与冤抑：寺田浩明中国法史论集》，王亚新等译，清华大学出版社2012年版，第3页。虽然说是"一田二主"，但是一般意义上的所有权人是田底权人，通常称田底权人为田主，即所有权归田底权人。参见［日］森田成满：《清代中国土地法研究》，牛杰译，法律出版社2012年版，第26页。
③　［日］寺田浩明：《权利与冤抑：寺田浩明中国法史论集》，王亚新等译，清华大学出版社2012年版，第9—11页。

能转移土地所有权，而不能转移土地使用权；佃农可以自主买卖转让土地使用权，地主不能干涉。[①] 或者，佃户的永佃权称"田皮"，是一种独立的财产，可以用钱购买，也可以随意转让。[②]

农地权利的"一田二主"是从永佃制发展而来的，是永佃制度的进一步发展，可以看成是成熟阶段的永佃制。它体现了主佃关系的新变化，即佃户一方讨价还价的能力日益增强，以至能够隐蔽地、半公开乃至公开地将自己耕作的土地转佃、转让给第三者，最终造成田底与田面的分割。[③]

永佃发展到"一田二主"应当是一个长期而复杂的过程。起初，佃户只是享有永远耕种土地的永佃权利，但不得转佃他人；渐渐地，有些佃户不亲自耕种土地，开始私相授受，隐蔽地将佃耕的土地交给他人耕种，虽然租佃契约约定佃户不得转佃，并且佃户的私相授受可能遭到地主的反对和阻碍，但转佃行为仍然大量发生；随后发展到佃户半公开地转佃，地主事实上予以默认，佃权的转让虽然具有买卖的性质，但为了防止地主的反对，佃户可能采用顶、推、流、借、寄等契约，回避不得转佃的限制；经过一段时期，佃户的私相授受行为发展到相当的规模，形成了地方的"俗例"，加之经济社会条件的变化使佃户的讨价还价能力不断增强，地主逐渐不得不认可佃户的转佃行为；最终，佃权的转让获得合法性，而且，佃户的永佃权逐渐与地主的权利分离，单独出来形成独立的田面权，从而形成租佃土地的"一田二主"，即同时存在地主的田底权与佃户的田面权，各自独立，均可以单独地出典、出卖。[④]

一般地说，田面权与田底权逐步分化并形成"一田二主"，可能的演变路径大体是：佃户与地主达成口头约定或者签订契约，佃户获得土地耕作权；佃户的土地耕作权演变为永久耕作权；佃户的永久耕作权，经地主同意，可以转让；地主如放弃对转让的同意权，佃户可自由处分其耕作权，并且得到乡规、俗例的认可，逐渐形成惯例。[⑤] 佃农自身在"一田二主"的形成过程中起过至关重要的作用，可以说，在深知所有权无希望的

① 史志宏：《清代前期的小农经济》，中国社会科学出版社 1994 年版，第 70 页。
② 赵冈、陈钟毅：《中国土地制度史》，新星出版社 2006 年版，第 302 页。
③ 梁治平：《清代习惯法：社会与国家》，中国政法大学出版社 1996 年版，第 84 页。
④ 梁治平：《清代习惯法：社会与国家》，中国政法大学出版社 1996 年版，第 84—88 页。
⑤ 孙超、刘爱玉：《地权、阶级与市场——明清"一田二主"土地制度研究述评》，载《学术论坛》2017 年第 5 期。

环境中，田面权是农民地权愿望的现实而直观的自我表达。①

按照学者的归纳，在明清的历史背景下，"一田二主"可能产生于下列情形：（1）土地耕种者因改善农田或者开发农田，因而取得田面权，地主保有田底权；（2）开垦共有荒地，政府将田面权交给耕种者，出售田底权给地主；（3）分割家产，将地权分为田底和田面权，给予不同的子孙；（4）地主不在本地，而将田面权给予可靠的耕种者，自留田底权；（5）耕种者承佃土地时付出押金或定金，换取田面权；（6）自耕农卖地，将田底权出售，自留田面权，继续耕作；（7）世代耕种同一土地的佃户，其耕作权终于得到承认，成为田面权的拥有者。② 分析"一田二主"的产生过程可以看出，当无地者对土地有某种付出（或有地者对土地的某种让出），但这种付出（或让出）又不足以涵盖对土地的全部权利时，田底与田面的分化就可能出现。在更广泛的意义上，田面权与田底权的分离，是人口增长和城镇工商业发展的共同结果。③

有学者认为，"一田二主"的名称来源于典卖土地。农户家中经济情况恶化时，不情愿出卖田产换取金钱来救急，往往以田产的所有权为抵押，借贷金银，即典卖田地，典卖契约写明赎回条款，并且，农户保留土地使用权。农户典卖田地时保留的使用权范围很广泛，不仅限于耕作权，农户虽将田地典卖出去，但自己并不情愿接受佃户的身份，仍以业主自居，变为"一田二主"中之一主。这种情况下，田底主实际上只享有收租权，相当于债权人收取利息的权利，这正是典卖制度的初衷，典卖土地的农户并不是真正要割让地产，而是以地产为抵押品借钱来应急。④ 正因为如此，20世纪30年代费孝通先生在开弦弓村调查时就发现，当地农民因借贷而出卖田底权、保留田面权，债权人变为田底业主，农民从债务人变为田面业主，从每年偿付利息变为每年支付租金，他自己感到没有什么差别。⑤

---

① 吴向红、吴向东：《传统地权秩序对土地承包权的挑战》，载《法学》2007年第5期。

② 有学者还提出另一种来源，即明代的诡寄，地主虚假地将土地产权转让给官户以求庇护，官户依法被免除徭役，因此，地主只纳粮而不承担徭役，结果往往形成双重产权：一是官户名下登记的产权，一是原地主的实际产权。参见赵冈、陈钟毅：《中国土地制度史》，新星出版社2006年版，第304页。

③ 揭明、鲁勇睿：《土地承包经营权之权利束与权利结构研究》，法律出版社2011年版，第20页。

④ 赵冈：《论"一田两主"》，载《中国社会经济史研究》2007年第1期。

⑤ 费孝通：《江村经济——中国农民的生活》，商务印书馆2001年版，第162—163页。

永佃的权利是否发展成"一田二主",是由地方的客观条件和习惯决定的。在什么情况下永佃权变成了"一田二主",按照一些学者的观点,可以从三个方面加以判断:(1)永佃权人将佃权转让给他人时要征得地主同意;(2)永佃权人欠租时地主可以撤佃;(3)地主可以直接向现耕佃者(从永佃权人处承耕之人)收租。如果符合这三条,永佃权人的权利仍然是永佃权;这三点都不符合的,表明永佃权已经变成独立的田面权,形成了"一田二主"的状态。就是说,当地主与永佃权人互相不得过问,两主并立时,永佃权就变为田面权。①

"一田二主"的核心是分割土地所有权,产生具有独立物权属性的田底权与田面权,田面权成为一种独立的、可以转让的权利。即土地的田面权与田底权相分离,佃农作为永佃权人取得独立的田面权,并且获得了自由转佃的权利,无须征得地主同意就可以处分其永佃权。因此,它与永佃制存在两点重要区别:(1)在"一田二主"关系中,作为田面主的佃户可以通过转佃、典卖等各种方式对田面进行处分,不需要经过田底主同意(听任佃户顶耕);而永佃制的佃户只是享有永远耕作的权利,不得将其永佃权让与他人(不许自行转佃)。佃户能否自由、独立地将其土地权利转让给他人,是两者的根本区别。②(2)在"一田二主"关系中,田面主转佃后,通常不再亲自耕作土地,但仍然享有对土地的部分收益权(例如,田面主将田面转佃给他人时取得的租金,往往高于他支付给田底主的租金,超过部分即归田面主),而永佃制的地主只能收租完粮(也有佃户完粮或者地主佃户各半完粮的),无权随意增租夺佃,无权干预佃户耕作;佃户可以依约退回、转租或典卖佃权,③ 但佃户取得收益的基础是其耕作土地的行为,不耕作即不享有收益。

"一田二主"与西方国家的永佃权也存在显著区别:永佃权是西方物权法的概念,而"一田二主"是我国民间的习俗或规则,并未形成正式的法律规范。而且,永佃权的形成是租佃制度发展的产物,而田面权则是由土地所有权制度变化而形成的。就此而论,"一田二主"显然已经不简单是一种租佃关系,可以说是与地主所有权并列的土地所有关系,是在封建

①　戴炎辉:《中国法制史》,台湾三民书局 1979 年版,第 307 页。

②　马珺:《清末民初民事习惯法对社会的控制》,法律出版社 2013 年版,第 134 页。

③　熊宇翔、刘哲华:《从永佃制的存在探究双重所有权》,载《山西财税》2013 年第 9 期。

社会后期出现的新型土地所有权形式，是土地权利的分化和分享。人们并不把这种做法看成是土地整体的买卖，而只看成田面的买卖和所有。就是把田底和田面视为两种并存的事物，能够分别买卖和所有。①特别是佃户对于土地的权利是牢固的、独立的，地主与佃户的两种权利是各自独立的部分所有权，是所有权分割的形式。②

而且，田底田面的概念还被推广到不同的领域。例如，民国时期安徽就将田底田面适用于水面，分为湖水涨满时在一定范围内可用网捕捞鲜鱼的水面权，以及湖水退落后在长满芦苇的土地上获取收益的水底权。北京等城市的不动产契约也有类似例子，有些不动产契约关系，不仅有土地所有者（地主）和店铺房屋的所有者，还包含店铺营业收益本身的权利（称为铺底权），这种权利也成为不同于土地和店铺的独立的买卖对象。③

三、中国古代的"一田三主"

成熟的永佃制下，永佃户对田面享有自由处分权，他可以亲自耕种土地，可以出卖田面，明清时期田面市场比较成熟，而且田面的价格上涨幅度有时甚至超过田底；永佃户也可以将田面租给他人，自己当"二地主"收取地租。

明清时期，随着永佃制的进一步发展，在福建、江西等地区，有些田面权人将其田面租给他人，进一步发展出"一田三主"的地权关系，即形成小租主（地主，也称小税主）、大租主（即现代所称的"二地主"）、佃户三者之间的关系。小租主是土地所有权人，大租主是从土地所有权人那里有偿取得土地收租权的人，佃户是向土地所有权人支付了"粪土银"而取得永久土地使用权的人。这样，大租主作为土地的名义所有人，小租主是所有人，佃户是土地的永久使用者并且土地久佃成业，从而形成一田之上三个主人的习惯。而且三方主体各自的变更，不会造成相对人权益的变化。④

---

① ［日］寺田浩明：《权利与冤抑：寺田浩明中国法史论集》，王亚新等译，清华大学出版社2012年版，第84页。

② 童列春：《中国农村集体经济有效实现的法理研究》，中国政法大学出版社2013年版，第46页。

③ ［日］寺田浩明：《权利与冤抑：寺田浩明中国法史论集》，王亚新等译，清华大学出版社2012年版，第84页。

④ 赵晓耕：《观念与制度：中国传统文化下的法律变迁》，湘潭大学出版社2012年版，第178—179页。

佃户享有土地耕种权,负责耕种土地并向大租主交租;大租主收取地租并向小租主交租,自己保留其中的差额;小租主收取地租并向政府缴纳田地的税赋,有些小租主为规避税赋义务,在保留大部分收租权的情况下,将缴纳税赋的义务转交给大租主,同时只向大租主收取较少的租金,进一步造成税与租的分离。居于小租主与佃户之间的大租主通常不耕种土地,只是享有土地的收租权。1936年费孝通先生在开弦弓村调查时发现,同一土地上可能有田底权人(不在地主)、田面权人和承租人,承租人还可以雇工,所有这些人对土地的产品都有一定的权利。①

显然,"一田三主"是"一田二主"进一步分化的结果,在土地所有者与耕种土地的佃户之间增加了一个享有收租权的大租主,大租主并不直接耕种土地,他享有的收租权通常是有偿取得的,并且可以交易。佃户享有的耕作权同样可以自由转让,与"一田二主"的田面主享有的自由处分权,实质上没有区别。有学者认为,明代以后土地制度更趋成熟,出现了永佃制,所谓永佃权,指的是"一田三主"制度。②

四、中国古代的押租制

明清以来,随着农业生产力提高和农村商品货币关系发展,农民对地主的人身依附关系逐渐松弛,地主转而采用预先向佃户收取押租的经济手段取代超经济强制手段,以保障其地租收入;而地权趋于集中,人口密度增加、农民竞佃激烈,迫使农民只有在正常租金之外另行支付押租,才能获取、维护土地租佃权,从而产生了一种特殊的租佃制度,即押租制。

押租制是佃农预先交纳押金才能租佃地主土地的租佃制度。押租制出现在明朝后期,清朝初期以后逐渐在各地流行起来,其主要原因是,宋代契约租佃制大发展以来,佃户逐渐摆脱对地主的人身依附关系,地主与佃农之间超经济强制下的封建宗法关系逐渐让位于契约约束下的经济关系,佃农与地主在产权交易的不同层面反复博弈,最终导致土地所有制实现形式的变化。同时,押租制的出现与商品经济发展导致地主对货币需求增

---

① 费孝通:《江村经济》,北京大学出版社2012年版,第159—160页。
② 吴敬琏、马国川:《中国经济改革二十讲》,生活·读书·新知三联书店2012年版,第71页。

长、人口密度增加导致农民之间竞佃激烈等因素密切相关。[1]

押租制下，农民要租佃地主的土地，必须预先向地主交纳一笔押金，称为押租。押租的多少，主要依据土地的地力（肥沃程度）、佃户竞佃情况等加以确定。一般来说，土地越肥沃、人口越密集、竞佃越激烈的地方，押租就越高。佃户除需要预先交纳押租以外，还要按照租约的约定支付租金，称为正租，正租的多少通常与押租高低有关，押租越高，正租越小，即押重租轻；押租越小，正租就越重，即押少租重。通常情况下，较为常见的是押重租轻，个别情况下押租很重，佃户甚至可以不交正租。

农民交纳押租后获得租佃权，在一定意义上，押租可以看成是佃户为获得租佃权而支付的对价，佃户交纳押租相当于有偿地获得了租佃权。佃户往往把交押租看作买得了佃权，不仅要求永佃，而且私相授受，以致官府也认为，佃户出银买佃，如同田主出银买田，不便禁革。[2] 因此，一方面，地主如果不先向佃户退还押租，就不能随意换佃，佃户可以永久租佃，就是说，地主如果要终止租佃关系，必须先退还佃户交纳的押租，但地主退还押租时一般无须支付利息；另一方面，交纳押租的佃户，相当于购买了租佃权，因而可以将租佃的土地转佃他人，也就是将其租佃权再次转让给他人，这种情况下，在地主、佃户之外，又产生了受让租佃权的第三方，佃户相当于"二地主"。就此而论，押租制在一定程度上反映了租佃权的商品化和货币化趋势，体现了土地所有权与经营权的进一步分离。

押租制对于地主和佃户各有其利益。对地主来说，佃户交纳的押租实际上是对佃户按约支付正租的某种担保，佃户如未按约支付正租，地主可以直接从押租中扣除，抵付租金，从而确保地主如约获得土地租金；同时，地主预先向佃户收取了押租，但在退还押租时又无须支付利息，事实上无限期、无偿地占用佃户的资金，获得了资金的时间价值，对地主显然是有利的。对佃户来说，以交纳押租而取得的租佃权通常更有保障，押租具有限制地主随意夺佃（终止租佃关系）的作用，有利于稳定租佃关系，客观上有助于保护佃户的佃权，促进佃户稳定经营和生产发展。

押租制可以看成是租佃权的一种购买方式，但它与永佃权交易不同的是：在永佃制下，农民购买永佃权以后，地主原则上不能收回永佃权，佃

---

[1]　钟怀宇：《中国土地制度变革的历史与逻辑》，西南财经大学出版社2014年版，第146页。

[2]　史志宏：《清代前期的小农经济》，中国社会科学出版社1994年版，第73—74页。

户可以永久租佃土地；而在押租制下，佃户交纳押租取得租佃权，但是地主在退还押租后可以收回租佃权，而且，押租契约通常会约定租佃期限，这也是与永佃制的明显不同之处。

第四节　土地权利的演化趋势

一个国家的土地制度深深植根于其政治、经济制度和历史、文化传统，每个国家的土地制度都各具特征，并且可能随着经济发展和社会变迁而不断调整变化。根据以上对英国（英美法系典型国家）的地产权制度、德国（大陆法系典型国家）的用益权和地上权制度，以及我国古代的永佃制度和"一田二主""一田三主"的简要说明，可以初步总结出土地权利演化的一些共同趋势和特点。

一、土地制度的重点从所有向利用转化

土地不仅是最重要的农业生产资料，也是非常重要的财富，特别是在早期，土地可以说是最重要的财产，各国的土地制度都高度重视土地的所有权。英国的威廉一世在征服英格兰之后，首先把所有土地收归自己所有，宣布国王是唯一的土地所有者。大陆法系国家的土地制度更是认为所有权是神圣的，所有权被看成一种普遍的、绝对的权利，土地所有权被看成是土地上其他各种权利的基础，土地的其他权利都是土地所有权派生出来的。在我国，长期的封建地主所有制一直是封建统治的经济基础，也是剥削和压迫农民的重要制度工具。在中华人民共和国成立前，中国共产党领导农民开展土地革命，没收地主的土地分配给广大贫苦农民，变封建半封建的土地所有制为农民的土地所有制，为中华人民共和国成立后建立社会主义土地公有制奠定了基础。

随着经济社会发展，土地制度的重点逐渐从土地的归属即土地所有，转向土地的实际占有和利用。英国虽然宣称土地归国王所有，但土地制度自始就强调土地占有者和使用者的权利，通过实行分封，建立土地保有制度，明确国王享有土地的所有权，同时确认受封者对土地享有排他性占有和利用的权利，国王作为土地所有者，也不得随意干预受封者利用土地的权利。而且，整个土地制度更多地强调土地占有者的地产权，而不那么关

注国王的土地所有权。一般来说，英美法系国家普遍更加重视物的占有和利用，而不那么强调物的所有，西方法谚强调"占有是十分之九的法律"，就充分表明了占有的重要性。英美法系国家还普遍建立了土地的时效占有制度，任何人只要和平、公开、持续地占有土地达到一定期限（通常是12年），就可以依据占有而取得土地的所有权，其目的之一就是要促进土地的有效利用，防止土地资源长期闲置。

而且，为了适应经济社会发展的客观需要，出现了信托、让与担保、分时享有等新型所有权形式和物的利用形态，财产的所有权形态日益复杂化，物的利用形式和利用内容日益多样化，所有权权能的重心随之从归属转向有效利用，物权理论也从所有向利用转变，[①] 现代民法已经从传统的"以归属为中心"转向为"以利用为中心"。[②] 有学者指出，如果土地所有权是一级权利，土地的用益和担保等权利是二级权利，各国立法更加注重二级权利的设定，在讨论土地使用和土地价值的公平、效率问题时，焦点也主要集中在二级权利上。[③]

农地所有权与使用权的分离和分享早在封建社会就发生了。当时，分享的基础形式有两种：一种是分封，即封建国家的最高统治者以土地所有者身份将土地分封给封建诸侯，诸侯对国王承担一定的义务；另一种是地主将自己的土地使用权出让给农民，而农民则支付地租和负担徭役，在这种情况下，所有权和使用权分离了。[④]

就农村土地制度来说，趋势是淡化所有权，强化使用权。在土地所有权和使用权分享的条件下，为限制土地所有权对土地利用的不利影响，各国都对土地租佃条件进行规范，以增强土地经营的安全感，调动土地经营者的积极性。例如，规定土地租佃的最短期限，限制最高租金水平以禁止地主收取高额地租，明确地主无法律规定的正当理由不得随意解除租约或者拒绝续租，要求地主对佃户改良租佃土地予以补偿等。[⑤]

---

① 林刚：《物权理论：从所有向利用的转变》，载《现代法学》1994年第1期。

② 郭继：《土地承包经营权流转制度研究——基于法律社会学的进路》，中国法制出版社2012年版，第3页。

③ 杨一介：《中国农地权基本问题——中国集体农村权利体系的形成与扩展》，中国海关出版社2003年版，第125页。

④ 赖泽源等：《比较农地制度》，经济管理出版社1996年版，第104页。

⑤ 唐忠：《农村土地制度比较研究》，中国农业科技出版社1999年版，第93、113—114页。

从农村土地法制史可以看出，我国具有重视土地利用的悠久传统。宋代以后的农地永佃制度，以及明清时期农地的"一田二主""一田三主"，事实上都是在不改变土地所有权的情况下强调农地的利用，着重保护实际耕种者（使用者）的权益。由于南宋以来永佃制的发展和佃权的强化，农地权利的重心已经由之前的所有权转向了经营权。① 我国历史上的这些分享农地权利的方法，作为民间自发创造而逐渐形成的惯例，虽然没有在国家立法层面得到肯定，也并未形成制度化的正式安排，但是，这些民间习惯体现的对土地占有和利用的特殊重视，与英国的地产法律制度，显然有异曲同工之处。

中华人民共和国成立以来，农村土地制度同样发生了从重视土地所有权向重视土地经营权的转变。中华人民共和国成立后不久，即实行农村社会主义改造，建立了农村土地集体所有制，成为社会主义土地公有制的重要组成部分，农村土地实行农民集体所有、统一经营，强调农村土地所有权和集体统一经营权，实践证明不利于充分调动广大农民的生产积极性。1978 年农村改革开放以后，农村土地政策的发展脉络和走向，就是逐渐从重归属转向重利用。在坚持农村土地集体所有制、维护土地集体所有权的前提下，2002 年农村土地承包法和 2007 年物权法先后赋予承包农户对其承包地享有独立的土地承包经营权，就法律性质而言，土地承包经营权属于他物权类型的用益物权，包括对承包地的占有、使用、收益的权利，同时，法律还给承包农户赋予一定的处分权，例如可以依法自主流转其土地承包经营权和土地经营权。实践中，承包农户实际占有承包地开展生产经营，法律和政策的导向一直是：在维护农村土地集体所有制的前提下，更加注重保护农户的土地承包经营权，通过延长承包期限、赋予承包农户更多权利等，强化承包农户利用土地的权利。"重在利用"的土地法价值导向可以在我国各地土地制度创新实践中得到验证。②

实践表明，我国土地物权制度特别是农村土地物权制度的中心，已经从静态的土地权利归属转向动态的土地利用，农村土地利用制度的改革和农村土地承包经营制度的确立，正是农村土地利用权中心化这一趋势的体

---

① 张晓山等：《农村集体产权制度改革论纲》，中国社会科学出版社 2019 年版，第 86 页。

② 马俊驹、杨春禧：《论集体土地所有权制度改革的目标》，载《吉林大学社会科学学报》2007 年第 3 期。

现。农村土地权利制度从以土地"所有"为中心向以"利用"为中心的转变，是生产社会化和资源利用高效化发展的结果。①

二、土地权益从集中向分散、分割转化

如前所述，英国土地制度的基本特征，就是不同的人可以同时分享土地的权益。英国的土地法律制度从一开始就对土地的权利进行分割，允许不同的人同时分享土地的不同权利和利益，所有土地的权益都是可以分割、分享的，某个组织或个人独自享有特定土地的全部土地权益，只是非常少见的例外情形。就农地来说，直到20世纪中期，英国资本主义农业的基本经营形式一直是租地农场，这种典型的农业经营形式所体现的农地权利本身就是分离的：贵族地主享有农场土地的自由保有地产权（几乎相当于土地所有权），租地农场主享有农场土地的租赁地产权（相当于使用权），双方分别享有各自的法定地产权，他们的土地权利是各自独立、互不干涉的，并且双方都有权自主处分各自的地产权，不受对方权利的限制。更不用说，农场土地上还可能存在法定地产权以外的其他法定土地权利（例如通行权之类的地役权），以及衡平法土地权益。②

英国农地权利的分割和分享既有历史根源，也有现实原因。历史地看，英国的土地分封制度实行多层次分封，作为领主的国王保留名义上的土地所有权，在国王与直接耕种土地的农民之间可能存在多个层次的分封关系，为了维护其中各个层次的受封者的权益，使土地权利义务关系能够有效运行，确立了独特的土地保有法律制度，在维护国王的土地所有权的前提下，赋予受封的贵族、骑士、从事耕作的小农等各方相应的土地权利，让他们分别享有性质相同、内容各异的地产权。现实地看，随着工业革命和工业化的推进，经济发展突飞猛进，社会变迁加速，生产关系特别是财产关系日益复杂，即使家庭内部对土地的需求也呈现多样化趋势，为了满足经济社会发展对土地的各种需求，只能让更多的人分享土地权益。

有学者就此指出，英国的土地在法律上属于国王所有，但是通过历史上延续下来的由国王授予个人和私人机构自由保有权和租赁保有权的制

---

① 任庆恩：《中国农村土地权利制度研究》，中国大地出版社2006年版，第76页。

② 为避免复杂化，这里不考虑农场土地的通行权等法定地产权以外的其他土地权利，以及土地的衡平法权益。

度，事实上赋予民事主体对特定土地的占有、使用、收益和处分权利。英国农用土地的占有和使用主要是通过自由保有地产权的市场化收购和租赁等手段形成的。英国土地使用者拥有准所有权性质的自由保有地产权，是顺利流转和形成土地规模经营的关键。这一点值得我们研究借鉴。①

德国的地上权和次地上权制度，同样也是因为人口迅速增长导致城市人口对土地的需求急剧扩张，加之对土地的需求更加复杂和多样化，被迫将土地的地表、地下、地上的权利进行分割，分别由不同的人享有相应的土地权利，以更好地满足社会各方面对土地的复杂需求。随着城市化的推进，大城市的建设被迫向立体化方向发展，争抢地上、地下空间的现象在许多国家的大城市都具有一定的普遍性，即使不能像德国那样通过设立地上权和次地上权的方式，也必须设计其他制度措施，来确认土地需求各方的权利义务关系，据以满足各方的土地需求，并且解决可能越来越多的土地利用纠纷。

在我国，农地权利的分置是有历史渊源的。对于中国农民来说，土地权利的分割并不是新鲜事。事实上，从传统看，乡民对于土地所有权与经营权的分享并不陌生，只要有足够的利益冲动和适当的限制条件，乡民就可能运用自己已有的知识，借助自己熟悉的形式，按照自己的方式作出选择，而不管这种选择的结果在多大程度上符合传统的式样。② 实际上，农村改革开放以来，农用地的占有、使用、收益、处分的权能就开始在集体所有权与农户承包经营权之间进行分割，这些年来总的趋势是，在坚持农村土地集体所有权的前提下，农用地的各项权能逐渐由集体让渡给承包农户，目前，土地承包经营权已经实现了从生产经营自主权向用益物权乃至准所有权的重大转变。③

而且，土地所有权与使用权的"两权分离"，并非20世纪80年代实行大包干以后才出现的，而是在人地关系高度紧张的国情制约下，符合资源配置规律的历史现象。④ 如前所述，随着经济发展、社会变迁，人口不断增加，经济活动日趋活跃，人地矛盾越来越突出，被迫越来越重视土地

---

① 王金堂：《土地承包经营权制度的困局与解破：兼论土地承包经营权的二次物权化》，法律出版社2013年版，第196页。

② 梁治平：《在边缘处思考》，法律出版社2010年版，第93—94页。

③ 叶兴庆：《集体所有制下农用地的产权重构》，载《毛泽东邓小平理论研究》2015年第2期。

④ 温铁军：《"三农"问题与制度变迁》，中国经济出版社2009年版，第115页。

的利用，特别是农地的利用日益充分，农地权利的分化几乎是一种必然趋势，农地的所有权与使用权通常是分离的，而且农地的使用权与实际耕种权也可能是分离的，例如明清时期一些地方出现的"一田三主"的情形。特别是，明清以来农地流转所指向的主要是田面权的流转，田面权人享有对田面进行处分的权利，在一定程度上甚至具有所有权的性质，但是在中国的土地权利下，田面权所表征的主要也是一种经营权，"一田二主"中田面权的流转，涉及的也仅仅是农地使用权和经营权的流转。①

农地权利的分割与分享，背后的深刻原因是人地关系紧张，被迫通过分享农地权利来缓解社会矛盾。有学者研究指出，明清时期南方地区普遍出现"一田二主"和"一田三主"现象，根本原因乃是人地关系紧张导致的对土地权利的必然分割。甚至18世纪闽西的抗租风潮，虽然没有出现流民与土著的冲突，仍然可以从地域社会变革和人地关系方面得到解释。②农地权利分离客观上有利于促进农民与土地的结合。例如发展到"一田二主"阶段的永佃制，地主的所有权（田底权）和佃农的租佃权（田面权）分离，田面权也进入市场，出现活卖、绝卖、典当等多种交易形式，使失去土地的农民能够以多种方式很快和土地结合起来，土地利用率大大提高，推动了社会生产的发展，也导致土地市场规模的急剧扩大。③

我国历史上的"一田二主""一田三主"，与近年来农村土地的"两权分离""三权分置"显然也有某些相似之处。有学者明确指出，田面权制度与土地承包经营权制度存在一定的相似之处，从发生学上看两者存在一定的类亲缘关系。④农村集体经济组织作为集体土地所有人，非因法定事由或者土地承包经营权人自愿放弃，不得收回承包地，这与田面权的"欠租不撤佃"性质相似。⑤有学者甚至认为，我国目前农村土地承包期长期化就是对土地所有权的一定分割，形成土地所有权、承包权、使用权（经营权）三者同时存在并且可以分离的局面，这与历史上的永佃制有某些共同之处，区别主要在于，永佃制的地主与农民之间是租佃关系，而承

---

① 陆剑：《我国农地使用权流转法律制度研究》，中国政法大学出版社2014年版，第70页。

② 黄志繁：《地域社会变革与租佃关系——以16—18世纪赣南山区为中心》，载《中国社会科学》2003年第6期。

③ 张云华：《读懂中国农业》，上海远东出版社2015年版，第88页。

④ 刘云生：《永佃权之历史解读与现实表达》，载《法商研究》2006年第1期。

⑤ 孙宏臣：《土地承包经营权解析与重构》，中国政法大学出版社2017年版，第28页。

包户与集体经济组织之间是内部承包关系，并非租佃关系。①

更一般地看，现代社会财产所有与利用的分离，是一个财产社会化的客观过程，而不是个别的偶然行为。② 从法律经济学视角看，产权是一种权利束，可以采取不同方式分割给不同主体，这是现代社会产权的常态。将一物完全确定为一个主体所有常常是无效率的，因为不同主体的优势有利于实现对具体权利的最有效行使。农村土地实行以家庭承包经营为基础、统分结合的双层经营体制，也即所有权与使用权分享的一种制度安排，大大解放了生产力。③

有学者指出，经济和交易的发达，逐渐打破了传统所有权理论中重所有、轻利用的观念，代之而来的是人们对物的利用的重视与关注。为了适应市场机制下土地权利市场流转的客观要求，确立多元化土地权利主体，土地所有权单一国家的土地所有权与使用权产生了分离，这种分离使土地使用权具有独立的财产属性，很少受到土地所有权的约束。因此，我国土地所有权法律制度的建立必须以土地使用权法律制度的建立为核心。④

有学者进一步认为，公有制条件下，财产的归属秩序已为国家法律所认可并且已成为全社会的共识，重要的是如何合理利用财产，并使之发挥最大的效益。因此，应当构建农村土地归属制度和农村土地利用制度的二元土地权利制度体系，使得归属和利用相互依存、相互作用、平等共处。⑤有学者进而主张，中国的物权制度，应当是财产归属制度和财产利用制度（所有权与占有权）组成的二元结构体系。⑥

事实上，我国农村改革以来，法律一直高度重视土地的利用。1982年宪法确立了集体土地所有权制度，1988年修改宪法对土地使用权不得转让的规定作了修改，明确土地的使用权可以依照法律的规定转让，从而确认农民集体土地的使用权可以依法转让。1999年修改宪法进一步明确，农村

---

① 王贵宸编著：《中国农村合作经济史》，山西经济出版社2006年版，第596页。
② 孟勤国：《物权二元结构论——中国物权制度的理论重构》，人民法院出版社2002年版，第62页。
③ 柯华庆：《法律经济学视野下的农村土地产权》，载杨俊锋主编：《土地制度研究》（第一辑），知识产权出版社2012年版，第191页。
④ 刘俊：《土地权利沉思录》，法律出版社2009年版，第16、42页。
⑤ 任庆恩：《中国农村土地权利制度研究》，中国大地出版社2006年版，第49、273—274页。
⑥ 孟勤国：《物权二元结构论——中国物权制度的理论重构》，人民法院出版社2002年版，第61—79页。

集体经济组织实行以家庭承包经营为基础、统分结合的双层经营体制，从国家根本法的高度确立了家庭承包经营的法律地位。依据宪法的规定，土地管理法、农村土地承包法等先后对农村土地承包经营作了规定，在坚持农村土地集体所有的前提下，着重关注农村土地的利用，分别从不同角度丰富和强化承包农户的土地承包经营权。以致有学者认为，将土地承包经营权确定为物权，土地的集体所有权被虚置。① 2018 年新修改的《中华人民共和国农村土地承包法》以及 2020 年通过的《中华人民共和国民法典》，进一步确认了农村土地的"三权分置"，在坚持土地集体所有权、稳定农户土地承包经营权的基础上，进一步确立了第三方通过流转取得的土地经营权，承包地的权利进一步分割和分化，更加突出土地的利用。

三、土地权利归属从身份向契约转化

英国著名历史学家梅因曾经指出：所有进步社会的运动在有一点上是一致的，在运动发展的过程中，其特点是家族依附的逐步消亡以及代之而起的个人义务的增长……可以说，所有进步社会的运动，到此处为止，是一个从身份到契约的运动。② 这一论述揭示了古代民法特别是财产法的演化规律，其中，先天的身份作为来源于家族和家庭的权利和特权，是未经选择的状态，未体现个人意志。在梅因看来，从以家族团体为本位的身份社会状态进入以个人为本位的契约社会状态，是历史的进步，也是近代法治社会得以产生的基础和前提。社会关系上的"从身份到契约"，以及土地上的从以"所有"为中心到以"利用"为中心的权利制度转变，是同一历史时期发生的服务于资本主义生产需求的两个运动。③

土地法律制度的变革同样呈现了从身份向契约的转化，即一个人对土地的权利和义务，最先是由他的身份所决定的，不取决于他的个人意志，后来，土地权利义务逐渐脱离身份的约束，转由当事人之间的契约确定，而契约则是当事人自主意思的体现。这与现代民法强调的意思自治也是吻

---

① 贺雪峰：《谁是农民：三农政策重点与中国现代农业发展道路选择》，中信出版集团 2016 年版，第 23 页。

② ［英］梅因：《古代法》，沈景一译，商务印书馆 1959 年版，第 117 页。

③ 贺雪峰、桂华、夏柱智：《地权的逻辑 3：为什么说中国土地制度是全世界最先进的》，中国政法大学出版社 2018 年版，第 207 页。

合的。

英国的土地制度在长期的变革过程中有一项非常重要的内容，就是逐渐消除附着在土地上的各种封建负担和人身依附关系。在土地分封初期，通过分封形成的土地权利义务关系具有明显的身份属性，受封者在获得土地权利的同时也必须承担许多封建负担，包括兵役、劳役等劳务义务，土地权利上明显附着了人身依附因素，每个受封者对土地的权利义务是由他的身份所确定的，而且，受封者死亡后，其土地权利的继承受到种种限制，受封者不能自主处分其土地权利，这对于土地权利的流转和土地的充分利用，显然是十分不利的。

因此，英国土地制度变革的一个重点就是简化土地法律制度，使土地权利逐渐摆脱人身依附关系。一方面，随着商品经济发展，受封者逐步用支付货币的经济手段，取代服兵役、提供劳役等具有人身关系的义务，土地权利上附着的这些人身义务逐渐转化为简单的货币支付，这些义务的履行逐渐变成市场交易的结果，使受封者的土地权利最终摆脱了具有人身关系的兵役劳役义务，领主也可以按照市场交易规则自主选择接受服务，而不再局限于只能接受受封者的劳务服务。另一方面，随着经济社会发展，英国议会通过立法不断减少法定地产权的类型，淡化受封者与封建领主之间的人身依附关系，到 20 世纪初期，法定地产权的类型最终简化为两种（即自由保有地产权与租赁地产权），同时，针对多层次分封形成的复杂土地权利关系，议会通过立法逐步消除中间层次分封的影响，先后制定法律废除了中间层次的贵族和骑士的土地保有制及相应的封建义务。1925 年实行财产法律改革后，法律只承认一种土地保有制度，即自由保有制度，所有的土地持有人都被看成是直接承租人，即被视为直接从国王那里取得并持有土地的承租人，但同时不再承担向国王提供劳务等义务，土地成为完全脱离人身关系的财产，可以依法自由交易、利用。总体来看，随着经济社会发展，土地权利的身份差异逐渐淡化，土地权利制度的身份依赖性逐渐消失，土地权利主体出现普遍化的趋势，最初仅仅适用于少数人的土地权利制度，逐渐成为所有人都能适用的制度。[①]

中国古代社会是一个典型意义的身份社会。社会以家族为单位，法律

---

① 咸鸿昌：《英国土地法律史——以保有权为视角的考察》，北京大学出版社 2009 年版，第 389 页。

以身份为核心，这一特点不仅为古代中国所有，而且在东方特有的文化氛围中，表现得尤为充分、彻底。① 每个人并不是一个独立的个体，不享有独立的权利，而是依附于基于血缘所形成的家族和宗族，每个人的权利义务要受制于其在家族和宗族中的身份地位，不同的人被分成三六九等，并且依据身份、等级确定各自的权利义务，所谓"礼不下庶人，刑不上大夫"，一个人在法律上的权利或义务，往往取决于他先天或后天具有的身份，即法律根据不同的身份确定人们相应的权利或义务。② 就是说，每个人的权利义务取决于他的身份地位而不是他的个人意思，个人利益必须服从于家族利益，并且隐匿于家族利益之中，每个人都没有权利按照自己的个人意志、为追求个人利益而行事。这与以个人独立为基础、体现个人意志、追求个人利益的契约，几乎完全是相对的。

中国古代社会的封建依附关系，主要源于封建习俗和宗法血缘关系，而不是封建地权，但是，一些地主与佃户之间仍然存在某种程度的封建依附关系和超经济强制。随着地主制经济的日益发展成熟，自宋代开始，地主与佃户之间的封建依附关系日趋松懈，到明代，佃户大体有了承佃、退佃和迁徙的自由，清代的地主经济有较为充分的发展，地主与佃户之间的封建依附关系全面松懈，日益为纯经济的契约关系所替代，佃户基本获得了人身自由，地主对佃户的超经济强制也有所削弱，转而采取经济手段压迫佃户。例如，押租制就是地主为保障收租权而采取的经济强制手段，它的发展本身就说明地主与佃户之间封建依附关系的松懈、超经济强制的削弱。③

不过，现实生活的逻辑往往不受法律条文的支配，与一般法律原则相左的观念可能依然流行，甚至颇为发达，社会中关于身份的观念就是如此。④ 受封建社会的影响，长期以来，人们比较习惯于按照身份、等级来分配权利和社会资源，每个人的权利义务主要取决于其身份地位。即使在中华人民共和国成立后的计划经济时代，人的不同身份在确定权利义务方面，仍然具有非常重要的实际意义。特别是城乡二元结构的长期存在，农

---

① 梁治平：《法辨：法律文化论集》，广西师范大学出版社 2015 年版，第 44 页。
② 梁治平：《法辨：法律文化论集》，广西师范大学出版社 2015 年版，第 22 页。
③ 史志宏：《清代前期的小农经济》，中国社会科学出版社 1994 年版，第 81—87 页。
④ 梁治平：《法辨：法律文化论集》，广西师范大学出版社 2015 年版，第 50 页。

村居民与城市居民的不同身份所承载的权利义务仍存在明显的差别，有些身份不平等现象仍然困扰着弱势群体的生活。

20 世纪 80 年代我国实行改革开放，一定意义上也是一种从身份到契约的变革。随着改革开放不断深化，市场经济逐渐取代计划经济，人员流动范围日益扩展，流动的速度加快，流动的自由度加大，长期以来被固着在农村的农民，越来越多地走出农村，进入城镇工作、生活，传统上以血缘为纽带形成的封闭的熟人社会，逐渐变成更加开放的陌生人社会，身份不再是直接决定权利义务的重要依据，只有在特殊情况下，才可能成为享有权利的间接手段。农村改革开放以来，农村从人民公社的集体所有、集体劳动，发展到家庭承包经营责任制，农民从缺乏充分自由、难以离开农村、不能随意流动的"社员"，逐渐转变成为自由合意的主体，可以自主、自由地流动。随着农村土地权利的"两权分离"发展到"三权分置"，农户承包地的社会保障功能与经济效用功能逐渐分化，农户的土地承包经营权分化为土地承包权与土地经营权，土地承包权继续承载着农民的社会保障功能，而土地经营权则与农民集体成员的身份脱钩，成为纯粹的经济权利，只承载经济功能，并且可以自由流转，农地经营权主体的范围呈现一个由浓厚身份性向契约性过渡的态势，这实质上就是从身份到契约的革命性转变，不仅推动农村社会取得巨大进步，而且对于农民积极性的释放和整个社会的公平都有巨大的推动作用；[1] 这是人的解放，是用法治取代人治，用自由流动取代身份约束，用后天的奋斗取代对先赋资格的崇拜。[2] 农地"三权分置"的关键是确认土地经营权的法律地位，而建立土地经营权制度的关键，则是在坚持土地集体所有权、稳定农户承包经营权的同时，使土地经营权脱离集体经济组织成员的身份限制，成为一种不受身份约束、可以自由交易的土地权利，真正放活土地经营权。更进一步看，随着乡村振兴战略的全面实施，城乡二元结构逐渐打破，实现城乡融合发展，农民必将逐步破除身份约束，真正从身份变成一种职业。

在更广泛的意义上，有学者指出，转型期中国乡村政治结构的变迁过程，也是乡村社会关系"从身份到契约"的转变过程，乡村社会的基本政

---

① 鲁君：《全面深化改革的重要任务：实现"从身份到契约"的转变》，载《理论导刊》2016 年第 11 期；白昌前：《农村土地经营权实现法律保障研究》，法律出版社 2020 年版，第 159 页。

② 朱光磊等：《当代中国社会各阶层分析》，天津人民出版社 1998 年版，第 40—41 页。

治主体正在实现从"家庭"到"单位"再到"个人"的过渡。① 有学者甚至认为，中国现代化所面临的基本问题之一，正是要以"契约关系"取代"身份关系"，实际上，近年来所有真正的改革莫不与此有关。② 就此而言，这种变革只是开始，尚在继续，从身份到契约的转化仍然任重道远。

---

① 于建嵘：《岳村政治：转型期中国乡村政治结构的变迁》，商务印书馆 2001 年版，第 443 页。
② 梁治平：《法辨：法律文化论集》，广西师范大学出版社 2015 年版，第 50 页。

第二章

农村土地承包概况

第一节 农村土地承包简述

研究农村土地承包问题，必须先搞清农村土地承包及相关法律制度的现实状况。

根据农村土地承包法第 2 条的规定，农村土地是指农民集体所有和国家所有依法由农民集体使用的耕地、林地、草地以及其他依法用于农业的土地，既包括农民集体所有的各种农用地，这是农村土地的主体，也包括国家所有交由农民集体使用的农业用地。

农村土地采取不同方式实行承包经营。有的实行家庭承包，有的实行专业队组承包，有的实行人人有份的承包，有的实行招标承包，有的限于本集体承包，有的可以承包给本集体以外的单位和个人，土地承包的现实状况复杂多样。

一、家庭承包经营制度的确立

以家庭经营为基础的土地承包经营制度，是中华人民共和国成立后广大农民在长期农业生产经营实践中的创造和选择。在 1978 年农村改革开放全面推行家庭承包经营之前，不少地方都经过了反复探索。

长期以来，中国农民习惯一家一户的生产方式，各家各户的生产经营都由自己负责，生产管理问题由各家自行解决。中华人民共和国成立后，在农业合作化过程中建立了农业生产合作社，把农户集中起来开展生产经营，就必须解决生产的管理问题，以发挥好合作社的优势。因此，不少地方在建立初级生产合作社时，就采取了一些包工包产责任制的做法。例如，黑龙江省在成立农业生产合作社时，采取定质、定量、定工的负责包工制来确定社员的劳动量,即根据土地数量、劳动性质,民主评定需工数量,由社员包种,不论社员实际用工多少,都按照评定的需工数量计算劳动日。华北地区的评工计工办法也采取定工、定质、定时、定产的包工包产制,即把土地划分为若干耕作区,并确定每个耕作区所需要的工数(定工)、工作质量的标准(定质)、完成工作的时间(定时)及本年度的产量(定产),再把全社劳动力分为若干小组(小队),把耕作区分别包给小组(小队)经营,秋后总结时,超过规定产量的给予奖励,未完成任务的给予处分。实行合作化较早的山西在合作社的经营上建立责任制,推行包工包产制,实行定工、定质、定时,1953 年建立的 2243 个合作社,实行包工包产制的占 80% 左右。[①]

1953 年 12 月中共中央通过的《关于发展农业生产合作社的决议》充分肯定了农业生产合作社的优越性和重要作用,强调了办好农业生产合作社必须注意的几项工作,其中第二项就是农业生产合作社的管理工作,明确提出,要合理地使用合作社的劳动力,按照合作社的大小、生产的需要、劳动力的多少和发展情况,决定组织劳动的形式。例如,刚开始实行的生产小组的临时分工制,而后根据群众的经验,逐渐推行常年固定的生产组或生产队的按季节包耕制。一些合作社所试行的常年包耕包产制,如为群众所乐意的,也应该帮助他们不断地总结经验,使这种劳动组织能够逐步趋于完善。

随后,各地的合作社根据情况分别采取分工分业、分队分组,按件计工、小包耕(包工制)、大包耕(包产制)等包工包产、超产奖励的责任制,促进了合作社的健康发展和农业生产的发展。学者的田野调查表明,1954 年冬湖北新洲县的合作社普遍实行临时按件包工、分季节按段包工、常年包工、包工包产,以调动生产队和社员的生产积极性。[②] 因此,1955 年 11 月通过的《农业生产合作社示范章程草案》明确要求,初级合作社逐步地实行生产中的责任制;要尽量采取包工制,包括耕作段落和季节性小包工和常年的大包工。

但 1955 年夏季以后,农业合作化和手工业个体商业的改造要求过急,

---

①　贾艳敏:《农业生产责任制的演变》,江苏大学出版社 2009 年版,第 32—36 页。

②　黄荣华:《农村地权研究:1949～1983——以湖北省新洲县为个案》,上海社会科学院出版社 2006 年版,第 89—94 页。

工作过粗，改变过快，形式也过于简单划一，以致在此期间遗留了一些问题。特别是合作化走上快速发展轨道，以急风暴雨方式推动建立高级合作社，到 1956 年已经在全国普遍建立高级合作社，各地在初级农业生产合作社实行的各种形式的包工包产、超产奖励的责任制受到严重冲击。

　　高级农业生产合作社不仅把社员入社的土地等生产资料都变成合作社所有，而且，合作社实行集体统一经营、统一管理、统一核算、统一分配的农业经营管理体制，面临着难以调动农民生产积极性的困难。当时就有些地方对劳动管理进行探索，有的对社员参加劳动实行评工记分，有的对社员劳动实行定额管理、定额包工，有的对队组实行"三包一奖"，即包工、包产、包费用及超产奖励。有些农民难以适应"四统一"的经营管理体制，特别是一些在加入合作社时土地多、役畜多、劳动力多的富裕农户感到自己吃亏了，要求实行包产到户，有的甚至闹着要退社。从 1957 年初开始，浙江、广东等一些省区都出现不同程度的群众性退社、散社事件。①农民发现，只有联系农作物产量来计算劳动者的报酬，才能准确评价劳动者所付出的劳动，于是出现了包产到队、包产到组和包产到户，特别是包产到户后，家庭内部的劳动成员之间可以不必计较付出劳动的多少，生产管理的成本最低，社员之间因计算劳动报酬而发生纠纷和摩擦的可能性也最小。因此，安徽、江苏、浙江、河北、广东等许多地方的农村，都实行了以包产到户为特征的农业生产责任制。②

　　比较典型的是浙江温州永嘉县，1956 年 3 月，分管农业的县委副书记李云河派县委农工部干部到燎原生产合作社开展试点，总结了"三包到队、责任到户、定额到丘、统一经营"的包产到户办法，同年 9 月在全县推广，到 1957 年夏天，全县已有 200 多个合作社实行包产到户，并且波及周围一些县。温州地区有 15% 的农户实行了包产到户。③ 实践表明，实行包产到户后效果明显，社员干活主动、细致，生产进度快。这是全国第一次明确提出包产到户，也是第一个由县一级党委领导农民进行试验、总结、推广包产到户的实例。

　　但是，1957 年 8 月中共中央发出《关于向全体农村人口进行一次大规

　　① 郑有贵、李成贵主编：《一号文件与中国农村改革》，安徽人民出版社 2008 年版，第 47 页。
　　② 陈锡文等：《中国农村制度变迁 60 年》，人民出版社 2009 年版，第 21 页。
　　③ 吴敬琏、马国川：《中国经济改革二十讲》，生活·读书·新知三联书店 2012 年版，第 71 页。

模的社会主义教育的指示》，把"包产到户"列入"企图搞倒退、企图引导农民走资本主义道路"的范围，并且在全国农村推行社会主义教育运动，一些地方的包产到户被戴上"资本主义"的帽子而压下去了。

1958年全国普遍推行人民公社体制以后，农村生产力受到破坏，农民的生产积极性受到挫伤，特别是农村出现的共产风、浮夸风、命令主义风、干部特殊风、生产瞎指挥风（简称"五风"）的问题比较突出，严重影响农业生产和农村干群关系。为了坚决反对"五风"，中共中央召开了一系列会议，采取措施对人民公社进行调整，并且要求加强管理。在贯彻落实的过程中，有些地方在1959年春提出生产大队对生产队实行"四固定""三包一奖"等办法，有些地方将基本核算单位由生产大队下放到生产小队，一些地方直接实行包产到户或者采取扩大农民自留地、允许农民搞家庭副业等办法，调动了社员的生产积极性，农业生产秩序有所恢复。但是，1959年7月召开的庐山会议爆发了"反右倾"斗争，并且把包产到户与"右倾机会主义"的政治问题挂起钩来，一些地方的包产到户再次被打压下去。

1961年初，由于天灾人祸，国民经济陷入困难，农村尤其严重，农民没有粮食吃，生活比较困难，靠集体经济已经难以解决农民的吃饭问题，迫于生活和生存的压力，一些地方的农民再次想到通过包产到户实行自救的办法，因此，包产到户又在一些地方悄然兴起。1961年6月通过的《农村人民公社工作条例（修正草案）》要求，生产大队对生产队必须认真实行包产、包工、包成本和超产奖励的三包一奖制，可以一年一包，有条件的地方也可以两年、三年一包。不少生产队也实行"三包一奖"，生产队在实行统一经营、统一核算的前提下，把一定的产量任务以及与之相适应的工分和生产费用包给生产队（组），年终结算时超产奖励，减产受罚。有的直接把承包单位由生产小组下放到农户，实际就是包产到户，只是此时所包的还不直接是产量，而是工分。①

特别是安徽一直积极探索农业生产责任制。省委书记曾希圣面对农民的困苦状况，同意搞"责任田"形式的包产到户，实行包产到队、定产到田、以产计工、大农活包到组、小农活包到户，按大小农活的用工比例计

---

① 辛逸：《农村人民公社分配制度研究》，中共党史出版社2005年版，第131页。

算奖赔，就是按劳动底分包耕地，按实产粮食记工分，定产到田、责任到人，本质上就是包产到户的另一种说法。[1] 1961 年 4 月，向全省发出《关于加强包工包产责任制的办法（草案）》，希望通过这种办法恢复农业生产，维持农民生计。到 1962 年 2 月，实行"责任田"的生产队已经达到85.4%。河南一些地方采用借地方式，广西、湖南、贵州、甘肃的一些地方都实行了形式各异的包产到户。[2] 这类责任制名为包工分，实为包产量，恢复家庭为基本生产单位和部分基本核算单位。

为解决人民公社存在的管理问题，1962 年 2 月，中共中央发出《关于改变农村人民公社基本核算单位问题的指示》，明确人民公社的基本核算单位由生产大队变为生产小队，并且要求各地，力争在春耕前把调整农村基本核算单位的工作做完。毛泽东同志认为，将人民公社基本核算单位变为生产小队以后，农村经济体制中的问题已基本解决，而且，要坚持农村的集体经济，维持生产小队的统一经营和统一分配，已经是最后的底线，再退势必退到单干。因此认为再搞"责任田"之类的试验已无必要，不要再搞了。[3] 随后，在 1962 年 8 月召开的党的八届十中全会上，毛泽东同志对包产到户进行了严厉批评，把包产到户与阶级斗争、走资本主义道路联系起来，这样，包产到户第三次被打下去了。"文化大革命"期间，福建、广西等省区先后有一些地方实行包产到户，但同样都受到打压。

1976 年粉碎"四人帮"以后，1977 年到 1978 年冬，四川、安徽、吉林等省就开始在农村试行以"五定一奖"为内容的农业生产责任制。所谓"五定"，分为两种情况：一种是指定人员、定任务、定质量、定成本、定工分，这主要是针对某种特定的农活实行的以按工计酬为特征的责任制形式，年终经检查验收，评工计分，实行奖惩，这种形式后来发展成为包工到组的责任制；另一种是定人员、定产量、定时间、定费用、定工分，这是针对某种生产项目的最终成果实行的以联产计酬为特征的责任制形式，年终交产计工，超产奖励，减产赔偿，这种形式后来发展成为包产到组、包产到户的责任制。[4]

① 辛逸：《农村人民公社分配制度研究》，中共党史出版社 2005 年版，第 151 页。
② 罗平汉：《农村人民公社史》，福建人民出版社 2006 年版，第 258—267 页。
③ 陈锡文等：《中国农村制度变迁 60 年》，人民出版社 2009 年版，第 22 页。
④ 钟怀宇：《中国土地制度变革的历史与逻辑》，西南财经大学出版社 2014 年版，第 190 页。

1978 年 12 月召开的党的十一届三中全会恢复了实事求是的思想路线，确定了解放思想，开动脑筋，实事求是，团结一致向前看的指导方针，会议深入讨论了农业问题，认为全党必须集中主要精力把农业尽快搞上去，为此目的，必须首先调动农民的社会主义积极性，必须在经济上充分关心他们的物质利益，在政治上切实保障他们的民主权利。全会原则通过了《中共中央关于加快农业发展若干问题的决定（草案）》，由于当时的思想认识还不一致，决定草案提出：不许包产到户，不许分田单干。[1] 但同时强调，人民公社各级经济组织必须认真执行各尽所能、按劳分配的原则，多劳多得、少劳少得、男女同工同酬，加强定额管理，按照劳动的数量和质量付给报酬，坚决纠正平均主义。可以按定额记工分，可以按时记工分加评议，也可以在生产队统一核算和分配的前提下，包工到作业组，联系产量计算劳动报酬，实行超产奖励。

在党的十一届三中全会精神的鼓舞下，各地干部与群众解放思想，大胆试验，在建立生产责任制方面进行了大量工作，大部分地方都建立了各种形式的责任制。[2] 一些地区的农民和基层干部总结农业合作化后的经验，恢复了过去实行的评工记分、小段包工等办法；一些地方实行定额包工、联产到组、联产到劳；一些地方按照"三包一奖"的办法，把生产责任制直接落实到农户；四川的部分地区也搞起了"分组作业、定产定工、超产奖励"的生产责任制。

在改革开放初期，各地根据具体情况建立多种形式的生产责任制，大体可以分为两类，一类是不联产的，一类是联产的。不联产的生产责任制，主要形式是小段包工定额计酬，也就是定额包工，一般是按照农事季节将农活承包给个人，承包人按质、按量、按时完成任务后，由生产队按定额规定拨付工分。[3] 联产的责任制的主要形式是包产到组，一般是将土地、劳动力、耕畜、农具固定到作业组，同时制定出产量、用工和生产费

---

① 1979 年 9 月，党的十一届四中全会正式通过的《中共中央关于加快农业发展若干问题的决定》放宽了限制，将"不许包产到户，不许分田单干"修改为"不许分田单干。除某些副业生产的特殊需要和边远山区、交通不便的单家独户外，也不要包产到户"。

② 杜润生：《中国农村经济改革》，中国社会科学出版社 1985 年版，第 3 页。

③ 20 世纪 50 年代的农业生产合作社就实行不联产的生产责任制。1955 年 11 月全国人大常委会通过的《农业生产合作社示范章程草案》第 43 条中明确规定，农业生产合作社为了进行有组织的共同劳动，必须按照生产的需要和社员的条件，实行劳动分工，并且建立一定的劳动组织，逐步地实行生产中的责任制。

用三项指标,由作业组承包完成;作业组完成任务后,包产部分上交生产队统一分配,由生产队按原定指标拨付生产费用和工分。在实行包产到组的同时,有些地方直接把承包单位确定为劳动力或者农户,出现了包产到劳、包产到户等形式。[①]

包工属于不联产的承包,由于包工不包产,社员不对产量负责,农活质量问题长期得不到解决,又由于合理的定额不容易制定,计酬上的平均主义严重,难以发挥群众积极性,因此,很快被其他形式取代。例如,湖北在1979年以前实行小段包工的生产队占80%,到1982年5月这种形式只剩下2.8%。在贵州、安徽等省,到1983年,不联产的责任制已经基本不存在了。[②]

虽然政策不允许包产到户,但有些地方的农民从切身经历中感受到,什么时候实行包产到户,什么时候就增产,日子就好过,于是再次实行包产到户。最典型的是安徽凤阳县梨园公社小岗生产队,这是一个穷队,属于"吃粮靠返销、生活靠救济、生产靠贷款"的"三靠队",全队共18户,每年冬天都有人到外地讨饭。为了改变贫穷落后的面貌,1978年11月24日晚上,18个农户的代表秘密开会讨论,一致同意实行包产到户,由于当时政策还不允许,会上决定包产到户的事对外要保密。最终,小岗生产队实行包产到户取得了大丰收:1979年粮食产量达到13.237万斤,相当于全队1966—1970年五年粮食产量的总和,从1957年起23年来第一次向国家交售粮食24900多斤,超过任务7倍多;油料产量超过原来20多年的总和;社员收入比上年增长了6倍。[③]

小岗生产队的包产到户拉开了农村改革的序幕。随后,以包产到户、包干到户为主要形式的家庭承包责任制,在实践探索和争论中逐步得到认可,在安徽、内蒙古、贵州等地率先发展起来。但是,当时社会各方面,对于包产到户的认识存在严重分歧,因此,实行包产到户的政策是逐步放开的。

1979年3月,原国家农委发布的《关于农村工作问题座谈会纪要》明

① 杜润生:《中国农村经济改革》,中国社会科学出版社1985年版,第8页。

② 林子力:《论联产承包制——兼论具有中国特色的社会主义农业发展道路》,上海人民出版社1983年版,第30页。

③ 贾艳敏:《农业生产责任制的演变》,江苏大学出版社2009年版,第282页。

确指出，深山、偏僻地区的独门独户，实行包产到户，也应当许可。这就在激烈的争论声中为包产到户的发展留下了一条缝。

1980年3月，原国家农委发布的《全国农村人民公社经营管理会议纪要》指出，对于极少数集体经营长期办得很不好、群众生活很困难的，自发包产到户的，应当热情帮助搞好生产，积极开导他们努力保持并逐步增加统一经营的因素，不要硬性扭转，与群众对立。这就明确允许个别困难地方已经实行包产到户的，可以继续搞下去。

在能否推行包产到户的关键时刻，邓小平同志以极大的勇气和魄力给予坚决支持。1980年4月，邓小平同志在党中央召开的经济发展长期规划会议上指出，甘肃、内蒙古、云南、贵州等省区的一些农村生产落后，经济困难，应当实行包产到户。同年5月，邓小平同志又在《关于农村政策问题》的谈话中明确指出：农村政策放宽以后，一些适宜搞包产到户的地方搞了包产到户，效果很好，变化很快。安徽肥西县绝大多数生产队搞了包产到户，增产幅度很大。"凤阳花鼓"中唱的那个凤阳县，绝大多数生产队搞了大包干，也是一年翻身，改变面貌。有的同志担心这样搞会不会影响集体经济。我看这种担心是不必要的。总的来说，现在农村工作中的主要问题还是思想不够解放。① 邓小平同志对包产到户的肯定，对于联产承包责任制的推行，发挥了极为重要的推进作用。

1980年9月，中央召开各省、市、自治区党委第一书记会议，专门讨论农业生产责任制问题，会议对是否允许包产到户发生了激烈的争论，有的认为包产到户是"阳关道"，有的认为是"独木桥"。杜润生起草的会议文件草稿有"不论任何地方都要有责任制，责任制形式则要因地制宜多样化。要遵从群众意愿，不禁止自愿选择家庭承包"的内容，遭到大部分与会农委委员的反对，他们还是主张划一个界线，即贫困地区可以，其他地区则明确不准包产到户。经过两次修改，最终形成了一个妥协的、双方都能接受的《关于进一步加强和完善农业生产责任制的几个问题》的会议纪要，② 并在会后以中共中央名义印发，即著名的中共中央1980年75号文件。该文件指出，对于包产到户应当区别不同地区、不同社队采取不同的方针。在那些边远山区和贫困落后的地区，长期"吃粮靠返销，生产靠贷

---

① 《邓小平文选》（第2卷），人民出版社1994年版，第315页。
② 贾艳敏：《农业生产责任制的演变》，江苏大学出版社2009年版，第324页。

款，生活靠救济”的生产队，群众对集体丧失信心，因而要求包产到户的，应当支持群众的要求，可以包产到户，也可以包干到户，并在一个较长的时间内保持稳定。就这种地区的具体情况来看，实行包产到户，是联系群众，发展生产，解决温饱问题的一种必要的措施，没有什么复辟资本主义的危险，因而并不可怕。在一般地区，集体经济比较稳定，生产有所发展，现行的生产责任制群众满意或经过改进可以使群众满意的，就不要搞包产到户；已经实行包产到户的，如果群众不要求改变，就应允许继续实行，然后根据情况的发展和群众的要求，因势利导，运用各种过渡形式进一步组织起来。

该文件对包产到户的政策已经从以前的“不许”“不要”变成了在边远落后的地区允许实行、在其他地区已经实行的可以按照群众的意愿继续实行，这就给各地实施留下很大的余地，事实上从政策上使包产到户合法化了。随后，包产到户以燎原之势从边远、贫困地区向全国各地蔓延开来。

1981年12月，全国农村工作会议在北京召开，会议通过了《全国农村工作会议纪要》。1982年1月1日，中共中央以一号文件的形式批转了《全国农村工作会议纪要》，该文件以中央指导农村改革发出的第一个一号文件而著称，其中明确指出，联产承包制的运用，可以恰当地协调集体利益与个人利益，并使集体统一经营和劳动者自主经营两个积极性同时得到发挥，所以能普遍应用并受到群众的热烈欢迎。目前存在于不同地区的名目众多而又各具特色的责任制形式，是群众根据当地不同生产条件灵活运用承包形式的结果。该文件还强调：建立农业生产责任制的工作，获得如此迅速的进展，反映了亿万农民要求按照中国农村的实际状况来发展社会主义农业的强烈愿望；农村实行的各种责任制，包括小段包工定额计酬，专业承包联产计酬，联产到劳，包产到户、到组，包干到户、到组，等等，都是社会主义集体经济的生产责任制。不论采取什么形式，只要群众不要求改变，就不要变动。文件还充分肯定了包干到户，明确指出，包干到户不同于合作化以前的小私有的个体经济，而是社会主义农业经济的组成部分，随着生产力的发展，它将会逐步发展成更为完善的集体经济。这就在中央文件里明确肯定了包产到户和包干到户。

需要注意，联产计酬中的“产”不是指承包地的实际产量，也不是指计划产量,而是指一种"标准产量",它是依据不同承包地在正常状况下前几年的平均实际产量,加上可靠的增产潜力来确定的。例如,湖北洪湖县一些生产队就是按照承包地前三年的平均产量加5%确定标准产量的。联产计酬就是按照标准产量计酬,而且集体提留和其他集体义务的承担,都是依据标准产量确定的。①

党的十一届三中全会以后,一些地方实行的多种形式的责任制先后得到中央的肯定,有力地促进了农业生产责任制的发展,许多地方实行定额包工,有些地方实行联产到组,少数地方实行包产到户。到1981年12月,实行责任制的生产队占总数的91.4%。② 特别是,包产到户和包干到户迅速在全国扩展开来,许多地方的农民积极推行包干到户,到1982年底,实行包产到户和包干到户的农户已经达到90%;③ 到1983年12月,实行包干到户的生产队已经达到97.8%。④

1982年9月党的十二大报告《全面开创社会主义现代化建设的新局面》明确指出:近几年在农村建立的多种形式的生产责任制,进一步解放了生产力,必须长期坚持下去,只能在总结群众实践经验的基础上逐步加以完善,决不能违背群众的意愿轻率变动,更不能走回头路。中央明确指出,现在的家庭承包责任制就是中国式社会主义道路的一个发展阶段,它适应我国大部分地区的生产力水平,有利于推动生产的发展,这是亿万群众实践的产物,它的出现、存在和发展具有历史的必然性。⑤

1983年1月2日中共中央发布一号文件《当前农村经济政策的若干问题》,对以包产到户、包干到户为主要内容的家庭联产承包责任制给予高度评价,认为:联产承包制采取了统一经营与分散经营相结合的原则,使集体优越性和个人积极性同时得到发挥,这一制度的进一步完善和发展,必将使农业社会主义合作化的具体道路更加符合我国的实际;这是在党的领导下我国农民的伟大创造,是马克思主义农业合作化理论在我国实践中的新发展。

---

① 林子力:《论联产承包制——兼论具有中国特色的社会主义农业发展道路》,上海人民出版社1983年版,第92页。
② 王贵宸:《中国农村现代化与农民》,贵州人民出版社1994年版,第10页。
③ 陈锡文编著:《读懂中国农业农村农民》,外文出版社2018年版,第85页。
④ 丁关良:《土地承包经营权基本问题研究》,浙江大学出版社2007年版,第4页。
⑤ 杜润生:《中国农村经济改革》,中国社会科学出版社1985年版,第93页。

1984 年 1 月 1 日，中共中央发布的《关于一九八四年农村工作的通知》明确指出：继续稳定和完善联产承包责任制，延长土地承包期，鼓励农民增加投资，培养地力，实行集约经营，土地承包期一般应在 15 年以上，生产周期长的和开发性的项目，如果树、林木、荒山、荒地等，承包期还应更长。同时，鼓励土地逐步向种田能手集中，社员在承包期内，因无力耕种或转营他业而要求不包或少包土地的，可以将土地交给集体统一安排，也可以经集体同意，由社员自找对象协商转包。即政策上允许土地的承包经营权流转。总体来看，农村改革开放后各地实行不同形式的责任制，不同形式责任制的演变过程的特点是，从不联产到联产，从间接联产（包产）到直接联产（包干），从联产到组到联产到劳、到户，从包产到户到包干到户。①

农民为什么拥护联产承包责任制，因为联产承包责任制在两个方面满足了农民的要求：一是照顾到他们个人的物质利益，能公私利益相结合，改变"吃大锅饭"的弊端；二是农民有了自主权，可以直接管理生产与分配，防止少数人专断包办、瞎指挥、不公正，以及预防其他不正之风。②

家庭联产承包责任制在得到中央文件肯定的同时，也得到法律的确认。1985 年 6 月全国人大常委会制定的《中华人民共和国草原法》第 4 条第 1 款、第 2 款规定：草原属于国家所有，即全民所有，由法律规定属于集体所有的草原除外。全民所有的草原可以固定给集体长期使用。全民所有的草原、集体所有的草原和集体长期固定使用的全民所有的草原，可以由集体或者个人承包从事畜牧业生产。

1986 年 4 月全国人大制定的《中华人民共和国民法通则》第 80 条第 2 款规定：公民、集体依法对集体所有的或者国家所有由集体使用的土地的承包经营权，受法律保护。承包双方的权利和义务，依照法律由承包合同规定。第 81 条第 3 款规定：公民、集体依法对集体所有的或者国家所有由集体使用的森林、山岭、草原、荒地、滩涂、水面的承包经营权，受法律保护。承包双方的权利和义务，依照法律由承包合同规定。这就在法律上确认了土地承包经营权。

---

① 林子力：《论联产承包制——兼论具有中国特色的社会主义农业发展道路》，上海人民出版社 1983 年版，第 34 页。

② 杜润生：《中国农村经济改革》，中国社会科学出版社 1985 年版，第 91 页。

1986 年 6 月全国人大常委会制定的《中华人民共和国土地管理法》第 12 条规定：集体所有的土地，全民所有制单位、集体所有制单位使用的国有土地，可以由集体或者个人承包经营，从事农、林、牧、渔业生产。承包经营土地的集体或者个人，有保护和按照承包合同规定的用途合理利用土地的义务。土地的承包经营权受法律保护。

1991 年中共中央发布的《关于进一步加强农业和农村工作的决定》指出：把家庭联产承包为主的责任制、统分结合的双层经营体制，作为我国乡村集体经济组织的一项基本制度长期稳定下来，并不断充实完善。至此，在中央文件里，家庭联产承包责任制被确定为我国农村的基本经营制度。

1991 年 6 月全国人大常委会制定的《中华人民共和国水土保持法》第 26 条规定：荒山、荒沟、荒丘、荒滩可以由农业集体经济组织、农民个人或者联户承包水土流失的治理。对荒山、荒沟、荒丘、荒滩水土流失的治理实行承包的，应当按照谁承包谁受益的原则，签订水土保持承包治理合同。承包治理所种植的林木及其果实，归承包者所有，因承包治理而新增加的土地，由承包者使用。国家保护承包治理合同当事人的合法权益。在承包治理合同有效期内，承包人死亡时，继承人可以依照承包治理合同的约定继续承包。

1993 年 7 月全国人大常委会通过的《中华人民共和国农业法》第 12 条规定：集体所有的或者国家所有由农业集体经济组织使用的土地、山岭、草原、荒地、滩涂、水面可以由个人或者集体承包从事农业生产。国有和集体所有的宜林荒山荒地可以由个人或者集体承包造林。个人或者集体的承包经营权，受法律保护。发包方和承包方应当订立农业承包合同，约定双方的权利和义务。第 13 条第 2 款规定：在承包期内，经发包方同意，承包方可以转包所承包的土地、山岭、草原、荒地、滩涂、水面，也可以将农业承包合同的权利和义务转让给第三者。

1993 年 11 月《中共中央、国务院关于当前农业和农村经济发展的若干政策措施》明确提出：为了稳定土地承包关系，鼓励农民增加投入，提高土地的生产率，在原定的耕地承包期到期之后，再延长 30 年不变。紧随其后发布的《中共中央关于建立社会主义市场经济体制若干问题的决定》指出：以家庭联产承包为主的责任制和统分结合的双层经营体制，是农村的一项基本经济制度，必须长期稳定，并不断完善。这就明确地将农村土地承包经营确定为党在农村的一项长期的基本政策。

1993 年宪法修正案第 6 条明确规定：农村中的家庭联产承包为主的责任制和生产、供销、信用、消费等各种形式的合作经济，是社会主义劳动群众集体所有制经济。1999 年宪法修正案第 15 条进一步明确规定：农村集体经济组织实行家庭承包经营为基础、统分结合的双层经营体制。这些规定，不仅从宪法的高度确立了家庭承包的法律地位，而且明确了家庭承包经营为基础、统分结合的双层经营体制。

1997 年发布的《中共中央办公厅、国务院办公厅关于进一步稳定和完善农村土地承包关系的通知》再次强调指出，以家庭联产承包为主的责任制度和统分结合的双层经营体制，是我国农村经济的一项基本制度。稳定土地承包关系，是党的农村政策的核心内容。

1998 年 10 月党的十五届三中全会通过的《中共中央关于农业和农村工作若干重大问题的决定》充分肯定了家庭承包经营制度，明确指出，家庭承包经营不仅适应以手工劳动为主的传统农业，也能适应采用先进科学技术和生产手段的现代农业，具有广泛的适应性和旺盛的生命力，必须长期坚持。强调要长期稳定以家庭承包经营为基础、统分结合的双层经营体制。要坚定不移地贯彻土地承包期再延长 30 年的政策，同时要抓紧制定确保农村土地承包关系长期稳定的法律法规，赋予农民长期而有保障的土地使用权。这次会议完善了农村基本经营体制的表述，将以前多年采用的"以家庭联产承包为主的责任制、统分结合的双层经营体制"，表述为"以家庭承包经营为基础、统分结合的双层经营体制"，此后，"家庭承包责任制"的提法代替了"家庭联产承包责任制"。一般认为，家庭联产承包责任制是各种责任制形式的总称，主要是指包产到户；家庭承包责任制则主要是指包干到户。

按照上述决定的要求，1999 年 1 月全国人大农业与农村委员会组织有关部门着手起草农村土地承包法草案，在深入调查研究和广泛征求地方人大、有关部门和长期从事农业领导工作的老同志及专家学者意见的基础上，经过反复论证、多次修改，形成了农村土地承包法草案，于 2001 年 6 月提请全国人大常委会审议，经过三次审议，于 2002 年 8 月通过，2003 年 3 月 1 日起施行。这部法律按照中央有关文件的精神和要求，总结农村土地承包的实践经验，对农村土地承包的原则、程序、双方当事人的权利义务、土地承包经营权的流转和保护、土地承包经营纠纷的解决等，作了比较全面的规定，成为农村土地承包的基本法律规范。

2007年3月十届全国人大五次会议通过的《中华人民共和国物权法》，在第三编"用益物权"中专设第十一章"土地承包经营权"，确认了农村土地承包法的核心内容，对农村土地承包和土地承包经营权作了原则规定。2020年十三届全国人大三次会议通过的《中华人民共和国民法典》，在第二编"物权"的第三分编"用益物权"中设立"土地承包经营权"一章，确认并完善了物权法的相关规定，实现了土地承包经营制度的法典化。

二、承包经营的主要形式

农村改革开放后，在确立家庭承包经营为基础、统分结合的双层经营体制的过程中，承包经营的具体形式是不断丰富和发展的。改革开放初期，各地根据当地实际情况，探索实行"三包一奖"、定额计酬、联产到组、联产到劳、联户承包、专业承包联产计酬等多种承包经营形式，经过实践探索和农民的选择，逐步发展到以包产到户和包干到户两种经营形式为主，1984年中央明确提出土地承包期延长到15年以后，全国大部分地区基本都是以包干到户（家庭承包）为主要承包经营形式。到1984年底，全国已有99%的生产队、99.6%的农户实行了包干到户的联产承包形式。[①]

根据农民群众在实践中的选择，在农村土地承包经营制度发展过程中形成的比较重要、比较稳定的承包经营形式主要有如下四种。

（一）包产到户

就是在坚持土地集体所有、集体经营的前提下，集体经济组织把一定的土地和其他生产资料承包给农户，基本以农户为单位开展生产活动，实行包工、包产、包开支，超奖减赔，承包农户把产品和收入交给集体，由集体统一进行分配；农户按照获得的工分参加集体的统一分配。包产到户的经营主体是集体，农户不是经营主体，不能单独对外。包产到户

---

① 张平华等：《土地承包经营权》，中国法制出版社2007年版，第6页。

属于家庭联产承包，它是在人民公社的基本体制框架内部对农业生产形式的改变，在大多数地区只在农村改革初期实行过，那时的政策目标最初只是落实党在农村的经济政策，1982 年以后，各地普遍落实的是包干到户。[①]

（二）包干到户

俗称大包干，就是在坚持土地集体所有的前提下，集体经济组织作为发包方，把集体所有的土地承包给农户，双方签订合同，农户在保证完成合同规定任务的条件下，有生产经营的自主权和产品、收入的处分权，自负盈亏，生产投资由农户自筹，生产经营收益在完成国家定购任务、扣除集体提留后，全部归农户所有，即实行"交足国家的、留够集体的、剩下都是自己的"分配方式。包干到户后，农户享有较大的生产经营、收入分配自主权，成为相对独立的生产经营者，不再实行集体统一核算、统一分配，真正实现了多劳多收多得，更好地实现了按劳分配。

包产到户和包干到户是家庭承包经营的主要形式。1982 年中央一号文件肯定包产到户和包干到户后，在全国各地迅速普遍推开的主要是包干到户而不是包产到户。包产到户和包干到户都是以土地等主要生产资料公有制为前提，以户为单位承包的，包产到户是指包工、包产、包费用，承包户按照承包合同约定，在既定的生产费用范围内完成规定的生产任务（通常体现为每亩土地的产量），超过任务的部分，由集体与承包户按比例分享；完不成任务的，承包户受到一定的处罚。实践中，承包户先把自己生产的粮食交给集体，再由集体分配给农户，并按承包合同的约定与承包户结算。包产到户的重要意义在于打破了分配上的平均主义，但是仍然保留集体统一核算、统一分配的制度，承包户只有生产劳动的自主权，没有经济核算和分配产品的自主权。

包干到户的承包合同不规定生产费用限额和产量指标，承包户不仅自主安排生产活动，收获的产品除向国家缴纳农业税和征收任务、向集体缴纳公共提留以外，剩余产品完全归承包户所有，就是通常所说的"大包干、大包干，直来直去不拐弯，交足国家的、留够集体的、剩下都是自己的"。这个制度能够极大地调动承包户的生产积极性，不仅因为它能够促

---

① 温铁军：《三农问题与世纪反思》，生活·读书·新知三联书店 2005 年版，第 146 页。

使承包户努力增产，以扩大"剩下都是自己的"那部分的比重，而且因为它可以使承包户按市场供求状况配置资源，承包户只要完成国家和集体的任务，就可以自主生产其他收入更高的产品。这也是实行包干到户后突然之间市场上的农产品极大地丰富起来的重要原因。①

包产到户实际上是农民分户劳动、产品统一支配、集体统一核算、收入统一分配，生产队仍然是农业和农村经济的基本核算单位，农户没有成为真正的经营主体。而包干到户实行分户经营、自负盈亏，不仅彻底打破了生产队为单位统一支配产品、统一经营核算、统一收入分配的"大锅饭"体制，而且使农户真正变成了农业和农村经济的经营主体。可以说，包干到户的经营方式，是农村经济改革在农业经营体制方面所取得的最重要的制度性成果。②

包产与包干的主要差别体现在工分上。包产保留工分，是间接联产，即通过工分"拐个弯"的联产，就是把土地和其他生产手段包给农户或小组耕种和使用，由承包产量指标决定工分，经集体提留后，再按工分进行分配；而包干则取消了工分，直接联产，即直接由承包产量指标决定承包收入。从保留工分到取消工分，意味着"大锅饭"的彻底消除，是合作经济形式的进一步变革。包干扬弃了工分，消除了分配形式与生产过程的矛盾，克服了分配过程的那些悖理现象，具备了纯粹性和完整性，因而是联产承包制的典型形式。③

实行包干到户后，承包户不仅享有生产经营自主权，还享有产品处置、收益分配的自主权。承包户成为相对独立的经营主体，不必再实行集体统一核算、统一分配。可见，包干到户较好地克服了过去经营管理过分集中、分配平均主义的弊端，既坚持了集体的优越性，又极大地发挥了农民的主动性、积极性和创造性，解放了受到旧的农村经济体制束缚的生产力，为农业生产迅速发展开辟了道路，为普遍实行家庭承包经营为基础、统分结合的双层经营体制奠定了基础。

包干到户以其独特优势受到广大农民普遍拥护，成为家庭承包经营的

---

①　陈锡文编著：《读懂中国农业农村农民》，外文出版社 2018 年版，第 88—89 页。

②　陈锡文等：《中国农村制度变迁 60 年》，人民出版社 2009 年版，第 32—33 页。

③　林子力：《论联产承包制——兼论具有中国特色的社会主义农业发展道路》，上海人民出版社 1983 年版，第 31、87 页。

主要形式。以包干到户为主要形式的家庭承包经营，绝不单纯是经营方式的变革，而是中国农业基本经营制度和激励机制的根本性变革，是社会主义市场经济向过去几十年实施的计划经济发出的第一声炮响。①

（三）专业承包，联产计酬

集体经济组织把耕地和农业生产承包给专业队、专业组、专业户，这是集体经济实力较强的一些地方采取的承包方式。这些地方的集体经济，因兴办社队企业（乡镇企业）、发展工商业等具有较强的经济实力和较好的经济基础，在农村改革过程中，集体所有的土地没有实行人人有份的家庭承包经营，而是从实际情况出发，采取统一经营下的专业承包方式，由农业作业队（组）或者专业从事农业的人员承包经营，既保持了统一经营的优点，又吸收了承包经营的优点，这是当地农民和基层干部的自主选择。还有的地方非农产业比较发达，农民普遍从事二三产业，农民收入的主要来源已经变成非农收入，种地的收入不多、负担不小，农民大都不愿意种地。因此，集体经济组织将集体所有的土地实行人人有份的家庭承包后，承包户又将土地交给集体统一组织生产经营。②

实行这类专业承包，比较典型的如河南刘庄，1989 年全村劳动力约800 人，其中农业专业队 48 人，采取专业承包形式负责农业生产。再如江苏华西村，1989 年全村劳动力约 900 人，从事农业的约 90 人，其中，农业专业队 12 人，还有经营养殖业、蔬菜、瓜果等的 66 人，采取专业承包到队、到组、到人的办法。

（四）农业车间、农场承包

这主要是集体经济实力较强的村采取的承包方式。在土地集体所有、集体统一经营下，把农业生产作为村办企业的农业车间或者相对独立的农场，要先在各产业之间求得大体平衡，然后把农业和非农业承包给各单位，各个单位在保证完成集体交给的任务的条件下，多收多得。在农业专业队或农场内部，有的再承包给农户或个人，有的实行定额小包工，计工评分，按工分分配。由于集体在发包时进行了大体平衡，从事农业生产的

---

① 张晓山：《乡村振兴战略》，广东经济出版社 2020 年版，第 2 页。
② 还有些经济发达地区的农村集体经济组织将集体土地承包给农户后，经农民同意，又将土地收回由集体统一安排使用，同时，以货币或者公余粮的形式补贴农户，并以经营收益向农民分红、提供福利。

农户的收入通常不低于甚至略高于其他务工人员。[①]

三、承包方式的法律区分

根据农村土地承包实践，实行承包经营的农村土地的范围是非常广泛的，除了农村的集体经营性建设用地、农民的宅基地、农村公益事业和公共事务占用的土地等建设性用地以外，其他适宜从事农业生产的土地，都在承包经营的范围之内，既包括常见的耕地、林地和草地，也包括较大面积的荒山、荒丘、荒滩、荒沟等"四荒"土地，还有小面积的果园、水塘、荒废的土地、新开垦的土地等其他小片适宜耕作的零星土地。而且，不同地区农村土地的实际情况各不相同，不同类型土地的基本功能也有不同，导致农村土地承包的实践状况非常复杂。

实践中，不同的土地也分别采取不同的方法进行承包。常见的耕地、林地、草地，通常都是在规定的时间，按照国家规定的程序和方法，统一承包给本集体经济组织内部农户，而荒山、荒丘、荒滩、荒沟等"四荒"土地，一般都采取招标、拍卖或者公开协商的方式，承包给有开发治理能力的单位和个人，果园、水塘等其他零星土地，通常采取协商方式承包给本集体经济组织内部农户或集体经济组织成员个人。

农村土地的承包方式，可以按照不同的标准进行不同的分类。一般来说，可以按照是否联系产量，分为联产承包与不联产承包；可以按照承包方的不同，分为以农户家庭为单位的承包与联户承包、专业队（组）承包、个人承包等；也可以按照具体承包办法的不同，分为按人（劳动力）平均承包与招标承包、拍卖承包、公开协商承包等。

为了依法保护农村土地承包关系长期稳定，维护农村土地承包当事人的合法权益，充分保护农民的土地承包经营权，2002年制定的农村土地承包法，主要根据承包地的不同功能和承包方法的不同，将农村土地承包区分为家庭承包和其他方式承包，原则上，对家庭承包实行物权保护，对其他方式承包实行债权保护，并且分别对两种承包方式作出不同的规定，第二章规定家庭承包，第三章规定其他方式的承包。

[①] 上述几种承包方式的具体分析，参见王贵宸：《中国农村现代化与农民》，贵州人民出版社1994年版，第18—19页。

　　家庭承包是以农户家庭为单位、集体经济组织成员人人有份的承包，主要适用于常见的耕地、林地和草地，也是农村适宜耕种土地的主要部分。家庭承包一般实行人人有份、按户承包经营，实践中的做法一般是，在按照国家政策统一组织承包时，农民集体所有的土地在集体经济组织内部实行按人（劳动力）分地、按户承包，承包完成后，地方人民政府依法向承包方颁发土地承包经营权证书，确认承包方享有用益物权性质的土地承包经营权。到2020年，农民集体所有的耕地、林地和草地，实行家庭承包的分别占87.75%、62.53%和72.78%。① 家庭承包的突出特点主要包括：一是承包方只能是本集体经济组织内部的农户，其他任何单位和个人都不能成为家庭承包的承包方；二是家庭承包主要体现公平，一般实行均田承包，集体经济组织成员人人有份，每个人都有权平等地参与承包；三是承包地具有社会保障功能，是农民最可靠的生活保障，因此，农户的土地承包经营权的流转受到一定的限制。

　　其他方式的承包，是实行家庭承包的耕地、林地、草地以外的其他农村土地，采取招标、拍卖、公开协商等方式，由本集体经济组织内部的农户、集体经济组织成员个人，或者本集体经济组织以外的其他单位、个人承包经营。其他方式承包主要体现效率，兼顾公平，土地承包给有经营能力的承包人，承包人不限于集体经济组织内部的农户或成员，其他单位和个人也可以承包，根据具体情况，承包人可能取得用益物权性质的土地承包经营权（土地经营权），也可能只取得债权性质的土地承包经营权（土地经营权）。承包地不具有社会保障功能，因此，承包人的土地承包经营权流转比较自由，受到的限制很少。

　　根据农村土地承包实践，其他方式承包又可以进一步分为两种情形：（1）"四荒"承包，是承包人按照国家规定承包荒山、荒沟、荒丘、荒滩等荒地并进行开发治理，承包人通常领取了土地使用证、土地承包经营权证等权属证书，取得用益物权性质的土地承包经营权（土地经营权）；（2）其他农村土地的承包，一般是集体经济组织内部的农户或成员，承包除家庭承包的耕地、林地、草地和"四荒"以外的其他各种零星的农村土地，承包

---

　　① 农业农村部政策与改革司编：《中国农村政策与改革统计年报（2020年）》，中国农业出版社2021年版，第3—4页。

方通常只享有债权性质的土地承包经营权。①

第二节　家庭承包

长期以来，中国农业一直以家庭为生产经营的基本单元，因为农业本身的特点，使家庭成为最适宜的农业生产经营单元。农村改革以后，家庭经营的地位被重新确立，这是农业经营体制反映了农业生产规律的一种表现。② 在家庭承包为基础、统分结合的双层经营体制下，家庭承包是农村土地承包的基本方式。家庭承包方式主要适用于耕地、林地和草地，其中主要是耕地承包，在不十分严格的意义上，有时甚至将耕地承包视为土地承包。

2002 年制定的农村土地承包法第二章对家庭承包作了全面规范，拙著《〈中华人民共和国农村土地承包法〉释义》③ 已经对家庭承包的原则、程序、当事人及其权利义务、土地承包经营权的保护和流转等作了比较全面的解释说明，为避免重复，这里主要根据家庭承包的突出特点作简要介绍。

一、家庭承包的当事人

家庭承包的当事人以及当事人的权利义务都是法定的，这是家庭承包的一个突出特点。

家庭承包的承包方是特定的、法定的。虽然学术理论界和实践中对于谁是家庭承包的承包方仍有不同看法，但是，按照农村土地承包法第 16 条第 1 款的明确规定，家庭承包的承包方只能是本集体经济组织内部的农户。根据这一简单明了又直白的规定，一方面，集体经济组织的农户以外的其他任何单位、个人，都不能成为家庭承包的承包方；而且家庭承包是以户为单位进行承包的，农户内的某个或某些集体经济组织成员也不是家庭承包的承包方。另一方面，集体经济组织作为发包方，也不能随意选择集体经济组织的农户以外的其他单位、个人作为承包方。

家庭承包的发包方也是法定的。按照 2018 年修改的农村土地承包法第 13 条的规定，家庭承包的发包方，依照集体土地所有权的不同可以分为三

---

① 2018 年修改农村土地承包法以后，其他方式承包取得的土地权利统一称为土地经营权。

② 陈锡文：《中国农村改革研究文集》，中国言实出版社 2019 年版，第 186 页。

③ 何宝玉主编：《〈中华人民共和国农村土地承包法〉释义》，中国民主法制出版社 2019 年版。

种情况：

一是村农民集体所有的土地，由村集体经济组织或者村民委员会发包。这样规定主要是考虑到，有些地方没有建立村集体经济组织，只能由村民委员会代为发包，在已经建立集体经济组织的村，应当由集体经济组织发包。对这一规定的实际含义曾有不同理解。2020 年通过的民法典第262 条规定，属于村农民集体所有的土地等，由村集体经济组织或者村民委员会依法代表集体行使所有权。第 101 条第 2 款又规定，未设立村集体经济组织的，村民委员会可以依法代行村集体经济组织的职能。这就明确规定了村集体经济组织与村民委员会在代表行使集体土地所有权（包括发包集体所有的土地）方面的主次、替补关系。

二是村民小组农民集体所有的土地，由村民小组集体经济组织或者村民小组发包。实践中，不少地方的村民小组没有成立集体经济组织，甚至没有印章，因此，这些村民小组农民集体所有的土地，通常也由村民委员会代表发包方签订承包合同。

三是国家所有依法由农民集体使用的农村土地，由使用该土地的农村集体经济组织、村民委员会或者村民小组发包。实践中具体由谁负责发包，可以参照上述两种情况加以确定。

二、家庭承包的具体方法

家庭承包的另一个突出特点是实行均田承包，就是把农民集体所有的土地，区分不同的质量，按照集体经济组织的人口、劳动力进行平均分配，以户为单位进行承包经营，通常称为人人有份、按户承包。家庭承包之所以实行土地的平均分配，是受到传统的"不患寡而患不均"的平均主义思想影响，同时广大农民也有中华人民共和国成立初期推行土地改革时平均分配土地的经验，而且，土地对农民还具有重要的社会保障功能，实行平均分配比较合理。

实践中，家庭承包的具体办法大体有三种：[1]

一是按人口承包，即把拟发包的土地按总人口数加以平均，再按各户人

---

[1] 林子力：《论联产承包制——兼论具有中国特色的社会主义农业发展道路》，上海人民出版社 1983 年版，第 54—60 页。

口的多少确定每户应承包土地的亩数。贵州、宁夏等地大都采取这种办法。

二是按劳动力承包，具体做法又有两种：（1）直接按劳动力人数承包，就是先把拟发包的土地按劳动力总数加以平均，凡是能够常年从事劳动的劳动力都算一个劳动力，再直接按各户的劳动力人数确定每户应承包土地的数量；（2）按折算的劳动力人数承包，就是先把全部劳动力都按照各人的劳动能力强弱进行评分，满分10分为一个劳动力，再按各户计算出的劳动力评分总和计算出每户的劳动力数量，然后按照每户折算后的劳动力数量确定应承包土地的数量。例如，某个农户有三个劳动能力不同的劳动力，评分的结果合计为25分，则按照2.5个劳动力确定该户应承包土地的数量。

三是按人劳比例承包，先将拟发包的土地分为两部分，一部分按人口承包，一部分按劳动力承包，再分别按照两部分的土地面积和总人口、总劳动力数量，计算出每个人、每个劳动力应分配的土地面积，然后根据各户的人口和劳动力数量，确定各户应承包的土地面积。实践中，按人按劳的具体比例又各有不同，比如人七劳三、劳七人三、人劳各半等。从当时普遍的情况看，土地的承包，不论是按人口、按劳动力或者按人劳比例，都是大体均等的。

家庭承包通常按照农户的家庭人口、劳动力人数计算承包土地的面积，在分配承包地时做到集体经济组织人人有份，这是家庭承包的重要特点。为充分体现公平，不少地方都按照土地质量（地力等）将拟发包的土地分成不同等级，例如好、中、差，再实行平均分配，并分别承包到各个农户。因此，每个农户都会承包多块（多处）不同质量的土地，造成承包地的地块分散、面积小，不方便耕作。

三、承包双方当事人的权利义务

家庭承包当事人的权利和义务都是法定的，当事人也可以约定其他权利和义务。

（一）发包方的权利和义务

根据2018年修改的农村土地承包法第14条的规定，发包方主要享有下列权利：

一是发包的权利，即发包属于本集体经济组织农民集体所有的土地或者国家所有依法由本集体经济组织农民使用的土地的权利，这是发包方的主要权利，其他组织或个人不得侵害、剥夺发包方的这项权利，其他组织或个人进行发包，没有法律效力。

二是监督的权利，承包合同依法签订后，发包方有权监督承包方按照承包合同约定的用途合理利用土地并保护土地。承包合同约定的用途应当是指种植农作物、林木或者从事畜禽养殖、养鱼、特种养殖等农业用途，而不是承包方具体种植哪种作物。因此，发包方不能假借行使监督权干涉承包方自主种植不同作物的权利。

三是制止承包方损害承包地和农业资源的权利。按照相关法律规定，承包方负有依法保护和合理利用土地的义务，不得给土地造成永久性损害，不得占用承包的耕地建窑、建坟或者擅自建房、挖砂、采石、采矿、取土等，不得占用基本农田发展林果业和挖塘养鱼。承包合同签订后，承包方应当依法合理利用和保护承包的土地，不得以各种方式损害承包地。承包方如有损害承包地的行为，发包方有权予以制止；承包方拒不停止侵害或拒不改正的，发包方可以请求有关部门依法给予相应处罚。

根据新农村土地承包法第15条的规定，发包方主要承担下列义务：

一是维护承包方的土地承包经营权，承包方依法取得的土地承包经营权是其享有的一项独立的权利，受法律保护。发包方除应像其他组织和个人一样，不得侵犯承包方的土地承包经营权以外，还有义务维护承包方的土地承包经营权，不得非法变更、解除土地承包合同。承包合同签订后，发包方除依农村土地承包法第28条规定需要个别调整承包地、变更承包合同以外，不得以其他任何理由解除、变更承包合同。

二是尊重承包方的生产经营自主权，承包方依法享有的土地承包经营权包含生产经营自主权，承包方有权依法自主组织生产经营活动，不受其他组织和个人干涉，特别是发包方必须尊重承包方的生产经营自主权，承包方依法开展正常的生产经营活动，发包方不得干涉。这一规定有很强的针对性和重要的现实意义。实践中，在有些地方，发包方为取得政绩或完成上级任务，不顾农民意愿强迫承包方种植某种作物；有的以统一管理为由，强迫承包方购买指定、代销的种子等农业生产资料，甚至毁坏承包方已经耕种的作物，结果给承包方造成损失。这一规定正是针对这些问题。发包方随意干涉承包方正常的生产经营活动，属于违法行为，应当承担相应的法律责任。

三是为承包方提供服务，发包方有义务依照承包合同的约定，为承包方提供生产、技术、信息等服务，当前主要是信息、技术服务。发包方提供服务原则上应当是无偿的，根据情况也可以收取适当的费用，但不得强制承包方接受服务。

四是组织农业基础设施建设，农业基础设施主要是指乡村机耕道路、机井和灌溉排水等农田水利设施。农业基础设施建设通常涉及本集体经济组织的大部分农户，靠个别承包户很难完成，必须由发包方统一组织进行，这也是双层经营的一项重要内容。同时，发包方在发包土地、依法调整承包地的过程中，还必须认真执行县、乡（镇）土地利用总体规划，不得违反规划占用耕地或者开发利用其他土地资源。

此外，发包方还应当承担法律、行政法规规定的其他义务。例如，不得违反规定预留或者增加机动地，不得向承包方收取法律、法规规定以外的费用等。

（二）承包方的权利和义务

根据农村土地承包法第17条的规定，承包方主要享有下列权利：

一是土地承包经营权，这是承包方享有的最重要的权利。具体内容主要包括：（1）使用承包地的权利。承包方有权依法使用承包地，在承包地上进行农业耕作。这实际上也隐含着占有承包地的权利，因为占有是使用和耕种的前提，不实际占有土地就无法进行耕作。（2）生产经营自主权。承包方有权自主组织农业生产经营活动，自主决定种植什么作物、种植多少面积或者安排什么种植、养殖项目，不受其他组织和个人的干涉。承包方的生产经营活动不违反法律，发包方就不得随意干涉，更不能强迫。（3）产品处置权。承包方对自己的产品有权自主处置，出售产品的数量、价格等，由承包方与购买人自行协商确定。一些地方为解决农产品"卖难"或者获得较好的价格，发包方通过订单、统一销售合同等出售农产品，应当充分尊重承包方的意愿，不得强迫。承包方依法自主处置产品，不得违背法律、法规，个别农产品仍实行统一收购或者其他形式的国家控制，承包方应当按照规定出售产品。（4）收益权。承包地上产生的合法收益归承包方所有，其他组织和个人不得侵占、剥夺。农户在土地上增加投入、改良土壤等增加的土地价值，也应归承包方所有。承包方自愿交回承包地或者进行土地承包经营权流转时，应当获得相应的补偿。

二是依法互换、转让土地承包经营权。即承包方有权采取互换、转让的方式，将土地承包经营权完整地流转给本集体经济组织的其他农户。

三是依法流转土地经营权。即承包方可以保留土地承包权，采取出租（转包）、入股等方式，将土地经营权流转给其他单位和个人（包括但不限于本集体经济组织农户）。无论是土地承包经营权互换、转让，还是土地经营权流转，承包方都有权依法自主决定是否流转、采取什么形式流转。流转的收益归承包方，任何组织和个人不得擅自截留、扣缴。

四是承包地被征收、征用、占用时依法获得补偿的权利。按照土地管理法的相关规定，国家建设征收、征用、占用土地的补偿费用包括土地补偿费、安置补助费、地上附着物和青苗补偿费，承包方依法可以获得地上附着物、青苗补助费以及安置补助费。一般来说，地上附着物和青苗补偿费应当归承包方所有，土地经营权流转后，青苗补偿费归实际投入者所有，地上附着物补偿费归附着物所有者所有。集体建设需要占用承包地的，应当依法办理审批手续并给承包方适当的补偿，具体补偿水平可以根据承包地的收益水平和集体经济组织的实力，参照国家征用的补偿标准确定。

五是法律、行政法规规定的其他权利。例如，针对承包地收取法律、法规规定以外的费用的，承包方有权予以拒绝。

根据农村土地承包法第 18 条的规定，承包方主要承担以下两项义务：

一是维持土地的农业用途。我国是一个土地资源匮乏的国家，人多地少是我国的基本国情，必须十分珍惜和合理利用土地。为此，国家建立了严格的耕地和基本农田保护制度，严格控制农用地转为非农用地，对耕地实行特殊保护，以确保国家的粮食安全。承包地是用于农业的土地，承包方必须维持承包地的农业用途，未经依法批准，不得擅自将承包地用于非农业建设，确需占用承包地建设农业设施的，必须依法经过批准。在不损害粮食生产的情况下，承包方可以将承包地在种植业、林业、畜牧业内部进行适当的调整。

二是保护和合理利用土地。承包方在生产经营过程中，应当采取措施保护承包地的土地质量和生态环境，防止水土流失和盐渍化等，保护和提高地力，不得擅自在承包地上建房、建窑、采矿、采石、挖沙、取土、造砖、建坟等。

此外，承包方还应当承担法律、法规规定的和承包合同约定的其他义务。

四、家庭承包的程序

根据农村土地承包法第20条的规定，家庭承包应当按照下列程序进行：

一是选举承包工作小组。土地承包直接关系农民的切身利益，必须由集体经济组织成员选举产生承包工作小组，负责承包的具体工作，不能由少数人说了算。承包工作小组一般由村党支部、集体经济组织、村民委员会的部分成员和一定数量的村民代表组成，由村民选举产生，成员候选人的具体推选办法，各地可以根据具体情况和农民群众的意见确定。

二是拟订并公布承包方案。承包工作小组产生后，主要任务就是拟订承包方案。承包工作小组应当认真学习有关法律、法规和人民政府有关承包工作的文件，准确领会其精神实质，严格依照这些规定和要求，拟订承包方案，并在本集体经济组织范围内予以公布，使全体村民了解承包方案。承包方案不能违背法律、法规的规定，不能以村规民约代替法律规定。

三是村民会议讨论通过承包方案。承包方案公布后一定时间，应当召开本集体经济组织成员的村民会议，讨论、通过承包方案。依农村土地承包法第19条的规定，承包方案经村民会议2/3以上成员或者2/3以上村民代表同意，方可通过。

四是组织实施承包方案。承包方案通过后，应当组织具体落实和实施承包方案，按照承包方案规定的原则、方法和要求，将土地承包到每一个农户家庭。

五是签订承包合同。按照承包方案承包土地后，应当由村集体经济组织与承包方签订承包合同，完成承包工作。承包的具体工作由承包工作小组承担，但签订合同的应当是发包方，通常是集体经济组织。发包方的代表通常是集体经济组织负责人（有的地方是村民委员会主任），承包方的代表一般是承包土地的农户户主。承包合同一般要求一式三份，发包方、承包方各一份，农村承包合同管理部门存档一份副本。

根据农村土地承包法第22条，承包合同的主要内容是：（1）发包方、承包方的名称，发包方负责人和承包方代表的姓名、住所；（2）承包土地的名称、坐落、面积、质量等级；（3）承包期限和起止日期；（4）承包土地的用途；（5）发包方和承包方的权利和义务；（6）违约责任。实践中，政府有关部门还会及时发布示范合同文本供参照使用。

六是颁发权属证书，家庭承包的承包合同自成立之日起生效，承包方自承包合同生效时取得土地承包经营权。登记机构应当向承包方颁发土地承包经营证或者林权证等证书，确认其土地承包经营权。需要强调，与其他一些土地权利的取得不同，家庭承包的承包方自承包合同生效时而不是登记机构登记时取得土地承包经营权，登记机构颁发权属证书只是确认承包方的土地承包经营权。

五、土地承包经营权的保护

对土地承包经营权的保护主要体现在三个方面。

一是延长承包期限，稳定承包方的土地承包经营权。农村改革初期，承包期限较短，通常在 1 至 3 年。1984 年中央一号文件确定，将承包期限延长到 15 年。1993 年中共中央、国务院发布的《关于当前农业和农村经济发展的若干政策措施》指出，在第一轮土地承包到期后，土地承包期再延长30 年。2018 年党的十九大报告明确，第二轮土地承包到期后再延长 30 年。

二是禁止承包期内收回承包方的承包地。根据农村土地承包法第 27 条的规定，在承包期内，发包方不得收回承包地。国家保护进城农户的土地承包经营权，不得以退出土地承包经营权作为农民进城落户的条件；承包期内承包农户进城落户的，引导支持其按照自愿有偿原则，依法在本集体经济组织内部转让土地承包经营权，或者将承包地交回发包方，也可以鼓励其流转土地经营权。这就确保了承包方的承包地在承包期内不被收回，同时赋予承包方相应的权利，可以依法自主处分土地承包经营权。

三是严格限制承包地的调整。根据农村土地承包法第 28 条的规定，承包期内，发包方原则上不得调整承包地。因自然灾害严重毁损承包地等特殊情形对个别农户之间承包的耕地和草地需要适当调整的，必须经本集体经济组织成员的村民会议 2/3 以上成员或者 2/3 以上村民代表的同意，并报乡（镇）人民政府和县级人民政府农业农村、林业和草原等主管部门批准。承包合同中约定不得调整的，按照其约定。

同时，农村土地承包法 29 条还规定，集体经济组织依法预留的机动地、通过依法开垦等方式增加的土地以及承包方依法自愿交回的土地，应当用于调整承包地或者承包给新增加的人口，以解决承包期内集体经济组织的人口变化带来的人地矛盾。

六、土地承包经营权的互换、转让

2002年制定的农村土地承包法规定的土地承包经营权流转是广义的，包括土地承包经营权以转让、转包、出租、互换、入股、抵押等各种形式进行的流转。农村土地"三权分置"以后，2018年修改农村土地承包法，将家庭承包的土地承包经营权流转区分为两种情况，即土地承包经营权的互换、转让与土地经营权的流转。

土地承包经营权的互换和转让，都是对土地承包经营权的完全处分。互换是承包方之间为方便耕作或者满足各自需要，对同一集体经济组织的土地承包经营权进行互换；转让是指承包方将全部或者部分土地承包经营转让给本集体经济组织其他农户，由该农户与集体经济组织建立承包关系，原承包方与发包方在该土地上的承包关系即行终止。土地承包经营权互换后，相应承包地的土地承包经营权完全换归对方所有；土地承包经营权转让后，土地承包经营权归受让的农户所有。互换和转让都涉及土地承包经营的流转，而承包地和土地承包经营权具有社会保障功能，现阶段仍然是农民最可靠的生活保障，不能轻易丧失。因此，土地承包经营权的互换、转让都只限于本集体经济组织内部农户，不能扩展到本集体经济组织以外的单位和个人，以确保承包户不会失去土地承包经营权。土地承包经营权互换、转让的，当事人可以向登记机构申请登记；未登记的，不得对抗善意第三人。即登记不是土地承包经营权互换、转让的生效要件，未登记并不影响土地承包经营权互换、转让的效力，只是不能对抗善意第三人。这与一般不动产交易的规定有所不同。

家庭承包的土地经营权的流转，是对土地承包经营权的部分处分，即承包方保留土地承包权，流转土地经营权，流转方式包括出租（转包）、入股等。既然承包方只流转土地经营权，受让方就不必局限在集体经济组织内部，可以是其他单位和个人。①

---

① 土地经营权流转，需要根据不同土地经营权的具体情况分别处理，具体内容请看本书第六章。

第三节　"四荒"承包

同家庭承包的法治化进程一样，"四荒"土地承包也是在总结实践经验的基础上逐步规范的。实践中，"四荒"承包涉及荒山、荒滩、荒丘、荒沟以及各种废弃、荒芜土地的承包经营，范围比较广泛，农村土地承包法规范的"四荒"承包，主要是指承包荒山、荒滩、荒丘、荒沟进行开发治理，承包方通常按照规定领取土地权属证书，依法取得土地承包经营权，依照农村土地承包法和物权法，其土地承包经营权具有用益物权性质，这是"四荒"承包的主要内容；其他还有一些废弃、荒芜土地的承包经营，承包方未领取土地权属证书，未取得具有用益物权性质的土地承包经营权，只能取得债权性质的土地承包经营权。

一、"四荒"承包概况

"四荒"治理开发，一般是指在不改变土地所有权的前提下，农村集体经济组织将农民集体所有的"四荒"的使用权，在规定期限内转让给受让方，由受让方按照协议进行综合治理和开发利用。"四荒"承包治理开发，既是承包制度向耕地、林地、草地以外的其他农村土地的自然扩展，也是提高植被覆盖率、防治水土流失和土地荒漠化、改善生态环境和农业生产条件、促进农民脱贫致富和农业可持续发展的一项重大战略措施。

农村改革以后，耕地、林地、草地先后按照国家有关规定普遍实行家庭承包经营，而"四荒"土地的承包还在探索，缺乏统一规范。"四荒"一般都是自然条件比较恶劣、难以开发利用的土地，治理难度大、周期长、费用多、风险高。为调动各方面开发治理"四荒"的积极性，国家鼓励对集体所有的"四荒"进行开发治理。1998年修订的土地管理法第38条规定，国家鼓励单位和个人在保护和改善生态环境、防止水土流失和土地荒漠化的前提下，开发未利用的土地；适宜开发为农用地的，应当优先开发成农用地；国家依法保护开发者的合法权益。

20世纪90年代初，山西吕梁地区作为一个集中连片贫困地区，也是黄河流域水土流失最严重的区域，为了治理荒山荒水，治穷致富，率先开展荒山、荒坡、荒沟、荒滩拍卖，经营者取得"四荒"土地使用权并进行治理开发。同时，许多"四荒"资源比较丰富的地方，分别采取家庭承包、联户承包、合作开发等办法，通过招标、拍卖、公开协商等方式，承包治理"四荒"，承包者取得"四荒"土地的承包经营权或者使用权。

1991年6月制定的水土保持法第23条规定：国家鼓励水土流失地区的农业集体经济组织和农民对水土流失进行治理，并在资金、能源、粮食、税收等方面实行扶持政策，具体办法由国务院规定。

1996年6月国务院办公厅发布《关于治理开发"四荒"资源进一步加强水土保持工作的通知》，细化具体政策并进一步明确，实行"谁治理、谁管护、谁受益"，治理开发"四荒"新增土地所有权归集体，治理者在协议规定的期限内享有使用权，对"四荒"享有治理开发自主权；允许并鼓励治理者在保持水土和培育资源的基础上，根据实际情况开发利用"四荒"，但是必须遵守有关法律法规和政策。"四荒"使用权期限最长不超过50年；在规定的期限内，治理者购买使用权的，依法享有继承、转让、抵押、参股联营的权利。

在国家政策鼓励和支持下，广大农民和社会各方面积极参与，"四荒"治理很快取得明显成效，同时在一些地方也存在追求眼前利益而破坏林草植被、损害生态环境，承包、租赁、拍卖程序不规范，群众参与不够，监督管理不力，治理开发成果受到侵犯等问题。1999年12月国务院办公厅再次发出《关于进一步做好治理开发农村"四荒"资源工作的通知》，要求做好基础性工作，严格执行程序规范，切实保护治理开发者的合法权益，加强资金管理和监督检查等。

根据国务院办公厅的上述两个文件，"四荒"开发治理者可以取得"四荒"土地使用权，期限最长50年。实践中，大部分"四荒"承包者都由县级人民政府颁发了土地使用权证或者土地承包经营权证、林权证等证书。①

二、"四荒"承包的范围

通常所说的"四荒"，是农民集体所有的荒山、荒沟、荒丘、荒滩的简称。按照水利部1998年12月发布的《治理开发农村"四荒"资源管理

---

① 在农村土地承包法制定实施前，国务院办公厅的这两个文件是规范"四荒"承包治理的基本依据。

办法》的规定，"四荒"是指农村集体经济组织所有的荒山、荒沟、荒丘、荒滩，包括荒地、荒坡、荒沙、荒草、荒水等。一般来说，荒山是指尚未开垦、开发过或者地处偏僻、人迹罕至的山，因无人治理而草木丛生或干旱贫瘠的山；荒沟是指没有农业生产条件、不适合耕种的沟；荒丘是指荒凉的土堆；荒滩是指荒漠的滩涂；荒地是指荒废或未开垦的土地；荒坡是指没有开垦的坡地，不是基本农田但可以进行其他方面利用；荒沙是指未利用的沙地；荒草是指目前尚难利用而致荒芜的天然草地，包括森林被破坏后成为次生疏林地、生长杂草为主的土地，以及难以利用而致荒芜的缺水草地和海拔高、气候寒冷、山高路远、缺少安全牧道的高山草地。

"四荒"承包治理开发初期，各地确定的范围不尽一致，有的地方把农民集体所有的林地、耕地，甚至把国有土地以及权属有争议的土地，都作为"四荒"进行承包、租赁或拍卖。对此，1999 年 12 月国务院办公厅的前述通知明确，"四荒"是指荒山、荒地、荒丘、荒滩，包括荒地、荒沙、荒草和荒水等，并且提出了确定"四荒"范围的指导原则：（1）"四荒"必须是农民集体所有、尚未利用的土地，即集体所有的未利用地，具体由当地人民政府根据土地利用规划和土地分类加以确定。农民集体所有的耕地、林地、草地以及国有未利用土地，不得作为农村"四荒"土地。（2）权属不明确、存在争议的未利用土地，由县级以上人民政府依法确认权属。在问题没有解决之前，不得作为"四荒"进行承包。（3）农民的自留山、责任山属于林地，不属于"四荒"之列。（4）"四荒"的承包不包括属于国家所有的地下资源（如矿产）和埋藏物，这些地下资源属于国家所有。

三、"四荒"承包的方式方法

"四荒"承包主要有两种方式：（1）直接承包，即集体经济组织直接采取招标、拍卖、公开协商等方法，将"四荒"土地承包给有经营能力的承包人，包括本集体成员和其他单位、个人，初期大多采用这种方式。（2）折股分配后再承包经营，这是后来出现的一种承包方式，即集体经济组织先将"四荒"土地承包经营权折股分配给本集体成员后，再实行承包经营。"四荒"承包实行效率优先，谁有能力谁承包，而且承包期限比较长，本集体经济组织成员一时没有足够资金、技术、劳动力就难以承包，从长远看可能不利于维护他们的利益。因此，有些地方先将"四荒"土地承包经营权折股分配给本集体成员后再承包经营，成员的股份可以分享承包费等收益；或者实行股份合作经营，本集体成员可以参加经营取得收入，还能获得股份分红，分享经营利益，从而较好地解决了本集体成员的利益保护和分配问题，受到群众欢迎。农村土地承包法第50条专门对此作了规定。

"四荒"承包的具体方法主要有三种。

一是招标。招标是市场经济条件下普遍采用的交易方法，一些地方开展"四荒"承包时引入这种方法，收到较好效果，逐渐成为"四荒"承包的重要方法。

招标承包通常有三个步骤：（1）发包方发布招标公告或者采取其他方式发出招标邀请，向社会发布招标信息，列出拟发包"四荒"土地的名称、坐落、面积、质量和治理的难易程度等基本情况，提出承包人的资格、资信和资金条件以及承包治理的结果等具体要求，说明承包期限和双方当事人的基本权利义务，指出选择承包人的标准或者具体方法、招标期限等，邀请有承包意向的单位和个人前来投标。（2）投标人前来投标。投标人通过标书参加投标竞争，提出自己愿意承包的条件，主要是承包费等，供招标方选择。（3）约定的招标期限届满后，招标方对全部投标人提出的条件进行审查和综合比较，按照招标书指出的标准或方法确定中标人作为承包人，签订"四荒"承包合同。

二是拍卖。拍卖是一种常见的交易方法，就是以公开竞价的形式将一定的财产出售给出价最高的人。拍卖是公开的竞卖方式，必须当众进行，由潜在购买人相互竞争。"四荒"拍卖最早出现在西部地区，实践证明，"四荒"拍卖公开、透明，公平竞争，择优而定，既能发挥群众的积极性，实现"四荒"资源优化配置，又壮大了集体经济实力，改善了生态环境，促进了农业农村经济可持续发展，拍卖的是"四荒"使用权，得到的是秀美山川。

"四荒"拍卖一般经过下述程序：（1）发出拍卖公告。发包方采取适当方式发出公告，说明拍卖的"四荒"土地的名称、坐落、面积、质量等基本情况，以及拟定的拍卖日期、地点和拍卖的基本规则等，邀请有承包意向的单位和个人届时前来参加拍卖。（2）在确定的拍卖日期，愿意承包者前往确定的拍卖地点，由拍卖人当众拍卖"四荒"土地。参加拍卖竞争的应当有数人或者更多，只有一两人参加竞争的，拍卖人可决定暂不拍卖。通常，拍卖人先提出一个最低价格，参加拍卖的人可以根据自身情况相互竞争地提高价格，每个人对自己提出的价格都要承担责任，即受到约束，一般不得反悔。（3）参加拍卖的人竞相抬价，到最后，有人提出一个最高价格，拍卖人连续三次喊出最高价却没有人响应继续抬高价格的，拍卖人击锤确定，即为成交，拍卖完毕，双方签订承包合同。

三是公开协商。承包方与愿意承包的单位和个人直接就承包的权利义务等进行公开协商，确定承包人，签订承包合同。不适宜实行招标、拍卖的"四荒"土地（如面积很小），或者招标、拍卖不成功的，可以采取公开协商的办法进行承包。一般是发包方向愿意承包的单位和个人说明"四荒"土地基本情况，必要时可到现场观看，提出承包的条件、承包期限、承包治理结果等要求，说明双方当事人的权利义务，由双方根据具体情况进行公开协商，达成一致后签订承包合同。公开协商的好处是灵活性较强，通过直接协商容易达成协议，但关键是协商必须公开，不能一对一私自协商。协商既要自愿，更要做到公平，决不能借协商谋私利。

四、"四荒"承包的基本程序

"四荒"承包是平等民事主体之间的法律行为，双方当事人地位平等，可以在协商一致的基础上自行确定权利义务，签订承包合同。根据"四荒"承包的实践情况，归纳其基本程序如下：

一是双方协商确定权利义务。双方当事人可以自行协商确定各自的权利和义务，这一点与家庭承包不同，家庭承包当事人的权利义务主要由法律规定。一般情况下，双方协商的重点内容是承包费、承包治理的目标和要求等。通过招标、拍卖承包的，双方的权利义务通常比较明确，关键是公开协商承包的，必须公开、公平，特别是，确定公平合理的承包费既是搞好"四荒"承包的一项重要内容，也是保护集体成员利益的重要环节，双方议定承包费必须公开，不能私下商定。承包费收入是集体资产，属于本集体经济组织农民集体所有，其使用应当由集体经济组织决定，不能由个别人说了算，使用情况以及有关账目应当公开，接受本集体成员的监督。

二是签订承包合同。经双方当事人协商一致，或者通过招标、拍卖确定承包人之后，双方签订承包合同。承包人如是本集体以外的单位和个人，发包方应先对承包人的资信情况进行调查，确认资信状况良好的，再签订承包合同。承包合同一般包括下列条款：（1）发包方的名称及代表人或负责人的姓名、住所；（2）承包方的姓名、住所，联户承包应分别写明各户代表的姓名、住所；（3）承包土地的位置、面积和四至界线等；（4）承包土地的用途（承包治理的内容）和治理进度计划；（5）当事人的权利和义务；（6）承包费的数额、支付时间和方式；（7）承包合同期满后地上附着物和治理成果的处置方式，包括承包人继续承包的权利或者优先承包权；（8）违约责任及纠纷的处理方式；（9）双方约定的其他事项。

三是承包方领取权属证书。依照国务院办公厅 1999 年发布的《关于进一步做好治理开发农村"四荒"资源工作的通知》，承包方完成初步治理后，可以向地方人民政府申请取得土地承包经营权证、林权证等证书，取得物权性质的土地承包经营权。①

五、"四荒"承包的主要特点

根据各地实践，"四荒"承包治理具有如下特点：

一是承包方没有身份限制。与家庭承包不同，"四荒"承包治理开发对承包方的身份没有限制，广泛调动各方面力量积极参与，因此，本集体经济组织内部的农户、联户或者成员个人，以及其他单位和个人，只要具备承包治理能力，符合治理开发"四荒"的条件，都可以承包。为维护集体经济组织成员权益，同等条件下本集体经济组织成员享有优先权。

二是承包方采取市场化方式直接从集体经济组织取得土地权利。符合治理开发要求的单位和个人通过参与投标、竞拍、公开协商等方式成为承包方，直接与集体经济组织签订承包治理合同，取得土地承包经营权。而且，承包方必须支付承包费、租金等，支付相应的对价，并非像家庭承包那样无偿取得土地承包经营权。

---

① 这一点与家庭承包不同。家庭承包的承包户在承包合同成立时即取得土地承包经营权，而"四荒"承包方签订承包合同后，只有完成初步治理并申请取得权属证书后，才能享有物权性质的土地承包经营权，未取得权属证书，只享有债权性质的土地承包经营权。实践中，不同地方政府向"四荒"承包人颁发的证书也有所不同。

　　三是承包期限长。"四荒"的自然条件通常比较恶劣，治理难度大、周期长，只有确定较长承包期，才能调动承包治理积极性。"四荒"承包治理初期，为鼓励承包治理者大胆投入进行治理，各地确定的承包期限普遍较长，通常是 30 年或 50 年，有的是 70 年甚至更长。但承包期过长容易引起争议，搞不好可能损害农民利益，因此，1999 年国务院办公厅发布的《关于进一步做好治理开发农村"四荒"资源工作的通知》明确指出，"四荒"使用权承包、租赁或拍卖的期限最长不得超过 50 年。据此，已按地方政府有关规定签订的"四荒"承包治理合同确定的期限继续有效，但此后承包期限最长为 50 年。

　　四是承包方大都取得土地权属证书。绝大部分"四荒"承包治理者都按有关规定向县级以上地方人民政府申请取得了土地使用权证、林权证、草原证等相应的权属证明，依法享有物权性质的土地承包经营权（土地经营权）。

　　五是承包方享有广泛权利。承包治理者根据农村土地承包法和有关文件规定享有广泛的权利：（1）使用"四荒"土地进行种植并取得相应收益的权利，这是基本权利；（2）流转"四荒"土地经营权的权利，可以将"四荒"土地经营权转让、转租给他人；（3）"四荒"土地经营权入股联营的权利；（4）继续承包的权利，"四荒"承包人死亡的，其继承人有权继续承包；（5）"四荒"土地经营权抵押的权利。"四荒"不具有社会保障功能，"四荒"土地经营权可以依法向金融机构抵押融资；（6）"四荒"土地被征收征用时获得补偿的权利，国家征收征用已治理开发的"四荒"土地，应当对承包方的治理开发成果给予合理补偿。显然，"四荒"承包治理者的权利明显多于、强于家庭承包农户的土地承包经营权。

　　六是"四荒"承包治理应当防止水土流失，保护生态环境。根据有关文件要求，承包治理"四荒"应当以保护和改善生态环境、防止水土流失和土地荒漠化为主要目标，以植树种草为重点，按照土地利用总体规划合理安排农林牧副渔各业生产，重在治理而非开发。农村土地承包法第 50 条第 2 款明确规定，承包"四荒"应当防止水土流失，保护生态环境。水土保持法和土地管理法等，也对保护土地资源和生态环境作了规定，承包治理四荒土地必须遵守这些规定。这些都是承包治理合同约定的义务之外应当承担的法定义务。

第四节　其他农村土地的承包

其他方式承包，除"四荒"土地以外，还有其他各种适宜耕作的农村土地，通常也实行承包经营。这些土地的来源、土壤肥力状况、类型各不相同，承包的具体方式和承包方的权利义务也呈现多样化，情况比较复杂。具体来说主要包括以下几类：

一是水塘、鱼塘等水面，这些小面积水面区别于水库、湖泊等大面积水面，通常在村庄内部或者旁边，可以蓄水养殖、种植莲藕等，也用于村民日常洗漱。这些水面面积不大，数量也不多，一般采取协商或者公开招标的方式进行承包经营。

二是果园，指农耕地区的小片果园，大部分地方都以耕地为主，同时可能有小片果园，因面积小，对承包方的经营管理能力又有一定要求，不适宜实行人人有份的家庭承包，通常采取协商或者公开招标的方式承包经营。承包方一般是本集体经济组织农户，通常签订承包合同，也有的只有口头协议。这类承包通常未经依法登记，承包方一般未依法取得土地承包经营权证书等，不享有物权性质的土地承包经营权。[①]

水塘、塘堰大都位于村庄内部或者紧邻村庄，而且可能与村民生活息息相关，例如村民用水、洗漱等；农耕地区的小片果园，一般都是耕地改种果树的，通常当成耕地。所以，水塘、塘堰和小片果园一般由本集体内部的农户或者成员承包经营，不轻易发包给本集体经济组织以外的单位和个人，以免承包后产生纠纷难以处理。而且，承包期限一般不长，否则容易产生纠纷。农村改革初期，有些地方将集体所有的果园承包给个人，承包期限长达30年，曾经引发不少纠纷。[②]

三是集体荒废的土地，例如，人民公社时期有些农耕地区集体所有的小林场、苗圃、打谷场、砖窑、磨坊、油坊等，实行家庭承包经营后，有的被废弃、荒芜，这些土地难以实行人人有份的家庭承包，通常采取协

---

① 正是在这个意义上，有些学者把农村土地承包经营权区分为物权性、债权性两类。依法登记取得相应权属证书的，享有物权性土地承包经营权；未取得相应权属证书的，只享有债权性土地承包经营权。

② 陆红：《政府干预农村土地流转的法律问题研究》，光明日报出版社2016年版，第102页。

商、公开招标等方式实行承包经营。承包方通常是本集体经济组织内部的农户和个人，也可以是本集体经济组织以外的单位或者个人。

四是小片开荒形成的土地，有些地方由于自然因素、历史原因存在一些小片荒地，实行家庭承包经营以后出现开荒现象，有的是集体组织开垦，有的是农户自发开垦后逐渐变成耕地，在大部分地方这部分土地面积不大，地理位置可能比较偏，通常采取协商方式承包给本集体内部的农户或者个人经营，承包期通常不会太长。农户自发开垦的，一般直接由开荒的农户承包经营。①

五是其他适宜耕种的土地。例如，小块边界地、沼泽以及废旧沟渠、旧河道因干涸或者水源减少而形成的土地，经整理后适宜耕种的，国家征收后暂未利用的土地，有些地方也实行承包经营，承包方不限于本集体经济组织内部的农户或者个人。

这些土地的承包应当归入其他方式的承包，承包期限一般较短，承包方通常未能依法登记并领取土地承包经营权证等权属证书，未取得用益物权性质的土地承包经营权。有些学者认为，这些情况下，承包方取得债权性质的土地承包经营权。

类似地，承包方承包"四荒"进行治理开发但未依法取得土地承包经营权证等权属证书的，也享有债权性质的土地承包经营权。因此，从农村土地承包实践来看，无论如何都会有一部分农村土地的承包方不能取得物权性质的土地承包经营权，他们享有的权利只能是债权性质的土地承包经营权，或者称为农地租赁权，在"三权分置"后，可以归为土地经营权。

---

① 黑龙江省等东北地区有些地方可能是例外，这些个别地方开垦的荒地面积较大，承包经营情况比较复杂，除农户承包，还有城镇居民甚至机关干部承包经营的，作为特例，不作深入分析。

第三章

"三权分置"的法律表达

第一节　农村土地"三权分置"的发展历程

一、农村土地权利分置概述

中华人民共和国成立以后，我国农村土地的各种权利在不同权利主体之间的配置，经历了一个从集中向分散配置的发展过程，大体可以分为四个阶段。

第一个阶段是中华人民共和国成立初期实行农民私人土地所有权。中华人民共和国成立后，国家废除了封建性及半封建性剥削的土地制度，实行耕者有其田的土地制度；没收了封建地主的土地，分配给广大贫苦农民，土地从封建地主所有变成农民所有，而且，绝大部分农民亲自占有并经营土地。这一时期土地权利的配置体现为：农民享有比较完整的土地所有权，包括占有、使用、收益和处分的权利。

第二阶段是农村土地集体化阶段，土地权利配置经历了从集中到分散又集中的过程。1953 年开始推行农业社会主义改造，农民以自己的土地加入初级农业生产合作社，由合作社集体占有并进行统一经营，土地权利的配置表现为：农民享有土地所有权，但集体享有占有权、使用权。1956 年初级合作社迅速普遍地发展成为高级农业生产合作社，农民带着土地加入合作社以后，土地变成合作社所有，并且由合作社统一经营，土地权利配置体现为：土地由合作社所有、占有、使用，但理论上说，加入合作社的社员可以退出并要求带走其入社的土地，尽管社员实际上很难行使退出的权利。1958 年在高级社的基础上推行"一大二公"的人民公社，实现生产资料和生活资料的公有化，并且实行政社合一，农民入社的土地不仅不能像初级社和高级社那样取得一定的报酬，而且农民的土地份额不明确，也不再享有退社的权利，土地完全实行集体所有、集体统一经营，并由集体行使所有权和经营权，农民成为劳动者。土地权利的配置体现为：集体享有比较完整的土地所有权，包括占有、使用的权利，但是土地的使用权、处分权和产品处置权都受到比较严格的限制。

第三阶段是农村改革后的承包经营阶段，在坚持土地集体所有不变的前提下，实现土地所有权与土地承包经营权的"两权分离"。1978年实行农村改革开放以后，全国普遍推行家庭承包经营制度，实行联产承包责任制以后，土地所有权关系发生变化，农村土地由原来的集体所有、集体经营以及集体统一行使所有权，变为集体所有、农户分散经营以及实现土地权利的"两权分离"，集体享有土地所有权，农户享有土地承包经营权。

第四阶段是21世纪以来土地权利配置的进一步深化。随着城镇化、工业化的发展，越来越多的农民进入城镇务工，不再亲自耕种土地，同时又不愿意完全放弃承包地，土地承包经营权流转增多，土地承包主体与经营主体分离的趋势越来越明显。顺应现实发展的需要，承包土地上的权利在"两权分离"的基础上，进一步分化为所有权、承包权、经营权，逐渐形成农村土地的集体所有权、农户承包权、经营主体经营权"三权分置"并行的局面。

二、农村土地所有权与承包经营权的"两权分离"

1978年，安徽省凤阳县小岗村率先实行大包干，将集体所有的土地交由农户自主从事生产经营。当时，集体土地所有权的权能仍然比较完整，农户只获得有限制的生产经营自主权，并没有明确地获得承包土地的占有、使用权益，农户的收益权也只是体现在"交够国家的，留足集体的，剩下都是自己的"，农户对土地不享有任何处分权。

到1984年，全国绝大部分地方普遍推行联产承包责任制，集体所有的土地承包给集体经济组织内的农户经营。随后，整体上看，全国普遍建立起农村集体经济组织的统一经营与农户分散经营相结合、以家庭承包为主要形式的联产承包责任制。1991年，党的十三届八中全会通过的《中共中央关于进一步加强农业和农村工作的决定》提出，把以家庭联产承包为主的责任制、统分结合的双层经营体制，作为我国农村集体经济组织的一项基本制度长期稳定下来，并不断充实完善。按照联产承包责任制的制度安排，农村集体土地所有权的各项权利开始出现分化，农户对承包地的土地承包经营权逐渐从集体土地所有权中分离出来，变成一项独立的权利。普遍推行家庭承包经营制度以后，农户享有的土地承包经营权的这种分离和独立的趋势是十分明显的，主要体现在两个方面：

一方面，农户享有的土地承包经营权的期限越来越长。改革开放初期，承包期限只有 1 至 3 年。1984 年中央一号文件决定延长土地承包期限，一般为 15 年，即通常所说的一轮承包期。1993 年中央决定，一轮承包期满后再延长 30 年。随后，全国大部分地方在第一轮承包基础上实行延包，有些地方按照"大稳定、小调整"原则，根据人口变动情况进行了小调整，即通常所说的二轮承包。2002 年制定的农村土地承包法将这一承包期限转化为法律规范予以确认。

2008 年，党的十七届三中全会通过的《中共中央关于推进农村改革发展若干重大问题的决定》进一步明确提出，现有农村土地承包关系要保持稳定并长久不变。对于"长久不变"的具体含义和具体实现形式还存在不同认识，但从趋势看，土地承包期限是逐渐延长的。同时，按照农村土地承包法的规定，承包期内原则上不得调整承包地。因此，在承包期限不断延长的情况下，农户享有的土地承包经营权相应地具有更长的期限。

另一方面，农户的土地承包经营权由对抗性较弱的债权，逐渐转变为对抗性较强的物权。实行家庭联产承包制初期，承包户享有的土地承包经营权具体包含哪些权利、相应地应当承担哪些义务，主要都是承包合同约定的，农户并未享有法定权利。而且，在大多数情况下，承包合同都是作为发包方的集体经济组织提供的统一的格式合同，承包户通常只是接受并按照要求签订合同，承包户享有的土地承包经营权得到的保障程度较低，通常认为，这种情况下农户取得的土地承包经营权属于债权，对抗其他人的效力较弱。

1998 年修改土地管理法，特别是 2002 年制定农村土地承包法，明确规定了承包户的各项权利和义务，同时还明确规定，在承包期内，发包方不得随意调整、不得收回承包方的承包地，而且，法律允许承包户依法采取转包、出租、转让、互换等多种方式流转土地承包经营权，这些都从法律上强化了对承包户的土地承包经营权的保障。

2007 年十届全国人大五次会议通过的物权法进一步明确，土地承包经营权是一种法定的用益物权。依据物权法和农村土地承包法的规定，家庭承包的承包户对承包地享有的权利和应当承担的义务，从承包合同的约定变为法律的强制性规定，承包户的土地承包经营权从债权变为物权，并且从农村土地集体所有权中独立出来，成为一种单独的法定权利，可以依法、自愿、有偿地流转，从而在法律上实现了农村土地集体所有权与农户土地承包经营权的"两权分离"。农村土地集体所有权归农村集体经济组织成员集体所有，承包地的土地承包经营权归承包土地的农户所有，而且，农户有权按照法律规定的转让、转包、互换、出租等形式处分其土地承包经营权。在维护集体所有权的前提下，承包户实际上获得了法律规定范围内对承包地的现实支配权和控制权。

三、从"两权分离"到"三权分置"

农村土地"三权分置"是在实践探索的基础上得到政策确认的。

农村土地的"两权分离"赋予广大农民长期而有保障的土地承包经营权，极大地调动了农民的生产积极性，为改革开放以来我国农业与农村经济长足发展奠定了政策基础，提供了制度保障。随着农村经济蓬勃发展和乡镇企业异军突起，农民开始进入乡镇企业和城镇务工，加上农业政策日益放开，促进了土地承包经营权流转。到 20 世纪 90 年代，一些较早实行家庭联产承包责任制、乡镇企业比较发达的地方，在集体土地所有制和家庭承包经营不变，实行集体土地所有权与农户土地承包经营权"两权分离"的基础上，进行"坚持所有权、保障承包权、搞活经营权"的"三权分置"探索。在这些地方，随着乡镇企业和农村工业的发展，一些农民进入乡镇企业，离土不离乡，农业成为兼职的副业；还有些农民进入城市工作，完全离开农业。这些农民虽然不再从事农业生产经营活动，但考虑到乡镇企业和城市经济的不确定性，担心经济波动会导致失业，因此，他们希望保留承包地，一旦经济形势变化导致他们难以继续在城镇工作，还可以回家耕种承包地，所以，他们愿意流转土地承包经营权，同时希望保留必要时回家种地的权利。

同样，有些承包户因缺乏劳动力、进城务工等各种原因不能、不愿意耕种承包地，但又不愿意完全放弃承包地，希望在需要耕种时可以随时种地，便将承包地交由其他农户代为经营，代营户负责生产经营并承担承包地的各项费用和负担，经营利润由双方分成，或者由代营户交付一定数量的农产品或者经济利益，承包户继续保持与集体的承包关系，代营户不直接与集体发生承包关系，只是取得耕种土地的权利，是一种土地经营权的流动。[①] 通过农地代营，在维持土地集体所有制和承包关系不变的基础上，承包户让渡土地经营权，把承包权独立出来，从原来的"两权分离"演进为"三权分离"，尽管在理论和政策上尚未得到明确的认可和支持，但在实际工作中，许多地方提倡、鼓励有偿转让，允许农户转出承包地后可以通过适当的形式收回，事实上认可了承包权的相对独立性。[②]

还有些地方的承包户将承包地入股开展联营，有些地方的村集体成立专业公司实行企业化经营，也被学者看成是农村土地"三权分离"的探索。承包户将承包地入股组成联营体，土地使用权（经营权）不再属于承包户而是属于联营体，承包户入股的土地分得股息，等于明确承认承包户的承包权，形成土地集体所有权、农户承包权、联营体使用权的"三权分离"。有些地方将农户的承包地集中起来，组织专业户或者专业公司实行企业化经营，农户的土地承包关系不变，但承包地的使用权转归专业公司等经营者，农户可以得到一定数量的粮食以及相应的经营收益，万一经营者的经营出现问题，土地归还承包户。[③] 从而实现土地所有权、农户承包权、专业公司使用权的"三权分离"。学者总结指出，当时所谓农村土地的"三权分离"，是指土地所有权、承包权、使用权三者的分离。其中，土地所有权属于集体，承包权归原来向集体承包土地的农户，使用权则转移到土地的实际耕种者手中。[④]

进入 21 世纪后，随着我国加入世界贸易组织，特别是工业化、城镇化、信息化进程明显加快，"三农"出现了一些重要的新特点：

其一，"农民"正从身份向职业转变。21 世纪以后进入城镇的新一代农民有两个重要的新特征：一是文化水平普遍提高，其中相当一部分毕业

---

① 田则林等：《三权分离：农地代营——完善土地承包制、促进土地流转的新途径》，载《中国农村经济》1990 年第 2 期。

② 田则林等：《三权分离：农地代营——完善土地承包制、促进土地流转的新途径》，载《中国农村经济》1990 年第 2 期。

③ 冯玉华、张文方：《论农村土地的"三权分离"》，载《经济纵横》1992 年第 9 期。

④ 冯玉华、张文方：《论农村土地的"三权分离"》，载《经济纵横》1992 年第 9 期。

于大中专院校，有一定的文化知识、工作技能，眼界更宽，思想更活，融入城市的能力更强；二是他们都是"80后""90后"，虽然出生在农村，小时候也可能长在农村，但是根本没有机会参与农事活动，不仅不会务农，不熟悉农业生产经营活动，甚至不知道家里有多少承包地，而且绝大部分对务农也没有兴趣，不打算像前一代农民那样在年老后再回到农村，而是希望留在城市生活，只有极少数人愿意回到农村，作为专业农民从事企业化农业经营。因此，多年来提出的"谁来种地"的担心变成一个现实的问题，"农民"正在从一种身份转变为一种职业，大部分具有"农民"身份的人根本不会、也不愿种地，越来越多不具有"农民"身份的人专业从事农业生产经营。

其二，土地细碎化加剧，分散的小农与社会化大市场的矛盾更加突出。我国人多地少，耕地资源短缺且分割零碎，全国大部分地区在开展家庭承包时，为追求公平，通常都将全部土地分为好中差几个等级，分别在农户之间平均分配，每个农户的承包地面积不大，却被分割为七八处甚至更多的小地块。承包期内，随着农户家庭分户分地，家庭规模不断缩小，导致每个农户的承包地更加细碎化，结果是农户越分越多，耕地越分越碎，经营规模越来越小，不仅生产成本高，也不利于机械化耕作和农业先进技术的推广运用。而且，千家万户小规模经营的农户很难满足社会化大市场的需求，小农户的市场交易信息少、交易环节多、交易成本高，抵御自然灾害和市场风险能力低，导致小农经营与社会化大市场的矛盾日益突出，不时出现农产品销售难、价格不正常波动等现象。面对广大的小规模农户，国家采取的农业调控政策不仅成本高，而且落实难，政策的实施有时难以达到预期效果。

其三，承包地的经济收益不高，财产价值日益凸显。一方面，随着农业生产资料价格上涨，农村劳动力成本提高，农业生产成本不断升高，同时农产品价格上涨受到消费者承受能力和国际市场价格的双重压力，造成农民种地的经济收益低，而且增长缓慢，加上土地经营规模有限，绝大部分农户依靠经营承包地很难致富。另一方面，国家从2004年开始对农民发放种粮补贴和其他补贴，实践中大部分地方的做法是，按照农户承包地面积直接将补贴发放给农户，种粮补贴客观上成为承包地的收益；特别是2006年国家取消农业税和集体的"三提五统"，消除了附着在承包地上的负担；2007 年通过的物权法确认，土地承包经营权是用益物权，是农户的财产权，进一步明确土地承包经营权的财产权益属性；随着城镇化、工业化和新农村建设的推进，土地的价值呈现不断上升的趋势，特别是城市郊区和经济较发达地区，农村土地被征收征用的潜在利益日益明显，承包地的财产价值日益凸显。

其四，农民对承包地既不热切留恋又不愿轻易舍弃。进城务工的农民每年农忙季节回家乡种地，时间紧迫，来回奔波倍加辛苦，既耽误工作，还要花掉不少路费，而且种地收入越来越少，种地一年所得收益甚至不如城里打工一个月，故新一代农民大都对种地积极性不高，但他们又不愿意放弃承包地。究其原因，一是许多农民仍然视土地为衣食之源、安身立命之本和最可靠的生活保障，万一他们在城镇工作遇到困难，希望还能回家种地谋生；一旦交出承包地，万一再度返乡就可能无地可种了。部分农民对承包地的这种既不愿耕种又不想放弃的心态早就存在，进入 21 世纪后新一代农民增多，更加强化了这种状态。二是不少农民预期获得土地增值的利益，特别是期望在承包地被征收征用时获得补偿。三是土地自然增值的利益难以得到保障，承包户追加投入创造的土地附加值也难以顺利实现。

这些新情况导致越来越多的农民将主要精力用于非农活动，他们既不专心种地，又不愿意轻易放弃承包地，于是采取多种方式流转土地承包经营权，将承包地交给其他农户经营。有的由其他农户完成部分或者全部生产过程，包括水田耕整、播种育秧、田间管理和收割脱粒等，其他农户由此取得一定的经济报酬；有的直接将承包地交由其他农户经营，承包合同仍由承包户履行，但土地经营权由代营户行使，经营利润由双方分享；有的甚至将承包地完全交由其他农户经营并承担承包合同约定的义务，如完成合同定购任务、劳动积累和劳务用工，交纳各种提留摊派，但承包合同仍由承包户掌握。这些做法的共同特点是：承包户只将承包地交由他人耕种，其自身继续保持与集体的承包关系，以便在必要时可以随时收回承包地亲自耕种。其中的关键是：承包户只是将承包地的经营权交给其他农户，同时保留承包关系和土地承包经营权，使土地承包的主体与经营主体发生分离，这就从原来的集体土地所有权、农户承包经营权的"两权分离"，演进到集体土地所有权、土地承包经营权、土地经营权的"三权分离"。一些地方为了促进土地承包经营权有序流转，既推进土地适度规模经营，又确保承包户不因流转而丧失承包地，浙江、江苏、安徽等地在实践探索的基础上，率先提出"明确所有权，稳定承包权，放活经营权"，①其中，"明确所有权"重在确保农村土地集体所有制不变，防止土地私有化，避免产生政治争议；"稳定承包权"重在让流转土地承包经营权的农民放心，一旦他们在城镇遇到困难，还可以回家继续种地；"放活经营权"重在让流入土地承包经营权的农户和其他农业经营者大胆、放心地经营。安徽阜阳开展第二轮承包时就实行了所有权、承包权、经营使用权的"三权分离"。②

20 世纪 90 年代，我国法律还没有土地承包权、土地经营权的概念，法学理论界对于土地承包权、土地经营权的具体内容及其相互之间的法律关系也缺乏研究，但是，一些地方积极探索"三权分离"，率先出台文件明确提出"三权分离"概念，充分认可"三权分离"实践。例如，1998年浙江台州市实行二轮土地承包时就提出，经营权已经转让给种粮大户的土地，要按照承包权和经营权分离的原则，继续由种粮大户经营，维护合同的严肃性，保持种粮大户的基本稳定。2004 年 9 月湖北省人民政府发布的《关于积极稳妥解决当前农村土地承包纠纷的意见》提出，保障外出务工农民的土地承包权。外出务工农民回乡务农，只要在土地第二轮延包中获得了承包权且没有明确放弃的，就必须承认其承包权。村、组未经外出务工农民同意将承包地发包给别的农户耕种的，如果是短期合同，应将交付村、组的发包收益支付给拥有土地承包权的农户，合同到期后，将土地还给原承包农户耕作。如果是长期合同，要在协商一致的基础上通过给予原承包农户合理补偿的方式解决。2007 年 9 月浙江嘉兴市人民政府办公室《关于加快推进农村土地承包经营权流转的意见》提出，鼓励农村集体土地的所有权、承包权、经营权相分离，稳定承包权，搞活经营权，规范土地承包经营权的流转。浙江宁波市提出，坚持稳定承包权、放活经营权的原则，在稳定农村土地家庭承包经营制度和土地承包关系的前提下，实行土地所有权、承包权和经营权分离。2009 年 7 月四川省人民政府办公厅《关于进一步规范有序进行农村土地承包经营权流转的意见》提出，坚持

---

① 2000 年笔者参与起草农村土地承包法的过程中，曾随同相关负责同志到浙江、安徽调研，当时两地农业部门的同志就明确提出了这种意见。

② 孟富林等：《农村改革创新亲历记》，安徽人民出版社 2008 年版，第 379—380 页。

"稳制、分权、搞活"的原则，在稳定土地家庭承包经营制的前提下，实行土地所有权、承包权和经营权相分离，坚持集体所有权、稳定农户承包权、放活经营使用权。2012年7月湖北省人大常委会通过的《湖北省农村土地承包经营条例》第4条规定：农村土地承包经营应当明晰所有权、稳定承包权、放活经营权，依照公平、公正、公开及有利于规模经营、发挥土地效益原则，稳步推进土地承包经营体制创新，促进工业化、城镇化和农业现代化。这些政策文件提出的承包权、经营权的具体含义或许不够明确，但都充分认可"三权分离"的实践。

在地方实践探索和地方政府肯定的基础上，党中央、国务院逐渐明确地认可"三权分置"的实践创新，并形成政策予以推广。2013年7月，习近平总书记在湖北考察时明确指出，深化农村改革，完善农村基本经营制度，要好好研究土地所有权、承包权、经营权三者之间的关系。随后出台的一系列文件先后提出"三权分置"的政策。2013年12月召开的中央农村工作会议指出，土地承包经营权主体同经营权主体发生分离，这是我国农业生产关系变化的新趋势，要落实集体所有权、稳定农户承包权、放活土地经营权。紧随其后，2014年1月中共中央、国务院印发的《关于全面深化农村改革加快推进农业现代化的若干意见》提出：在落实农村土地集体所有权的基础上，稳定农户承包权、放活土地经营权，允许承包土地的经营权向金融机构抵押融资。2014年11月中共中央办公厅、国务院办公厅印发的《关于引导农村土地经营权有序流转发展农业适度规模经营的意见》明确提出，要坚持农村土地集体所有权，稳定农户承包权，放活土地经营权，实现所有权、承包权、经营权三权分置。2016年10月中共中央办公厅、国务院办公厅印发了《关于完善农村土地所有权承包权经营权分置办法的意见》，明确了"三权分置"的基本原则，即尊重农民意愿、守住政策底线、坚持循序渐进、坚持因地制宜，提出要始终坚持农村土地集体所有权的根本地位、严格保护农户承包权、加快放活土地经营权、逐步完善"三权"关系等要求。该文件确认，现阶段深化农村土地制度改革，顺应农民保留土地承包权、流转土地经营权的意愿，将土地承包经营权分为承包权和经营权，实行所有权、承包权、经营权分置并行，着力推进农业现代化，是继家庭联产承包责任制后农村改革又一重大制度创新。

农村土地"三权分置"是顺应实践需要发展起来的，其理论意义主要在于，完善了农村土地权利配置的法律制度，明确了农户的承包权和经营者的土地经营权，适应了现代社会里让更多人分享土地权利的演化趋势和现实需要。其实践意义主要在于，在维护农村土地集体所有权的前提下，一方面确保农户承包权不受损害，让不愿继续经营承包地的农户放心地将土地经营权流转出去；另一方面确认土地经营权并赋予融资担保等权能，让流入承包地的经营者放心地增加投入、扩大生产，实现规模经营，同时，也为农村土地集体所有权的发展预留了空间。例如，农户的承包权可能发展成为行使农民集体所有权的方式和结果，而土地经营权的独立为集体成员之间的土地权利分配提供了途径，必要时，可以在稳定农户承包权的情况下，推进经营权的货币化，并通过调整经营权实现新增成员的土地权利要求。

第二节 关于"三权分置"的理论争议

自 1978 年农村改革以来，农村土地制度的改革和发展，一直遵循"实践探索—政策确认和推广—法律规范"的路径，都是先由农民实践探索和创新取得一定效果，逐渐完善得到政府认可，政府制定政策文件加以推广并给予指导，然后，在总结实践经验和政策实施效果的基础上，制定法律加以确认和规范。农村土地"三权分置"同样遵循这种路径。

在农村改革早期，有关理论研究主要来自农业经济学界、政策研究机构和农村经济管理部门，法学界关注不足，对于农村改革的政策和法律的制定、修改，法学家参与不多。或许是因为意识到"在我国土地法制的演进中，法学并没有提供多少智识贡献"，[①] 越来越多的法学家积极加入农村土地制度研究，特别是近年来，农村土地"三权分置"逐渐从实践探索转化为政策措施甚至法律规范，相关的理论研究不断深化，参与其中的既有农业经济学家、有关政策研究机构和农业管理部门的同志，还有越来越多的法学家特别是民法学家，各种不同观点相互交织，有共识也有分歧。总体上看，各方面普遍赞同农村承包土地实行"三权分置"，同时，对于"三权"如何分置，特别是如何区分、定位承包权和经营权，存在较大争议。

---

① 高圣平：《新型农业经营体系下农地产权结构的法律逻辑》，载《法学研究》2014 年第 4 期。

一、关于"三权分置"的目的和价值

关于"三权分置"的价值，甚至"三权分置"的必要性，学者们曾经产生争议，有些法学家起初认为，"三权分置"的必要性不大，甚至认为，"三权分置"难以在法律上获得表达，特别是经营权的法律地位和权能内容难以确定。产生分歧的原因之一，是法学界与经济学界在基本概念表述和理解上存在误解。[①] 随着"三权分置"从实践探索发展成为政策导向，越来越多的法学家从不同角度开展较为深入的研究，提出建议，特别是如何在现行法律制度框架内妥当地解释和表达"三权分置"，使之能够平顺地融入我国的法律制度之中。对于"三权分置"的价值和必要性，学者们基本达成共识。

经济学界对"三权分置"意义的认识可以概括为四个方面：（1）释放经营权，推进土地市场化流转，促进农业规模化经营，保障国家粮食安全。（2）承包权独立于经营权，农民不再被承包经营权束缚，对农地有更多选择权，有利于促进农村劳动力转移，推进城镇化建设。（3）为土地的经营权提供支撑，使农地资本化成为可能，有利于增加农民财产权利。[②]（4）更好地用活土地经营权，实现土地资源的优化配置，有利于规模经营和现代农业发展。[③]

农村经营管理部门有同志认为，"三权分置"的政策目标主要有两个：一是进一步界定和明晰所有、占有、使用、收益等各项权能在不同主体之间的分布；二是保护承包权以求公平，用活经营权以求效率，实现公平与效率的有机统一。[④]

有学者认为，相较于"两权分离"，"三权分置"更充分地兼顾了公平

---

①　有学者指出，农村土地"三权分置"的改革思路主要是在经济学界专家和政府官员主导下完成的，在政策设计过程中更多地使用经济学的概念体系，没有很好地与法学概念体系对接，导致"三权分置"中的承包权、经营权在法学学科的现有概念体系中缺乏现成的对应概念，而农地物权的创设又受到物权法定原则的限制，这就导致"三权分置"改革的法律表达，特别是立法表达遇到了障碍。参见管洪彦、孔祥智：《农村土地"三权分置"的政策内涵与表达思路》，载《江汉论坛》2017 年第 4 期。

②　黄娜：《农地产权"三权分置"研究综述与展望》，载《农村经济与科技》2015 年第 8 期。

③　韩长赋：《土地"三权分置"是中国农村改革的又一次重大创新》，载《农村工作通讯》2016 年第 3 期。

④　张红宇：《农业规模经营与农村土地制度创新》，载《中国乡村发现》2013 年第 2 期。

与效率，在保留农地产权的社会属性及其对农民的社会保障功能的基础上，更加关注农地产权的经济属性，更为有效地促进农地资源配置效率的提高。①

有学者认为，建立"三权分置"的农地权利体系，是我国农地权利制度的既定政策选择。这种新型农地权利体系既能承载"平均地权"的功能负载，又能实现农地的集约有效利用，兼顾了农地的社会保障功能和财产功能，为建立财产型农地权利制度、发挥农地的融资功能提供了制度基础。② 从法理层面看，土地承包权与土地经营权在权利主体、内容、性质以及侵权形态、救济方式、责任方式等方面均存在较大差异，两者应当分离；从实践层面看，土地承包经营权包含土地承包权已经造成理论上的混乱与纷争，导致土地承包经营权功能超载，妨碍土地承包经营权有序流转，影响承包人土地权益等。两者分离具有较大的理论和现实意义。③

基于"三权分置"的这些政策目标，有些法学家认为，实际上，农村土地承包法和物权法关于农地产权的规定，已经足以证明和证成"三权分置"论所欲解决的问题，没有必要借助于理论创新，应当考虑的是，对土地承包经营权处分的限制是否正当，应否修改。④ 有学者更明确指出，只要法律不限制农户将承包经营权转让给本集体经济组织以外的个人和机构，同时允许土地承包经营权抵押，"两权分离"就能够满足适度规模经营和农地融资的需要。⑤ 类似地，有学者指出，承包权是农村集体经济组织成员初始取得土地承包经营权的资格，反映集体经济组织与成员之间的关系，明显不属于土地承包经营权的内容，不存在从土地承包经营权中分离出来的问题。而且，土地承包经营权的法律建构能够充分实现分离出土地经营权拟实现的制度功能，从土地承包经营权分离出土地经营权欠缺法律必要性。⑥

还有学者提出，土地承包经营权能否分离为独立的土地承包权和土地

---

① 高圣平：《农地三权分置视野下土地承包权的重构》，载《法学家》2017年第5期。

② 蔡立东、姜楠：《承包权与经营权分置的法构造》，载《法学研究》2015年第3期。

③ 丁文：《论土地承包权与土地承包经营权的分离》，载《法学研究》2015年第3期

④ 高圣平：《新型农业经营体系下农地产权结构的法律逻辑》，载《法学研究》2014年第4期。

⑤ 楼建波：《农户承包经营的农地流转的三权分置——一个功能主义的分析路径》，载《南开学报（哲学社会科学版）》2016年第4期。

⑥ 高飞：《农村土地"三权分置"的法理阐释与制度意蕴》，载《法学研究》2016年第3期。

经营权,农村土地"三权分离"改革的表述是否符合法学原理,值得探讨。将农村土地三个产权的分离理解为三个权利的分离,将经营权视为独立的民事权利,不符合法学基本原理。因为土地经营权只是权能,不是独立的民事权利。土地所有权、土地承包经营权都包含经营的权能,土地所有权分离出土地承包经营权,土地所有权的性质没有发生变化;土地承包经营权分离出土地经营权后,仍然是土地承包经营权,不能变性为土地承包权。因此,土地承包权的概念表述也不符合权能分离理论。①

有学者甚至认为,按照大陆法系物权理论,所有权的各项权能形成一个有机结合的整体,这些权能与所有权本身不可分离,在所有权上设定用益物权后,所有权权能并没有分离,只是所有权人行使权利受到了用益物权的限制。以所有权权能分离论证"三权分离"的正当性不符合他物权设立的基本法理,将土地承包经营权分离为土地承包权和土地经营权缺乏法理支撑,"三权分离"后无法说明和体现承包权的内容,因此,以"三权分离论"建构农地产权的结构,无法在法律上获得表达。②"三权分离论"在理论上不能成立,实践中无法实施,不能真正起到保护农民土地权益的作用。③

有学者认为,农地"三权分置"是经济学界解决我国土地承包经营权困境的政策选择,但不符合法律逻辑。依据权能分离理论,对土地的直接占有、使用只能集于一人,土地所有权派生出土地承包经营权之后,无法再生发其他具有物权性质的土地经营权,"三权分置"不符合他物权的生成逻辑。遵循一物一权原则,土地承包经营权与土地经营权作为内容相冲突的两项他物权,在同一宗土地上既不能同生,也无法并存。④"所有权—用益物权"的结构安排已经实现了物的归属和利用的分离,再创设土地经营权作为次级用益物权,无异于建立了"所有权—用益物权—用益物权"的重叠结构,根据一物一权原则,同一物上不能并存两个以上内容相同的用益

---

① 申惠文:《法学视角中的农村土地三权分离改革》,载《中国土地科学》2015 年第 3 期。

② 高圣平:《新型农业经营体系下农地产权结构的法律逻辑》,载《法学研究》2014 年第 4 期。

③ 丁关良、阮韦波:《农村集体土地产权"三权分离"论驳析——以土地承包经营权流转中"保留(土地)承包权、转移土地经营权(土地使用权)"观点为例》,载《山东农业大学学报(社会科学版)》2009 年第 4 期;丁关良:《土地承包经营权流转法律制度研究》,中国人民大学出版社 2011 年版,第 284 页。

④ 单平基:《"三权分置"理论反思与土地承包经营权困境的解决路径》,载《法学》2016 年第 9 期。

物权，在用益物权之上再设相近用益物权的安排，是人为地将法律关系复杂化，在存在物权和债权区分的情况下，这种安排是立法技术的倒退。①

二、关于集体土地所有权

绝大多数学者赞成在"三权分置"中继续坚持农村土地集体所有，对此几乎没有争议。

近年来，不少学者研究指出农村土地集体所有权存在的问题，例如，农村集体所有权主体虚置、产权关系模糊不清、权利主体不明、权能不完善、代理成本过高等，应当说这是有一定道理的，同时值得进一步研究。

其一，多数学者研究农村集体土地所有权问题，都以西方发达资本主义国家民法的私人所有权制度作为参照系，并不是从我国农村土地集体所有制本身出发开展研究的，有些学者可能对我国农村土地集体所有制的历史和现状缺乏深入了解和细致研究，研究方法更多是从本本出发。如果我们从实际出发，把农村土地集体所有制度作为一项具有中国特色的独特制度进行研究，究竟存在哪些问题，还需要展开深入细致的分析。

其二，学者们指出的问题，有些是农村土地集体所有权制度在实践中的问题，并非制度本身的问题。中华人民共和国成立后，农村土地集体所有权制度的具体实现形式一直在探索过程中，对于农民集体如何行使农村土地集体所有权没有制定明确具体的规则，实践中农村土地集体所有权的行使确实存在各种复杂的具体情形，容易出现问题，这就需要把农村土地集体所有权制度本身的问题，与这一制度在实践运行中（例如行使农村土地集体所有权）产生的问题区别开来。

其三，有些问题是理论和概念上的。例如农村土地集体所有权的产权关系模糊问题，理论上说，相对于私有制下个人所有权而言，集体土地所有权不能具体落实到个人，似乎产权不清，但实践中，集体土地已经顺利完成了两轮承包，广大农民并不存在产权不清问题。

三、关于承包权

学者们对于承包权的来源、性质和内容存在不同观点。

①　陈小君：《我国农村土地法律制度变革的思路与框架——十八届三中全会〈决定〉相关内容解读》，载《法学研究》2014年第4期。

一种意见认为，承包权是农村集体经济组织成员承包土地的资格权，是一种身份性质的权利，不是财产权利。例如，有学者认为，土地承包权与成员身份密切相关，其性质应为成员权，是农户基于集体经济组织成员身份而享有的一种承包集体所有农地的资格或者权利能力，其权源是农民集体土地所有权。主要理由是：（1）土地承包权是一种以身份为基础的权利，其基础是集体经济组织成员，成员资格丧失，土地承包权随即消灭；（2）土地承包权只能由本集体经济组织成员享有，属于民事权利体系的专属权，一般不能让与和继承；（3）集体经济组织成员平等地享有承包权，一般不受年龄、性别等因素的影响；（4）土地承包权的发生既非建立在法律行为的基础上，亦无须履行特定程序，集体经济组织成员身份本身就导致权利的产生；（5）土地承包权只是承包农村土地的一种资格，目的是获得农村土地承包经营权。①

一种意见认为，承包权是土地承包经营权人行使受到经营权限制的土地承包经营权的代称，或者是占有、使用权受到土地经营权限制的土地承包经营权。承包权与经营权分置是行使土地承包经营权的方式，经营权是基于土地承包经营权人的意愿、以土地承包经营权为客体创设的权利用益物权；经由这种行使方式，土地承包经营权的价值得到实现，并由于负担设定和权能分置，可以形象地简称为"承包权"，即承包权是土地承包经营权人行使受到经营权限制的土地承包经营权的代称，权源是土地承包经营权。② 农户承包权是农户在土地承包经营权上设立土地经营权、将土地交由他人利用时的用益物权。③ 分置后的土地经营权是土地承包经营权的派生权利，承包权在现行法治意义上仍是土地承包经营权，只是部分权能让渡给经营权而产生新的权利内容，并非单纯承包土地的权利资格，而是土地经营权流转情况下发生权能分离后的土地承包经营权。④ 或者说，土地承包权是权利人行使和实现土地承包经营权的一种方式，是土地承包经营权之上设立权利用益物权必需的土地经营权后，对于占有、使用权能受

---

① 丁文：《论土地承包权与土地承包经营权的分离》，载《中国法学》2015 年第 3 期。

② 蔡立东、姜楠：《承包权与经营权分置的法构造》，载《法学研究》2015 年第 3 期。

③ 张力、郑志峰：《推进农村土地承包权与经营权再分离的法制构造研究》，载《农业经济问题》2015 年第 1 期。

④ 李国强：《论农地流转中"三权分置"的法律关系》，载《法律科学（西北政法大学学报）》2015 年第 6 期。

到限制的土地承包经营权,形象地简称为"土地承包权",即只承包土地,不实际从事农业生产经营,而将实际从事农业生产的占有、使用权能转移给土地经营权人。①

一种意见认为,承包权就是现行法律规定的土地承包经营权。土地承包权只是发生了土地承包经营权流转的土地承包经营权的简称,② 是承包农户将其农村土地流转给有经营意愿和经营能力的主体时享有受限用益物权的土地承包经营权。③ 从有关部门负责人的政策解读来看,"三权分置"是顺应农民"保留承包权,流转经营权"的创新,这里所保留的承包权实际上仍然是物权法的承包经营权,在性质上仍然是用益物权。《关于引导农村土地经营权有序流转发展农业适度无规模经营的意见》对稳定完善农村土地承包关系的要求是,健全土地承包经营权登记制度,以及推进土地承包经营权确权登记工作,这似乎进一步印证了"三权分置"中的承包权实际上就是现行法律中的承包经营权,而不是指作为取得用益物权基础的身份权。如果只是单纯的成员权,则不属于物权法的范畴,自然无进行登记和物权保护的必要。④"三权分置"下的承包权,不仅蕴含着本集体经济组织承包土地的资格,而且是具有使用、流转、抵押、退出承包地等各项权能的财产权。土地承包权只是已经派生出土地经营权的便宜称呼和通俗提法,但政策文件已经超越这一理解,即使未派生出土地经营权的土地承包经营权,也被称为土地承包权。⑤

一种意见认为,承包权是集体经济组织成员的成员所有权,与集体所有权共同构成完整的土地所有者权利。承包权是具体的某一集体成员对该集体的土地享有的所有者之一的成员权利,是农村集体经济组织成员通过承包方式取得并持有的本集体具体地块的一定期限的成员所有权,属于分享所有权性质,不是完整的所有权。成员整体的集体权利(集体所有权)与成员个体的成员权利(承包权),共同构成完整意义的土地所有者权利。

---

① 朱继胜:《论"三权分置"下的土地承包权》,载《河北法学》2016年第3期。

② 高圣平:《农地三权分置视野下土地承包权的重构》,载《法学家》2017年第5期。

③ 肖卫东、梁春梅:《农村土地"三权分置"的内涵、基本要义及权利关系》,载《中国农村经济》2016年第11期;王小映:《"三权分置"产权结构下的土地登记》,载《农村经济》2016年第6期。

④ 刘征峰:《农地"三权分置"改革的私法逻辑》,载《西北农林科技大学学报(社会科学版)》2015年第5期。

⑤ 高圣平:《农地三权分置视野下土地承包权的重构》,载《法学家》2017年第5期。

在这个意义上说，农户承包权这种成员权属于自物权。①

一种意见认为，在"三权分置"下，土地经营权成为真正的用益物权，承载了土地的价值，土地承包权转化为集体成员的集体所有权份额，农民集体重新取得土地的全面支配权，具有自主处分（经营）土地的权利，实现的价值（土地收益）由集体分配给成员。因此，土地承包权实际上就是一种收益权，由原来直接经营获得收益变为间接获得土地收益（资本收益），承包权由现有的具体地块变为抽象的集体土地份额或者比例。②

一种意见认为，土地承包权是一项身份性财产权，土地承包权的享有，以具有集体成员资格为前提，同时，也是成员资格在集体土地支配过程中的实现，土地承包权只能在集体经济组织内部行使，因此具有身份性、保障性和封闭性。③

还有意见认为，承包权应当理解为使用权，"三权分置"应当是土地所有权、土地使用权（包括土地承包权、宅基地使用权、集体经营性建设用地使用权）、土地经营权的分置。④

关于承包权的价值和意义，有学者认为，"三权分离"后，承包权的主要价值在于与发包方关系不变的基础上，承包人离土离乡或者离土不离乡，直接取得相应的财产收益；经营权则因主体资格没有限制而在更大范围内流转，提升土地利用效率。⑤ 或者，更具体地说，承包权与经营权再分离的目的，就是要破除初次分离下"农地农民用"和"均田承包"的制度困局，为非农身份主体携带资本进入农业生产提供渠道，满足当前不同阶层农民生存与发展的多层次需求，变"农地农民用"为"农地全民用"，变"均田承包"为规模经营，进一步解放人和地，进一步完善农地承包经

---

① 唐忠、王晓睿：《深化农村土地制度改革 完善承包地三权分置制度》，载《农业经营与管理》2017 年第 5 期。

② 高富平：《农地"三权分置"改革的法理解析及制度意义》，载《社会科学辑刊》2016 年第 5 期。

③ 马俊驹、丁晓强：《农村集体土地所有权的分解与保留——论农地"三权分置"的法律构造》，载《法律科学（西北政法大学学报）》2017 年第 3 期。

④ 翟帅：《农村土地"三权分置"下权利主体之风险防范：规则审视与制度设计》，载黄建中主编：《农地"三权分置"法律实施机制理论与实践》，中国法制出版社 2017 年版，第 89 页。

⑤ 潘俊：《新型农地产权权能构造——基于农村土地所有权、承包权和经营权的权利体系》，载《求实》2015 年第 3 期。

营制度，创新公有制的实现形式，构建一个以"集体所有、农户承包、多元经营"为特征的新型土地制度。①

关于承包权的内容，有学者认为，土地承包权的权能主要有：地位维持权、经营权分离对价请求权、土地征收补偿获取权、继承权、退出权等。经营权的主要内容有：自主生产经营决策权、收益权、自由处分经营权（抵押、担保权）等。②

四、关于经营权

对于经营权的性质和内容，学者们的意见分歧较大，争议的焦点主要集中在，土地经营权的法律性质究竟是属于物权还是债权。

有些学者认为，由土地承包经营权派生出的土地经营权只能是债权性质的权利。土地经营权是土地流转情况下派生出的一种独立于农户承包权的债权，是以土地承包经营权为基础的派生权利，依附于农户的土地承包经营权，是流转情况下才独立于承包权的一种权利。③ 而且，按照物权法定和一物一权原则，土地承包经营权是土地所有权派生出的用益物权，土地经营权派生出的土地经营权，不能再作为用益物权而存在。在现行法律未作重大修改的背景下，应当立足于现行法律规范及民法理论，把土地经营权界定为债权，同时，回应实践需求和政策要求，赋予其担保功能。④

有些学者认为，经营权应当是一项独立物权，性质为用益物权，主要理由可以归纳为：（1）土地承包经营权本身就是一项用益物权，分离后的承包权与经营权必然要延续这种物权属性，经营权从概念上就非常契合用益物权的特质，界定为用益物权也很贴切。（2）将经营权塑造成独立的物权，才能真正释放经营权的交换价值，为流转经营权的农民创造更多财产

① 张力、郑志峰：《推进农村土地承包权与经营权再分离的法制构造研究》，载《农业经济问题》2015 年第 1 期。

② 潘俊：《新型农地产权权能构造——基于农村土地所有权、承包权和经营权的权利体系》，载《求实》2015 年第 3 期。

③ 李伟伟：《"三权分置"中土地经营权的权利性质》，载《上海农村经济》2016 年第 2 期；高海：《论农用地"三权分置"中经营权的法律性质》，载《法学家》2016 年第 4 期；

④ 张红宇：《从"两权分离"到"三权分离"——我国农业生产关系变化的新趋势》，载《人民日报》2014 年 1 月 14 日，第 7 版。

性收益。（3）可以满足和保障经营权人的需要。实践中流转的往往是经营权，农业大户、农业公司等受让方对流转的承包地投入大量物力和财力，只有赋予经营权独立的物权属性，才能保障经营权人的利益，稳定其权利预期，调动其积极性，优化土地资源配置，更好地发展现代农业。① 有了物权性权利的保障，土地经营权将更为有序和高效地流转。② （4）根据物权法第 136 条（民法典第 345 条）的规定，建设用地使用权可以在土地的地表、地上或者地下分别设立，这表明了在用益物权的基础上再设置用益物权的可能性和合法性。③ （5）法理上有可行性。依德国民法的规定，在用益权基础上可以再设用益权，地上权之上可以再设次地上权。④ 也有学者认为，经营权虽然是债权性质，但具有一定的物权功能，事实上具有一定的物权效力。⑤

有些学者认为，土地经营权是土地承包经营权人设定的以土地承包经营权为标的的权利用益物权，与土地承包经营权属于不同层次客体上存在的用益物权，可以同时存在，并不冲突。⑥ 有学者将土地经营权看成是在土地承包经营权之上设立的具有抵押功能的次级土地承包经营权，并且认为，这一权利名称可以通过解释物权法第 125 条（民法典第 330 条）获得正当性。⑦

五、关于承包权、经营权的具体分析

以上简要介绍了学者们关于"三权分置"的主要观点。总体来看，对

---

① 张力、郑志峰：《推进农村土地承包权与经营权再分离的法制构造研究》，载《农业经济问题》2015 年第 1 期；韩学平：《"三权分置"下农村土地经营权有效实现的物权逻辑》，载《社会科学辑刊》2016 年第 5 期；陈耀东：《农地"三权分置"怎样与现行法律衔接》，载《人民论坛》2017 年第 11 期。

② 陶钟太朗、杨遂全：《农村土地经营权认知与物权塑造——从既有法制到未来立法》，载《南京农业大学学报（社会科学版）》2015 年第 2 期。

③ 孙宪忠：《推进农地三权分置经营模式的立法研究》，载《中国社会科学》2016 年第 7 期。

④ 孙宪忠：《推进农地三权分置经营模式的立法研究》，载《中国社会科学》2016 年第 7 期。

⑤ 李国强：《论农地流转中"三权分置"的法律关系》，载《法律科学（西北政法大学学报）》2015 年第 6 期；朱继胜：《"三权分置"下土地经营权的物权塑造》，载《北方法学》2017 年第 2 期。

⑥ 蔡立东、姜楠：《承包权与经营权分置的法构造》，载《法学研究》2015 年第 3 期；朱继胜：《论"三权分置"下的土地承包权》，载《河北法学》2016 年第 3 期。

⑦ 朱广新：《土地承包权与经营权分离的政策意蕴与法制完善》，载《法学》2015 年第 11 期。

于"三权分置"下坚持农村土地集体所有权没有多少异议,争议主要是针对承包权和经营权的,特别是承包权的界定、经营权的性质等,下面结合农村土地承包实践,分别作简要分析。

(一)关于农户承包权的界定

首先,将承包权界定为单纯的权利能力或者成员资格权,既不符合现行法律规范,也不符合实践。主要理由如下:(1)农村改革开放以来,国家法律和政策一直把农户作为家庭承包的承包方,从未将成员个人作为家庭承包的权利主体,农村土地承包法和物权法(民法典物权编)对此都有明确规定,① 因此,承包权的主体只能是承包农户,不是集体经济组织成员个人。(2)承包实践中,尽管大多数地方都按照每个家庭内部集体经济组织成员的人数(以及构成情况)分配承包地,但只能以农户家庭作为承包方签订承包合同,即通常所说的按人分地、按户承包或者人人有份、家庭承包,实践也不支持把集体经济组织成员的承包资格看成是农户享有的承包权。(3)集体经济组织成员享有的依法承包本集体经济组织发包的农村土地的权利,是法律明确规定的,是作为成员本身享有的权利,如同符合条件的公民自然享有选举权一样,只要是集体经济组织成员,自然就有权承包本集体经济组织发包的土地,如果把承包权看成这样一种资格,设定承包权几乎是没有必要的,因为实践中对集体经济组织成员有权承包土地几乎没有争议,实际发生的争议主要是确认当事人是否具有集体经济组织成员资格,只要有资格,自然就有权承包土地,这种权利是与生俱来、自然享有的,实践中没有多大问题,根本不需要国家政策予以特别保护。(4)正如有学者指出的,只有集体经济组织成员才有承包资格,并不意味着承包权就是某种身份权。对此,可以参照继承权来理解,虽然继承权主要发生在婚姻、血缘和收养而产生的有一定身份关系的亲属之间,继承权一般以一定的人身关系为前提,但该前提并非权利本身,亦不能决定权利的性质。实际上,继承权的客体是被继承人的财产,故其应为财产权而非身份权。同样,承包权的取得尽管具有身份限制,但其客体指向财产收

---

① 这种政策取向背后隐藏的政治、经济和社会传统原因,以及这种取向如何适应权利从团体本位向个人本位转化的发展趋势,或许是值得研究的。

益,因而为财产权。① 其实,在物权相关法律规定之下,真正带有身份性或成员权性质的是集体土地所有权。② (5)将农户承包权界定为成员权,可能危及农地承包关系稳定,因为集体成员资格的认定属于村民自治范畴,农民集体很可能以不具备成员资格为由否认农民的承包权,进而损害农民个体的合法权益,而且集体可能通过调整成员资格认定标准而破坏承包关系的稳定。③ 实践中,农户家庭的个别成员在承包期内丧失集体经济组织成员资格,并不影响农户已经取得的土地承包经营权。

其次,将承包权看成是受土地经营权限制的土地承包经营权,法理上似乎说得通,但它显然只能适用于设定了土地经营权的情形,由此可能带来两个疑问:(1)未设定土地经营权的情形是否存在承包权,若不存在,在"三权分置"下如何保护农户的承包权?(2)在"三权分置"下是否继续存在土地承包经营权,若不存在,既承包且亲自经营土地的农户享有的是什么权利?若继续存在,现行政策文件规定的保护农户承包权,对于他们就是没有意义的,因为他们的土地承包经营权并未流转,根本不存在承包权。而且,有学者指出,土地承包权作为农户享有的一种保障性权利,具有保障功能,兼具身份性、专属性、保障性、自发性、过渡性等特点,这些特点是经营权受限制的土地承包经营权不应当具有的。④

最后,将承包权看成是集体经济组织成员的成员个体所有权,与成员整体的集体权利(集体所有权)共同构成完整意义的土地所有者权利,是对集体土地所有权含义和结构的一种全新解释,事实上提出了集体土地所有权本身的二元结构(整体权利与个体权利)。有些地方实行的股份合作制,在坚持集体所有权的前提下,明确集体经济组织成员享有一定数额的股份,在一定意义上赋予成员、农户对集体财产享有一定的权益,客观上同时承认了集体的整体权利与成员个体权利。但是,这种解释作为一种理论创新尚未得到普遍认同,而且,实践中股份合作制如何适用于集体所有的土地,集体的整体权利如何体现,如何妥善处理好整体权利与成员个体权利的关系,尚需深入研究和实践探索。

---

① 张力、郑志峰:《推进农村土地承包权与经营权再分离的法制构造研究》,载《农业经济问题》2015年第1期。

② 高圣平:《新型农业经营体系下农地产权结构的法律逻辑》,载《法学研究》2014年第4期。

③ 蔡立东、姜楠:《农地三权分置的法实现》,载《中国社会科学》2017年第5期。

④ 丁文:《论"三权分置"中的土地承包权》,载《法商研究》2017年第3期。

从实践出发，将家庭承包的承包方享有的土地承包经营权看成"三权分置"下的农户承包权，可能比较合适。越来越多的学者认为，农户承包权对应的是农村土地承包法和物权法（民法典物权编）规定的土地承包经营权。在农地"三权分置"之下，政策术语中的土地承包权实际上就是我国实定法上所称的土地承包经营权。① 主要理由是：（1）政策文件的表述。《深化农村综合性改革实施方案》提出，稳定农户承包权就是要依法公正地将集体土地的承包经营权落实到本集体经济组织的每个农户。按照现行法律和政策，需要并且能够落实到每个农户的，只有土地承包经营权。（2）《关于完善农村土地所有权承包权经营权分置办法的意见》将土地承包权界定为土地承包权人对承包土地依法享有占有、使用、收益的权利，其中的土地承包权人就是指承包户；按照该意见的规定，土地承包权的权利主体是承包户，权利内容是依法占有、使用承包地并取得收益，这与农村土地承包法和物权法规定的土地承包经营权是一致的。（3）现行政策强调，"三权分置"必须坚持集体所有权，确保农户已经取得土地权利，即农户的土地承包经营权，如果承包权只是承包土地的资格，维护农户承包权就没有现实意义。

（二）关于土地经营权的性质

概括而言，关于土地经营权的性质主要有三种观点：（1）是土地承包经营权派生出来的债权；（2）是他物权类型的用益物权；（3）是债权但实行物权化对待。

其一，土地经营权作为债权。

将土地经营权视为债权，比较符合法理和现行有关法律规定，也比较契合土地承包经营权流转的实践。农村土地"两权分离"后，由农民集体土地所有权派生出用益物权性质的土地承包经营权，集体土地所有权不变；在土地承包经营权流转、"三权分置"的情况下，再由土地承包经营权派生出土地经营权，土地承包经营权保持不变。现行法律已经确认土地承包经营权为用益物权，按照一物一权原则，同一土地上不能存在两个性质相同的权利，因此，新派生出来的土地经营权显然应当是债权性质的权

---

① 蔡立东、姜楠：《农地三权分置的法实现》，载《中国社会科学》2017 年第 5 期；高圣平：《农地三权分置视野下土地承包权的重构》，载《法学家》2017 年第 5 期。

利，实质是土地租赁权。

这种解释在法理上比较圆顺，但却面临一个重要问题：按照现行有关法律制度和租赁关系一般法律规则，土地经营权人如果逾期未支付租金，出租方（承包方）有权解除合同，收回经营权；同样，按照相关法律规定或者合同约定，土地经营权人不按照约定的方法使用土地或者擅自改变土地性质，出租方也有权解除合同，收回经营权。而且，土地经营权转租要受到限制，按照合同法（民法典合同编）相关规定，土地经营权人转租需要经承包方同意。① 因此，如果将土地经营权看成类似租赁权的债权，那么土地经营权随时可能被收回，土地经营权人的权利显然会面临很大的不确定性，难以得到保障，故而土地经营权人不能形成稳定的经营预期，不敢放心大胆地投资开展长期经营，因此难以放活经营权，这就非常不利于培育新型经营主体、促进农业规模经营和农业现代化，也就难以实现"三权分置"所要达到的目的。

其二，土地经营权作为用益物权。

将土地经营权看成用益物权，不论在法理上还是实践中，同样存在难以解决的问题。

从法理看，现行农村土地法律制度已经形成了集体土地所有权—农户土地承包经营权的体系，法律已经确认土地承包经营权属于用益物权，再将其派生的土地经营权作为用益物权，明显违背一物一权原则，不符合现行物权法律制度。虽然物权法第136条（民法典第345条）规定了建设用地的使用权可以在土地的地表、地上、地下分别设立，但其客体都是可以独立支配的特定空间而非权利，而土地经营权的客体仅限于地表。② 而且，土地承包权人、土地经营权人之间以及他们与第三人之间权利的平衡，会涉及复杂的法理和现实问题，例如，有学者指出，承包地被征收时如何确定补偿费的归属和分配，就是一个难以在法理上确定的问题。③

从实践看，土地经营权的物权化还面临一些实际困难。

一是难以适应土地承包经营权流转的现实要求。实践中，土地承包经

---

① 这与普通不动产租赁是一致的，房屋的承租人将房屋转租，通常也需要征得出租人同意。
② 丁文：《论"三权分置"中的土地经营权》，载《清华法学》2018年第1期。
③ 耿卓：《农地三权分置改革中土地经营权的法理反思与制度回应》，载《法学家》2017年第5期。

营权流转形式多样，方式灵活，包括完全转移土地承包经营权的转让及互换、只转移部分权利的转包和出租、将权利转化为股份的入股，以及不转移土地承包经营权的代耕、托管等，现实情况十分复杂。采取出租方式流转而产生土地经营权的情况同样是复杂的，出租的条件、期限、双方当事人的权利义务，特别是经营权的具体内涵，都由双方当事人协商确定，不仅每一项租约各有不同，而且双方可能协商变更或者提前终止租约。目前，通过立法对双方当事人的权利义务作出全面规范的客观条件尚不成熟，强行作出统一规范，搞不好可能对实践产生不利影响，暂宜由当事人自行协商确定，待实践比较成熟时，再通过立法予以规范。不区分土地承包经营权的交易方式，将土地经营权一概视为用益物权，既缺乏法理依据，也与实践中的一些做法不符合，比如在有些情况下土地经营权人乐于采用期限较短的租赁方式。① 因为农民有理由担心，一旦农地流转出去，若在城市失去工作机会，返回农村将面临失业的困境，因而在农地承包经营权是否出租问题上存在纠结不定的心态，即使出租，往往选择更短的期限，如 3 年或 5 年，能有效降低因长期流转而无法收回农地经营权的风险。②

二是难以有针对性地满足土地经营权人的需求。第三方取得土地经营权的情形不同，物权化的需求也不同。有些第三方为实现规模经营而取得土地经营权，经营规模较大，经营期限较长，融资需求很迫切，急需土地经营权物权化；有些第三方取得的土地经营权涉及的土地面积不大，经营期限不长，融资需求不强，不一定期望土地经营权物权化。

三是难以妥当地保护承包方的权益。农村土地实行"三权分置"后，承包权归农户，经营权归土地经营者，土地经营权作为用益物权，显然会弱化承包方享有的权利，实践中，土地经营权人一般都是农民合作社、家庭农场、农业企业等主体，客观上处于强势地位，容易损害承包户权益。要使农户大胆流转土地经营权而无后顾之忧，前提条件是必须切实保障农户对承包土地的合法权利。③ 因此，有学者提出，要注意防止经营权一权

---

① 杨一介：《论"三权分置"背景下的家庭承包经营制度》，载《中国农村观察》2018 年第 5 期。

② 白昌前：《农村土地经营权实现法律保障研究》，法律出版社 2020 年版，第 32 页。

③ 陈锡文：《加快构建新型农业经营体系》，载《〈中共中央关于全面深化改革若干重大问题的决定〉（辅导读本）》，人民出版社 2013 年版，第 192 页。

独大，符号化所有权，虚化承包权。特别是承包权与经营权的分离是平等市场主体之间的利益博弈，权利主体之间的利益冲突势必更加激烈，要防范经营权一权独大，进而吞噬承包权和所有权的风险。[①] 从法源上讲，土地经营权是土地承包经营权分离出来的，若对土地经营权赋权过多，势必会削弱承包权的权能。[②] 同时，随着种地收入在农户家庭收入中所占比例不断降低，土地的财产价值不断上升，许多农户本来就抱有宁可抛荒、不愿流转的心理，如果过分强化经营者的经营权，可能抑制承包方的流转愿望。实践中，土地承包经营权流转的受让方通常都具有较强的经济实力，与承包户相比居于优势地位，承包户更有可能因为担心经营者权利过于强大，干脆直接拒绝流转土地经营权。20世纪中叶在日本就曾经出现过这种状况。而且，日本、韩国、我国台湾地区的情况表明，大多数小农户在获准出售、出租土地后反响并不积极，他们即使就业和收入高度非农化，也宁愿土地抛荒而不愿出售或出租，意在坐等土地升值，结果陷入流不动的僵局。[③]

　　为了不违背"一物一权"原则，有学者把土地经营权看成是一种权利用益物权，以土地承包经营权为标的，而土地承包经营权则以土地为标的，从而回避了"一物二权"的争议，但这样解释不仅面临上述现实困难，而且创设了一种新权利类型，权利用益物权作为一种纯粹概念上的权利，会导致农村土地权利体系更抽象、更复杂，很难让广大农民群众理解和接受。而且，针对农村土地创设这种新型用益物权也容易引起争议，可能给物权法律体系带来新问题。例如，国有土地使用权可否创设权利用益物权，物权法律体系是否需要新设一种权利用益物权，用益物权人、权利用益物权人、第三人之间权利如何对抗、平衡等。在物权法律体系尚未确定是否有必要新增一种抽象权利且采取其他方式完全能够对"三权分置"下的土地经营权作出合理解释的情况下，似乎没有必要急于针对农村土地创设权利用益物权这样一种高度抽象、复杂且难以理解和接受的新权利类

---

　　① 潘俊：《新型农地产权权能构造——基于农村土地所有权、承包权和经营权的权利体系》，载《求实》2015年第3期；张力、郑志峰：《推进农村土地承包权与经营权再分离的法制构造研究》，载《农业经济问题》2015年第1期。

　　② 房绍坤主编：《承包地"三权分置"的法律表达与实效考察》，中国人民大学出版社2018年版，第319—320页。

　　③ 叶兴庆：《集体所有制下农用地的产权重构》，载《毛泽东邓小平理论研究》2015年第2期。

型。随着物权法律体系的发展和完善，今后如果确有必要创设新型的权利用益物权或者不动产权利用益物权，再统一考虑农村土地权利用益物权问题，似乎更为妥当。①

其三，土地经营权的物权化对待。

土地经营权作为单纯的债权或者用益物权，都面临难以解决的理论和现实问题。根据现行法律有关规定，结合土地承包经营权的发展演化过程来看，比较现实的办法是，按照物权法理和现行农村土地法律制度有关规定，将土地承包经营权派生的土地经营权看成债权，同时，基于现实的迫切需要，在某些方面对土地经营权实行物权化对待。

确定土地经营权的法律性质既是法律理论问题，也是立法政策选择问题，既要符合法理，更要解决实际问题。通过流转取得土地经营权的经营者面临三个突出问题：一是对土地经营权缺乏安全感，依现行法律规定，土地经营权不能申请登记颁证予以确权，经营者不放心，金融机构也不接受作为融资的担保物；二是担心土地经营权遭到承包方不正当干涉，例如承包方因对租金不满等原因，违约随意收回土地经营权；三是期望以土地经营权担保融资，经营者的经营规模大、资金需求多，迫切希望以土地经营权作为担保向金融机构融资。

为解决这些问题，可以明确土地经营权的债权性质，同时采取某些物权性措施：（1）土地经营权可以登记，并由登记机关颁发证书，确认经营者的土地权利；（2）经营权人可以凭证书向金融机构担保融资；（3）明确依法平等地保护经营权人的土地经营权，土地所有权人、土地承包经营权人依法履行相应义务，不得妨害土地经营权人正常行使权利。

因此，确认土地经营权的债权性质，同时实行物权化对待，可以说是现实情况下的优化选择，因为这样做不仅能够顺利融入土地法律制度，适应土地权利分置的逻辑，而且符合许多国家出现的债权物权化的趋势，同时还为今后的发展预留了空间。具体来说：

第一，能够顺利融入现行法律制度。土地经营权的债权定性，是按照现行有关法律规定和物权法理推导出的自然结果，能够实现法律制度的顺利衔接和融入，对土地经营权实行债权化管理，并采取必要措施解决实践

---

① 还有学者主张，土地经营权是作为用益物权的土地承包经营权派生出来的次级用益物权，同样也面临上述问题，不再赘述。

中的问题，在某些方面实行物权化对待，并不影响法律制度体系，不会给现行农村土地法律制度和政策带来新的矛盾和问题。

第二，适应土地权利分置的理论逻辑和实践路径。农村改革以来，土地政策的理论逻辑是土地权利的分离，其实践路径是：在坚持农村土地集体所有权的前提下，由土地所有权派生出土地承包经营权，实现"两权分离"，调动了广大农民的积极性；"三权分置"遵循同样的理论逻辑和实践路径，在"两权分离"的基础上，由土地承包经营权派生出土地经营权，实现所有权、土地承包权、土地经营权的"三权分置"，促进土地规模经营和现代农业发展。

第三，为土地经营权未来发展预留空间。依现行法律将经营权定性为债权，在策略上是稳妥的，既维护现行法律制度的稳定性，也为未来发展提供了可能。一方面，债权性质的经营权主体不受集体经济组织成员身份的限制，使土地权利在一定程度上脱离身份约束实行市场化流转，为推进土地规模经营、建设现代农业提供了基础；另一方面，随着经济社会发展和农村土地制度不断完善，遵循土地承包经营权物权化的路径，土地经营权今后也有可能逐渐充实并且发展成为用益物权。将一项权利塑造为物权还是债权，有人为处理的因素，出于某种需要，完全可以将原本的债权塑造为一项物权。① 改革开放以来，农村土地承包经营权就是从债权性质逐渐演变成为用益物权的，土地经营权可能遵循相同的演进路径。

第四，符合租赁权物权化的发展趋势。现代社会里土地租赁权的物权化是普遍现象，英国历史上就将租赁地产权视为法定地产权，如同自由保有地产权一样可以登记，并同样受到保护。大陆法系国家在第二次世界大战以后，普遍实行租赁权的物权化。德国、法国、瑞士、日本等国家的民法，依照传统都将租赁权规定为债权，但基于经济社会发展变化，迫于土地利用的现实压力，无一例外地对租赁权实行物权化，赋予租赁权对抗效力，并且普遍确立"买卖不破坏租赁"的法律规则，即租赁权不受土地所有权交易的影响，使承租人甚至可以对抗土地所有权人；同时稳定租赁权，限制甚至禁止出租人随意终止租赁。

---

① 朱继胜：《"三权分置"下土地经营权的物权塑造》，载《北方法学》2017 年第 2 期。

第三节 农村土地"三权分置"的法律表达

一、"三权分置"的法律表达应当遵循的原则

如何在法律上表达"三权分置",是进一步落实和推进"三权分置"的关键。目前,各方面对"三权分置"的含义、"三权"如何分置,特别是承包权、经营权的性质和内容,都存在不同认识,对于如何通过法律来体现"三权分置",同样存在认识分歧。这些分歧的一个重要原因是,各方面的表达缺乏统一的认识基础。在法律上表达"三权分置"首先需要确定一些基本原则作为基础,才能统一认识。立足于实践经验、现行政策和法律规范,"三权分置"的法律表达应当遵循以下三个原则。

(一)严守三条底线

农村土地制度是农村最重要的制度安排,直接关系到广大农民权益保护、新型工农城乡关系构建、社会和谐稳定大局。农村土地制度改革不仅是一个经济问题,更是一个重大的政治问题。由于历史和现实的原因,农村土地制度改革涉及的各方面利益和利益主体非常复杂,为确保改革稳步有序推进,中央明确提出,农村土地制度改革必须守住三条底线,即土地公有制性质不改变、耕地红线不突破、农民利益不受损这三条底线。[①] 这是确保改革顺利进行的客观要求和政治保障。农村土地"三权分置"作为农村土地制度改革的一个重要方面,当然也不能突破这三条底线。

一是不改变土地公有制性质。我国宪法明确规定,我国社会主义经济制度的基础是生产资料的社会主义公有制,即全民所有制和劳动群众集体所有制。土地管理法第 2 条第 1 款规定,中华人民共和国实行土地的社会主义公有制,即全民所有制和劳动群众集体所有制。农村土地集体所有,保障了农民平等享有土地这个最主要的农业生产资料,而且有效地满足了农民最基本的生活和居住需要,是实现农民共同富裕的制度保障,也是中国特色社会主义的重要制度特征。按照"重大改革要于法有据"的要求,农村土地制度改革必须遵从宪法和土地管理法关于农村土地所有制的规

---

① 韩俊:《农村土地制度改革须守住三条底线》,载《人民日报》2015 年 1 月 29 日,第 7 版。

定，不得改变土地公有制性质，不得破坏、损害农村土地集体所有制，更不能把农村土地集体所有制改垮了。

二是耕地红线不突破。我国耕地数量不足，总体质量不高，人均占有耕地数量少，而且，随着工业化、城镇化深入推进，各种建设占用土地越来越多，以有限的耕地满足粮食和重要农产品需求的压力很大，耕地减少太多，可能会危及国家粮食安全，甚至影响社会稳定。耕地保护事关国家安全和民族复兴，农村土地制度改革必须守住耕地红线不能突破的底线，不能把耕地改少了，这是确保我国这样一个人口大国的粮食基本自给、福及子孙后代的大事。

三是农民利益不受损。维护广大农民的土地权益是农村土地制度改革的根本出发点，任何土地改革措施都不能损害农民的利益。维护农民利益，保护广大农民已经获得的利益不因新的改革措施而遭受损失是首要问题。就此而论，农地权利制度改革不能忽略甚至削弱农民因土地承包经营权取得的既得利益，这是一条政治伦理底线。① 因此，农村土地制度改革措施都必须以农民已经取得的土地权益作为基础，只能维护、不能损害农民利益。

（二）以必要的最小法律变动达到目的

农村土地"三权分置"经过多年实践探索，不少地方已经基本形成"三权分置"格局，这些实践探索得到政策认可，中央总结实践经验制定《关于完善农村土地所有权承包权经营权分置办法的意见》，要求各地推进"三权分置"。当前的主要任务是研究如何在法律上表达"三权分置"，使"三权分置"实践圆顺地纳入法律，不是要脱离现行法律和"三权分置"实践另行确立新法律规范。因此，应当以尽可能小的法律变动，实现"三权分置"的法律化、规范化。

而且，由于农民的文化素质普遍不高，农村宣传普及法律成本高，见效慢，涉及农业农村的法律制度应当尽可能保持稳定，不宜轻易对现行有关法律制度作出重大修改。"三权分置"是在"两权分离"基础上发展起来的，法律对"两权分离"已有明确规定，可以在此基础上完善相关法律规定，落实和体现"三权分置"的具体要求。

---

① 陈锡文：《应准确把握农村土地制度改革新部署》，载《中国党政干部论坛》2014 年第 1 期。

（三）从实际出发，统筹考虑、整体设计、全面规范农村土地承包关系

实践中，农村土地承包情况非常复杂，因为农村土地的范围比较广泛，既包括实行家庭承包的耕地、林地和草地，以及采取招标、拍卖、公开协商等方式承包的"四荒"土地，还包括以其他灵活的方式承包的果园、水塘、小块荒地等零星土地，实行"三权分置"后，需要统筹考虑有关农村土地承包的法律规范，搞好衔接和协调，整体设计，全面规范。例如，在着重规范家庭承包的同时，对其他方式承包统一进行规范。而且，"三权分置"下对承包地的法律规范，还必须与农村土地制度改革的其他内容（如农村建设用地、宅基地制度改革）以及农村集体产权制度改革统筹协调，既保持现行法律规范的一致性，同时为下一步发展和改革留下空间。

二、"三权分置"法律表达的具体设计

按照上述原则，可以对"三权分置"进行如下制度设计：

（一）关于农村土地集体所有权

现行法律有关集体土地所有权的规定，以及农民集体作为土地所有权主体、农村集体经济组织作为集体土地承包的发包方的规定，继续维持不变，同时适当充实、完善土地所有权的内容。

坚持农村土地集体所有不仅具有完善农村土地法律制度的法律意义，而且具有重要的政治和社会意义。从政治上看，农村土地集体所有制是社会主义土地公有制的重要组成部分，体现社会主义公有制性质，这是坚持社会主义性质的基本要求，是重要的政治底线，农村土地制度的任何变革，都必须把不改变农村土地集体所有制作为不可动摇的政治前提，这是坚持社会主义公有制所决定的。从经济和社会方面看，农村土地集体所有更适合建立符合国情的土地管理制度，一方面，农村土地集体所有，可以有效地控制好土地的用途，保护农地不被滥用，如果土地实行私有，就很难防止千家万户私搭乱建、随意改变土地的农业用途，进而农地的用途管制就难以实施；另一方面，农村土地集体所有也有利于在国家公共建设需要时，能够比较有效地征用土地，避免土地私有制下征用土地的麻烦、复

杂和高成本。

（二）关于农户承包权

农户承包权是集体经济组织内部的农户通过家庭承包方式取得的对承包地的占有、使用、收益的权利，依据现行法律，承包方采取家庭承包方式承包经营耕地、林地、草地而取得的具有用益物权性质的土地承包经营权，即为"三权分置"后的农户承包权，其权利内容与现行土地承包经营权基本一致。就是说，将农户家庭承包取得的土地承包经营权作为承包权，农户已经取得的土地承包权利以及依据现行法律享有的流转权利等都维持不变。

承包户亲自经营承包地，未进行流转的，其土地承包经营权（承包权）是完整的，包含但不限于现行有关法律规定的土地承包经营权的权利内容；承包户不经营承包地，流转土地经营权的，即土地承包经营权派生出土地经营权，承包户保留的土地承包权的内容，就是土地承包经营权除土地经营权以外的内容。

"三权分置"后，土地承包权的主体只能是集体经济组织内部的承包户。集体经济组织成员和农户、集体经济组织以外的单位和个人，通过其他方式承包取得的土地权利，与通过流转取得的家庭承包的土地经营权，统一归并、简化为土地经营权，根据具体情况不同，不同的土地经营权的法律性质可能是债权，也可能是用益物权。

（三）关于土地经营权

土地经营权是"三权分置"后新创设的一种权利，即承包户不亲自经营承包地，而是依法流转，在保留土地承包权的前提下，为受让方创设土地经营权。

土地经营权的主要特征是：（1）土地经营权的权利主体不受限制，可以是本集体经济组织的成员、农户，也可能是其他单位和个人。（2）土地经营权的具体内容，包含但不限于占用、耕作承包地并取得收益的权利。现阶段，土地经营权的具体权利，除法律规定的内容以外，可由双方当事人协商确定。（3）土地经营权是有期限的，期限届满或者约定的条件成就时，土地经营权归于消灭，农户的土地承包经营权归于完整。（4）土地经营权的法律性质属于债权，但实行物权化对待，主要是允许一定期限的经营权人依法取得土地经营权证书，并且可以土地经营权向金融机构担保融资。

全面考虑农村土地承包权利体系，除家庭承包，还有采取其他方式承包的其他农村土地，按照现行有关法律规定，承包"四荒"土地并经依法登记取得土地权属证书的，承包方取得用益物权性质的土地承包经营权；未经依法登记取得权属证书的，承包方取得债权性质的土地承包经营权。实行"三权分置"以后，可以将其他方式承包取得的土地权利简化为土地经营权，即采取其他方式承包时，农民集体在坚持集体土地所有权的前提下为承包方创设土地经营权，其中，承包"四荒"土地已经依法登记取得土地权利证书的，其土地经营权具有用益物权性质；承包其他土地未经依法登记取得土地权利证书的，其土地经营权具有债权性质。

据此，"三权分置"后的土地经营权有狭义与广义之分，狭义的土地经营权是指在家庭承包的土地承包经营权上创设的土地经营权，广义的土地经营权还包括采取其他方式承包的承包方直接从集体经济组织处取得的土地经营权，即直接在土地所有权上创设的土地经营权。

这样解释和表达"三权分置"的优势主要体现在如下三个方面：

其一，符合农村改革开放以来土地制度演进的实践路径。农村改革开放以来，农村土地制度的演进过程，就是在坚持土地集体所有的前提下，土地权利逐渐分离，并且由不同主体分享。坚持农村土地集体所有，实行家庭承包经营，承包户获得土地承包经营权，随着经济社会发展，土地承包经营权逐渐成为一种独立于土地所有权的土地权利，并且权利的性质逐渐从债权转变为用益物权。按照类似的演进路径，随着城镇化深入推进，为适应发展现代农业的需要，在维护农户承包权的前提下进一步分化出土地经营权，并且，土地经营权将逐渐从债权转变为用益物权。这种解释符合改革开放以来农村土地制度的演化路径。

其二，符合现阶段农村土地承包的实际。"三权分置"的难点在于如何确定农户承包权、土地经营权的法律性质和具体内容。为了放活经营权，应当将土地经营权界定为用益物权，并且丰富其权利内容；但与此同时，大国小农是我国的基本国情和农情，小农户的长期存在是一个难以改变的基本事实。目前还有相当一部分农民需要以承包地作为劳动对象和社会保障，他们即使不能、不愿亲自耕种承包地，希望暂交给他人耕种，也不愿意放弃承包权。面对这种现实，参照土地承包经营权物权化的发展过程，将承包户流转出去的土地经营权定性为债权，是稳妥且符合实际的，否则，强行规定土地经营权属于用益物权，可能引发承包户的担忧而拒绝流转，反而不利于土地经营权的形成和发展。

其三，能够以最小的法律修改解决问题，维护法律的稳定性和权威性。这样解释和表达"三权分置"，不必对现行农村土地法律制度作出重大修改，就能够实现"三权分置"的目标，有利于维护法律的稳定性和严肃性。把现行土地承包经营权当成农户承包权，符合农民已经取得的权利不受损的底线要求，让农民放心，而且也符合当前农民对土地经营权流转的理解，就是"土地交给别人种了"，土地承包权还在自己手里，必要时还可以要回承包地。由土地承包经营权派生出来的土地经营权暂定为债权性质，可以让承包户放心进行流转，不会因为担心经营权人权利太强干脆拒绝流转；同时，对土地经营权实行物权化对待，允许土地经营权人依法申请登记取得权属证书并进行担保融资，可以解决土地经营权人当前面临的突出难题，有利于稳定土地经营权人的预期，调动他们的积极性，促进适度规模经营和现代农业发展。

第四章

农村土地集体所有权

农村土地集体所有是中国特色集体所有制度的基础，农村土地的农民集体所有权是社会主义土地公有制的重要实现形式。农村土地集体所有是在中华人民共和国成立后推行农业社会主义改造的基础上形成的，农村土地实行"三权分置"的重要前提条件之一，就是不能动摇农民土地集体所有制度。农村土地"三权分置"是在土地集体所有权派生出土地承包经营权的基础上，土地承包经营权进一步派生出土地经营权，土地集体所有权是"三权分置"的根权利、源权利，因此，理解"三权分置"，必须先深入分析土地集体所有权。

第一节　农村土地集体所有权的形成和发展

农村土地集体所有权的形成经历了曲折复杂的过程，从中华人民共和国成立初期的农民土地所有权，经过保留农民土地所有权的初级合作社、部分保留农民土地所有权的高级合作社，到人民公社时期形成土地集体所有权，20世纪农村改革开放后稳定了农村集体土地所有权。

一、农村集体土地所有权的形成

中国历史上，农村土地长期实行私有制，中华人民共和国成立后，农村土地所有权制度经过曲折发展，从初期的农民土地所有权，经过农村社会主义改造过程中的初级合作社，到农村普遍实行人民公社时期，形成了农村土地集体所有权制度。

（一）中华人民共和国成立初期的农民土地所有权

在中国革命和建设过程中，农村土地问题一直都是受到高度重视的关键问题。中华人民共和国成立前的农村土地所有权形式是，大规模的地主、富农土地所有和少量的自耕农土地所有并存的局面。[①] 早在解放战争时期，1947 年 7 月 17 日到 9 月 13 日，中共中央在西柏坡召开了全国土地会议，决定在解放区进行土地改革。这次会议制定的《中国土地法大纲》明确提出：废除封建性及半封建性剥削的土地制度，实行耕者有其田的土地制度；废除一切地主的土地所有权；按农村人口平均分配土地。这种土地政策极大地激发了广大贫苦农民的革命和生产积极性，为保卫胜利果实，翻身农民踊跃参军，积极支援前线，农民的支持成为解放战争迅速取得胜利的一个可靠保证。

1949 年 9 月 29 日中国人民政治协商会议第一届全体会议通过的《中国人民政治协商会议共同纲领》（以下简称《共同纲领》），在中华人民共和国成立初期到 1954 年颁布宪法之前，实际上起到临时宪法的作用。《共同纲领》第 3 条中规定：有步骤地将封建半封建的土地所有制改变为农民的土地所有制。第 27 条中更具体地规定：凡已实行土地改革的地区，必须保护农民已得土地的所有权；凡尚未实行土地改革的地区，必须发动农民群众，建立农民团体，经过清除土匪恶霸、减租减息和分配土地等步骤，实现耕者有其田。显然，《共同纲领》确定的土地所有制度目标是实行农民土地所有制。

中华人民共和国成立后，1950 年 6 月颁布《中华人民共和国土地改革法》，其中第 1 条就明确规定：废除地主阶级封建剥削的土地所有制，实行农民的土地所有制，借以解放农村生产力，发展农业生产，为新中国的工业化开辟道路。该法还进一步规定：没收地主的土地，征收祠堂、庙宇、寺院、教堂、学校和团体在农村中的土地及其他公地。所有没收和征收得来的土地和其他生产材料，除依法收归国家所有的外，应统一地、公平合理地分配给无地少地的贫苦农民所有。

根据这些法律规定，中华人民共和国成立后就推行土地改革，实行农民的土地所有制，实现耕者有其田。到 1953 年底，全国的土地改革基本完成，没收和征收地主的土地分配给穷苦农民，彻底废除了封建剥削的土地制度，从根本上改变了封建土地占有关系。土地改革共没收征收地主的土

---

① 赵阳：《共有与私用：中国农地产权制度的经济学分析》，生活·读书·新知三联书店 2007 年版，第 45 页。

地约 7 亿亩，分配给 3 亿多无地或少地的农民，有 60%—70% 的无地或少地的农民无偿地获得了土地及其他生产资料，广大农民成为土地的主人，在政治上、经济上翻了身。① 土地改革前，占农村人口 4.75% 的地主占有 38.28% 的土地；经过土地改革后，地主的土地所占比重只有 2.2%；贫雇农的土地所占比重达到 47.1%，中农的土地占 44.3%，富农占 6.4%。土地改革彻底废除了封建土地制度，实现了劳动农民的土地所有制。② 土地改革彻底改变了农村的生产关系，大大解放了农村生产力，农业生产活动迅速恢复和发展，为国家的工业化建设准备了条件。

在这一阶段，农民享有土地所有权，并且一般亲自经营土地，土地所有权关系体现为私人所有，私人占有，私人经营。

（二）互助合作与初级农业生产合作社时期

中华人民共和国成立前，在陕甘宁边区和解放区就大规模地开展了农业合作生产运动。一些革命老区率先进行土地改革后，为了解决部分农民缺少劳动力、农机具的问题，开始成立互助组。1949 年 9 月 29 日通过的《共同纲领》提出，在一切已经彻底实现土地改革的地区，人民政府应组织农民及一切可以从事农业的劳动力以发展农业生产及其副业为中心任务，并应引导农民逐步地按照自愿和互利的原则，组织各种形式的劳动互助和生产合作。

随着中华人民共和国成立，农业生产逐步恢复到战前水平，劳动互助组已经不能激发农民发展生产的热情，山西省委建议试办农业生产合作社。这一做法得到毛泽东同志的支持。1951 年 9 月，中共中央召开互助合作会议，随后通过了《关于农业生产互助合作的决议（草案）》，要求将农民互助合作当成一件大事组织实施。

1953 年春土地改革基本完成，农村社会趋于稳定，农业生产迅速恢复，但很快又出现农户间两极分化的趋势，小部分经济上升较快的农户开始买地、雇工、扩大经营，另一部分因种种原因变得生活困难的农户开始卖地、借债和受雇于他人。这种两极分化现象表明，防止历史上反复发生

---

① 胡绳主编：《中国共产党的七十年》，中共党史出版社 1991 年版，第 295 页。

② 同时，土地改革还没收地主的耕畜 296 万多头、农具 3944 万多件、房屋 3795 万多间分给贫雇农，在一定程度上缓解了贫雇农生产资料和生活资料不足的问题。参见王贵宸编著：《中国农村合作经济史》，山西经济出版社 2006 年版，第 75—76 页。

的土地所有权从平均化到兼并、形成大地主的轮回，是新生的人民政权必须面临的一个现实问题。① 因此，国家推行互助组和初级农业生产合作社，实现国家对农业的社会主义改造。

1953年2月15日，中共中央正式通过《关于农业生产互助合作的决议》，要求发展临时互助组、常年互助组、以土地入股为特点的农业生产合作社三种形式的互助合作。其中的农业生产合作社建立在私有财产的基础上，农民享有土地和其他生产资料的私有权，并且按照入股的土地分配一定的收获量，同时，统一使用土地，合理使用工具、共同劳动，实行计工取酬、按劳分红。因此，决议指出，农业生产合作社虽然是互助运动在现在出现的高级形式，但是比起完全的社会主义的集体农庄，还是比较低级的形式，因此，它只是走向社会主义农业的过渡形式。

1953年12月中共中央通过《关于发展农业生产合作社的决议》，肯定《关于农业生产互助合作的决议》及其实施成效，提出了办好农业生产合作社性必须注意做好的主要工作，即努力增加生产，逐步改善管理，实行合理分配，增加了保障社员权益的规定，包括增加社员收入，实行灵活多样的分配制度，公共财产和公积金、公益金的积累必须坚持社员自愿等。

1955年11月全国人大常委会通过《农业生产合作社示范章程草案》，其中第1条中就明确规定：农业生产合作社是劳动农民的集体经济组织，它统一地使用社员的土地、耕畜、农具等主要生产资料，并且逐步地把这些生产资料公有化；它组织社员进行共同劳动，统一地分配社员的共同劳动成果。第3条进一步指出，农业生产合作化的发展分为初级和高级两个阶段，初级阶段的合作社属于半社会主义性质，在这个阶段，合作社已经有一部分公有的生产资料；对于社员交来统一使用的土地和别的生产资料，在一定的期间还保留社员的所有权，并且给社员以适当的报酬。

根据这个章程的规定，农业生产合作社的土地所有权关系是：（1）土地所有权仍归社员个人所有，但是交由农业生产合作社统一使用，即土地的使用权和经营权由合作社统一行使；（2）社员私有的生产资料和零星的树木、家禽、家畜、小农具、经营家庭副业所需要的工具，仍属于社员所有，都不入社；（3）在农业生产合作社的初级阶段，合作社按照社员入社

---

① 陈锡文等：《中国农村制度变迁60年》，人民出版社2009年版，第10—11页。

土地的数量和质量，从每年的收入中付给社员以适当的报酬，通常应当低于劳动报酬；（4）社员有退社的自由。值得肯定的是，初级社阶段的政策适应了当时生产力的发展，农民的生产积极性提高，农业生产效率也得到较大提高。[①]

这一阶段的土地所有权关系体现为私人所有、集体占有、集体利用、统一经营，社员入社的土地可以取得一定的报酬，社员可以自愿退社并且带走他入社的土地。

（三）高级农业生产合作社

1953 年 6 月，中央政治局会议提出了过渡时期总路线，要在一个相当长的时期内逐步实现国家的社会主义工业化，并逐步实现国家对农业、手工业和资本主义工商业的社会主义改造。同年 12 月中共中央进一步明确提出，将农民在生产上逐步联合起来的具体道路是，经过简单的共同劳动的临时互助组织和在共同劳动的基础上实行某种分工分业而有某些少量公共财产的常年互助组，到实行土地入股、统一经营而有较多公共财产的农业生产合作社，到实行完全的社会主义的集体农民公有制的更高级的农业生产合作社（即集体农庄）。

随后进入高级合作社发展阶段。1956 年 1 月，毛泽东同志亲自主持编辑并加批按语的《中国农村的社会主义高潮》出版，随后在全国掀起大办高级社高潮，当年末全国已有 96.3% 的农户加入高级社，以集体土地所有制度为基础的高级社在全国范围内普遍建立起来。[②]

1956 年 6 月，第一届全国人大第三次会议通过《高级农业生产合作社示范章程》，其中第 1 条明确规定，高级农业生产合作社是劳动农民在共产党和人民政府的领导和帮助下，在自愿和互利的基础上组织起来的社会主义的集体经济组织。这就显示出与初级农业生产合作社的半社会主义性质的不同。第 2 条进一步规定，高级农业生产合作社按照社会主义的原则，把社员私有的主要生产资料转为合作社集体所有，组织集体劳动，实行"各尽所能，按劳取酬"，不分男女老少，同工同酬。具体来说，章程规定的高级农业生产合作社的土地所有权关系是：（1）社员私有的土地和耕

---

①　管洪彦：《农民集体成员权研究》，中国政法大学出版社 2013 年版，第 69 页。

②　罗平汉：《农业合作化运动史》，福建人民出版社 2004 年版，第 310 页。

畜、大型农具转归合作社集体所有；并且社员入社的土地不支付报酬，合作社实行各尽所能，按劳取酬。（2）社员私有的生产资料和零星的树木、家禽、家畜、小农具、经营家庭副业所需要的工具，仍属于社员所有，都不入社。（3）本主移居乡村或者外出的劳动力回到乡村，从事农业生产，合作社应当吸收他入社，不愿意入社的，合作社应当把原有的土地或者同等数量和质量的土地给他。（4）社员有退社的自由，社员退社时可以带走他入社的土地或者同等数量和质量的土地。

这些规定表明，在高级合作社阶段，农民私有的土地加入合作社后，成为合作社集体所有的土地，但理论上农民还有退社自由，并且在退社时有权取得入社的土地或者是同等数量和质量的土地，即入社的农民在退社时享有分割集体土地的权利。就土地所有权性质来说，可以认为，高级合作社实行的是按份共有的集体土地所有权，每个农户的份额是清楚的，并且在退社时可以要求带走他入社的土地。

这一阶段的土地所有权关系体现为集体所有、集体占有、集体经营，并且集体行使所有权，社员可以退出并要求带走他入社的土地。

高级社是以生产资料公有制为基础的社会主义性质的集体经济组织，公有化程度比初级社更高，初级社只对耕畜、大型农机具等生产资料进行收购式公有化，土地仍属于社员私有，高级社对土地实行公有化，无偿取得社员的私有土地。而且，初级社社员入社的土地可以获得一定报酬，高级社实行按劳分配，社员的土地不参与分配。社员理论上享有退社自由，并有权带走入社的土地，但实际上很难、也很少有人退社，随后的人民公社化使农民基本丧失退出自由。因此，高级社事实上废除了农民的土地所有权，建立高级社集体土地所有权，这是形成集体土地所有权的一个新起点。有学者认为，初级社是以生产资料私有制为基础的合作经济组织，高级社是以生产资料公有制度为基础的集体经济组织。① 因此，高级社的建立是我国农村合作社经济与集体经济相区别的重要分界线。② 有学者甚至认为，高级社确立了土地集体所有，具有了完全社会主义性质，是农业社会主义改造完成的标志。③

---

① 祝之舟：《农村集体土地统一经营法律制度研究》，中国政法大学出版社2014年版，第35页。
② 温铁军：《"三农"问题与制度变迁》，中国经济出版社2009年版，第207页。
③ 孟勤国等：《中国农村土地流转问题研究》，法律出版社2009年版，第33页。

（四）人民公社时期的农村土地集体所有权

1958 年 8 月，中共中央通过《关于在农村建立人民公社问题的决议》。决议指出，人民公社是形势发展的必然趋势，在目前形势下，建立农林牧副渔全面发展、工农商学兵互相结合的人民公社，是指导农民加速社会主义建设，提前建成社会主义并逐步过渡到共产主义所必须采取的基本方针。随后，全国普遍推行"一大二公"的人民公社，其基本形式是"一平二调三收款"，[①] 即在公社范围内实行贫富拉平平均分配；县、社两级无偿调走生产队（包括社员个人）的某些财物；银行收回过去发放的贷款。

人民公社是在高级社的基础上发展起来的新社会组织。成立人民公社不仅要求生产资料公有化，而且生活资料也公有化。当时作为全国人民公社样板的《嵖岈山卫星人民公社试行简章（草案）》第 4 条、第 5 条中规定，根据共产主义大协作的精神，应将包括土地在内的一切公有财产交给公社，多者不退，少者不补。在已经基本上实现了生产资料公有化的基础上，社员转入公社应该交出自留地，并且将私有的房基、牲畜、林木等生产资料转为全社公有，但可以留下小量的家畜和家禽归个人所有。第 4 条还规定，社员迁出或者死亡的，不能抽走股份基金。

与农业生产合作社不同，人民公社实行国家在农村的基层政权机构与公社的管理机构合一，即通常所说的"政社合一"。1961 年 6 月发布的《农村人民公社工作条例（修正草案）》第 1 条就明确指出，农村人民公社是政社合一的组织，是我国社会主义社会在农村中的基层单位，又是我国社会主义政权在农村中的基层单位。这种政社合一体制导致社员失去了退社自由，因为人民公社不仅是一个纯粹的合作经济组织。人民公社在组织生产的同时又组织生活，实行国家在农村的基层政权机构和公社的管理机构合一，这些都是高级农业生产合作社所没有的。[②] 社员入社的土地变成公社集体所有，而且这种集体所有不同于合作社的按份共有，而是一种模糊的集体所有，农民入社的土地既不能取得报酬，农民的土地份额也不明确。社员不能自由退社，也就不存在退社时带走自己土地的可能。

人民公社的集体土地实行"三级所有"。1958 年 12 月党的八届六中全

---

① 薄一波：《若干重大决策与事件的回顾》（下），中共党史出版社 2008 年版，第 532 页。
② 程雪阳：《地权的秘密：土地改革深度观察》，上海三联书店 2015 年版，第 183 页。

会通过的《关于人民公社若干问题的决议》规定：人民公社应当实行统一领导、分级管理制度，一般可以分为公社管理委员会、生产队（即基本核算单位）、生产小队（即组织劳动的基本单位）三级。由于生产单位与核算单位不一致，容易产生平均主义、大锅饭等问题，难以调动农民生产积极性。因此，1962 年 2 月中央专门发出《关于改变农村人民公社基本核算单位问题的指示》，明确人民公社集体经济以生产小队为基本核算单位。同年 9 月党的八届十中全会通过的《农村人民公社工作条例修正草案》（以《人民公社六十条》而著称）进一步规定，根据各地方不同情况，人民公社的组织可以是两级，即公社和生产队；也可以是三级，即公社、生产大队和生产队。人民公社的基本核算单位是生产队，生产队实行独立核算，自负盈亏，直接组织生产和收益分配。生产队范围内的土地都归生产队所有，生产队所有的土地，包括社员的自留地、自留山、宅基地等，一律不准出租和买卖。集体所有的山林、水面和草原，凡是归生产队所有比较有利的，都归生产队所有。生产队所有的土地，不经过县级以上人民委员会审查和批准，任何单位和个人不得占用。这里的生产队实际是指生产小队。

人民公社时期集体土地所有权以基本核算单位为基础划定，分为三种情形：（1）以生产小队为基本核算单位，在全国超过 90%。这种情形下，绝大多数土地属于生产小队所有，但生产小队所在的生产大队和人民公社也拥有少量土地。（2）以生产大队为基本核算单位，这种情况不超过 10%。这种情形下已不存在生产小队，绝大多数土地属于生产大队所有，但生产大队所在的人民公社也拥有少量土地。（3）完全以人民公社为基本核算单位，这种情况很少见，因为当时全国只有几十家人民公社以公社为基本核算单位。这种情形下，生产小队和生产大队都不复存在，土地完全属于人民公社所有。①

这一阶段的土地所有权关系是集体所有、集体占有、集体经营，并由集体行使所有权。需要指出，人民公社时期的集体所有权是受到严重限制的不完全的集体所有权，因为生产队必须按照国家指令性计划组织农业生产经营活动，要服从公社的指挥和管理，不能自主决定种植的作物和开展

---

① 佟绍伟：《加强集体土地权利制度建设　推进农村土地制度改革》，载《行政管理改革》2015 年第 6 期。

经营活动，没有生产经营自主权；而且国家实行农产品统购统销政策，在很大程度上剥夺了农业生产经营的收益，因此，生产队的集体土地所有权是不完全的所有权，作为所有权主体的生产队并不能自主地行使集体土地所有权。[①]

二、农村土地集体所有权的发展

农村改革后，在坚持农村土地集体所有的前提下，普遍实行家庭承包经营，形成农村土地集体所有、农户承包经营的局面，并发展成为农村基本经营制度。

（一）人民公社体制改革与政社分设

1978 年实行农村改革后，全国绝大部分农村地区逐步实行包产到户和包干到户。1983 年中央一号文件《当前农村经济政策的若干问题》提出，要从两个方面对人民公社的体制进行改革，即实行生产责任制特别是联产承包责任制，实行政社分设。文件明确要求，保留基本核算单位，作为地区性合作经济组织，其名称、规模和管理机构的设置由群众民主决定，负责管理集体的土地等基本生产资料和其他财产；原来的公社一级和非基本核算单位的大队是取消还是作为经济联合组织保留下来，应根据具体情况，与群众商定。

同年 10 月，中共中央、国务院发布《关于实行政社分开建立乡政府的通知》，要求以原公社的管辖范围为基础设立乡镇政权组织；根据村民居住情况设立村民委员会，办理本村公共事务，协助乡政府搞好本村行政工作和生产建设工作；有些以自然村为单位建立了农业合作社等经济组织的地方，当地群众愿意实行"两个机构一套班子"，兼行经济组织和村民委员会的职能，也可同意试行。

1984 年中央一号文件进一步要求，政社分设后，农村经济组织应当根据生产发展的需要，在群众自愿基础上设置，形式与规模可以多种多样。为了完善统一经营和分散经营相结合的体制，一般应设置以土地公有为基础的地区性合作经济组织。这种组织，可以叫农业合作社、经济联合社或群众选定的其他名称；可以以村（大队或联队）为范围设置，也可以以生

---

① 董景山：《农村集体土地所有权行使模式研究》，法律出版社 2012 年版，第 60 页。

产队为单位设置；可以同村民委员会分立，也可以一套班子两块牌子。以村为范围设置的，原生产队的资产不得平调，债权、债务要妥善处理。原公社一级已经形成经济实体的，应充分发挥其经济组织的作用；公社经济力量薄弱的，可以根据具体情况和群众意愿，建立不同形式的经济联合组织或协调服务组织；没有条件的地方也可以不设置。这些组织对地区性合作经济组织和其他专业合作经济组织，是平等互利或协调指导的关系，不再是行政隶属和逐级过渡的关系。

随后，人民公社普遍改为乡（镇），主要作为基层地方政府行使行政管理权，原来的生产大队普遍改为村、生产队普遍改为村民小组。改制后，在一些经济发达地区，乡镇一级除设立乡镇人民政府，还设有乡镇经济联合总社、农工商总公司等集体经济组织行使经济管理职能；村一级成立村民委员会，还设立村经济合作社联社等集体经济组织；村民小组也设有经济合作社。但是，在全国许多地区，村一级只有村民委员会，未设立村经济合作社联社等集体经济组织，村民小组一级也没有设立经济合作社等集体经济组织。

（二）农村土地集体所有、农户承包经营

政企分设后土地所有权关系并未发生重大变化，原属于生产大队所有的土地仍然归改名后的村农民集体所有，原归生产队所有的土地仍然归改名后的村民小组农民集体所有。

1986 年 4 月通过的民法通则第 74 条中规定：劳动群众集体组织的财产属于劳动群众集体所有。集体所有的土地依照法律属于村农民集体所有，由村农业生产合作社等农业集体经济组织或者村民委员会经营、管理。已经属于乡（镇）农民集体经济组织所有的，可以属于乡（镇）农民集体所有。同年 6 月通过的土地管理法第 8 条规定：集体所有的土地依照法律属于村农民集体所有，由村农业生产合作社等农业集体经济组织或者村民委员会经营、管理。已经属于乡（镇）农民集体经济组织所有的，可以属于乡（镇）农民集体所有。村农民集体所有的土地已经分别属于村内两个以上农业集体经济组织所有的，可以属于各该农业集体经济组织的农民集体所有。

实行联产承包责任制以后，农村土地集体所有没有变，但实行土地承包经营制度，集体所有的土地由农民集体内部的农户承包经营，而且承包户获得了越来越多的土地权利，这些权利越来越具有独立性和对抗性，因此，在坚持农村土地集体所有的前提下，逐渐形成了土地集体所有、家庭承包经营的局面，农村土地由原来的集体所有、集体经营，集体统一行使所有权，发展成为集体所有、农户承包经营，农户对承包地享有土地承包经营权。而且，土地承包经营权的内容日益丰富，独立性不断增加，最终成为一种独立于土地所有权而存在的用益物权，这是集体土地所有权制度在实行家庭承包经营制度后的新发展。

第二节　农村土地集体所有权的权利主体与行使主体

按照现行有关法律规定，论及农村土地集体所有权主体，必须区分集体土地所有权的权利主体与行使主体，就是要区分所有权人（所有权主体）与代表所有权人行使所有权的人（所有权行使主体），前者依法享有农村土地所有权，后者依法行使农村土地所有权。这一点与土地私人所有权不同，因为私人土地所有者通常会亲自行使或指定他人代为行使土地所有权。基于农村土地集体所有权的特殊性，法律直接规定了所有权行使主体。

一、农村土地集体所有权的权利主体

农村实行家庭承包责任制以后，1982 年宪法首次明确了农村土地集体所有，其中第 10 条中规定：农村和城市郊区的土地，除由法律规定属于国家所有的以外，属于集体所有。随后，1986 年制定的民法通则第 74 条第 2 款和土地管理法第 8 条第 1 款均对集体土地所有权作了基本相同的规定，其中分别使用了集体所有、农民集体所有、农民集体经济组织所有的表述，1998 年修订的土地管理法统一使用"农村集体经济组织"和"农民集体所有"的概念，其中第 10 条明确规定：农民集体所有的土地依法属于村农民集体所有的，由村集体经济组织或者村民委员会经营、管理；已经分别属于村内两个以上农村集体经济组织的农民集体所有的，由村内各该农村集体经济组织或者村民小组经营、管理；已经属于乡（镇）农民集体所有的，由乡（镇）农村集体经济组织经营、管理。2007 年通过的物权法进一步将农民集体所有明确为本集体成员集体所有，该法第 59 条第 1 款

规定：农民集体所有的不动产和动产，属于本集体成员集体所有。民法典确认了这一规定。①

据此，农村集体土地属于农民集体所有，严格地说，是属于本集体成员集体所有。具体来说，农村集体土地所有权的权利主体包括乡镇农民集体、村农民集体、村内集体经济组织农民集体，分别由各自范围内的全体成员组成。法律规定农村集体土地所有权主体是农民集体，不仅确认了农民集体的土地权利，排除了其他人的集体土地所有权，而且，更重要的是明确了农村集体土地属于一定范围内的农民集体所有，不属于农民集体成员个人所有，因此，成员个人不能作为土地所有者直接行使集体土地所有权。这是集体土地所有权的一个重要特征，集体土地所有权在实践运行中出现的一些问题与对此认识不清密切相关。

作为农村集体土地所有者的农民集体是一个抽象概念，是指一定农村社区范围内的全部成员构成的整体，这些成员基于历史、血缘、婚姻等社会关系，长期确立了一定地域范围内具有共生性质的关系，形成典型的村落社区。中国乡土社区的单位是村落，从三家村起可以到几千户的大村。②这种农村社区与土地密切相关，一般是以土地的地域作为区别农村社区的边界。③ 一定农村社区范围内的全体农民构成该社区的农民集体，集体地享有该社区范围内的农村土地所有权。由此，特定村民小组范围内的全体农民构成该村民小组农民集体，特定村范围内的全体农民构成该村农民集体，特定乡镇范围的全体农民构成该乡镇农民集体。这些农民集体既有确定性，又有动态变化。所谓确定性，是指在任意的特定时间，该集体的成员是确定或者可以确定的；所谓动态变化，是指在不同的时间，集体的成员可能有所变动，原有成员可能因死亡等原因而退出，同时也可能因为新人口出生、婚姻等增加新成员。因此，在某个特定时间某农民集体的成员

---

① 事实上，农民对土地所有权的含义及归属的看法，可能不仅与法律规定不完全一致，而且与法学理论也有不同。有学者实地考察发现，有的村庄在村规民约第 1 条就明确规定：土地是国家的，属集体所有管理使用，农户不允许在承包地上取土、建房、挪作他用，违反者后果自负。表面看来这显然自相矛盾，但学者解释认为，在农民看来，它形成了一种农户、集体、国家的差序格局的整体关系，国家是虚化的最终所有者，土地的具体所有、管理和使用则属于集体。参见朱晓阳：《"彻底解释"农民的地权观》，载苏力主编：《法律和社会科学》（第八卷），法律出版社 2011 年版，第 41 页。

② 费孝通：《乡土中国》，北京大学出版社 2012 年版，第 13 页。

③ 董景山：《农村集体土地所有权行使模式研究》，法律出版社 2012 年版，第 88 页。

可能是 100 人，但在一年甚至一个月后可能变成 102 人或者 99 人，但在任意特定的时间，集体的成员是确定的。

依法律规定，农村集体土地所有权的权利主体分别是乡镇农民集体、村农民集体、村内农民集体经济组织（即村民小组）农民集体。现实中，由于历史原因，乡镇农民集体所有的土地并不多见，主要是农村改革前人民公社的农场、苗圃、良种场等占用的土地，人民公社解体后，大部分地方并未成立乡镇农民集体经济组织，这些土地通常也没有实行家庭承包；而且，乡镇的地域范围一般比较大，确定乡镇农民集体的全部成员往往比较困难，因此，农民集体所有的土地主要是指村集体经济组织、村内集体经济组织的成员集体所有，很少涉及乡镇农民集体所有。根据原国土资源部 1997 年 7 月对河南、湖北、辽宁、内蒙古、江苏、浙江、广东、重庆、甘肃 9 省（区、市）的调查显示，按土地面积来说，乡镇、村、村民小组农民集体所有的土地所占有的比例分别大约是 1%、9% 和 90%。[①]

对于抽象的农民集体，局外人可能感到模糊不清，不少学者因此批评农村集体土地所有权主体缺位、虚位。但是，正如学者指出的，不管是否承认，一个主要以社区土地集体所有而联系起来的相对稳定而又动态变化的农民集体是客观存在的。[②] 每个农民都清楚地知道自己属于哪个集体（村、村民小组，或者按照农民自己的话来说，是哪个大队、小队的）。类似地，法律虽然没有明确规定集体经济组织成员的资格条件，但现实中绝大部分农民很容易确认某个特定的人是不是本集体成员。

二、农村集体土地所有权的行使主体

1998 年修订的土地管理法第 10 条规定了集体土地所有权的行使主体，后于物权法第 60 条原则性地加以确认，法律规定：属于村农民集体所有的，由村集体经济组织或者村民委员会代表集体行使所有权。农业法第 10 条规定：农村集体经济组织应当在家庭承包经营的基础上，依法管理集体资产，为其成员提供生产、技术、信息等服务，组织合理开发、利用集体资源，壮大经济实力。

---

① 沈守愚、陈利根：《土地的自然性和村民小组的主体权利辨析》，载《南京农业大学学报（社会科学版）》2007 年第 2 期。

② 董景山：《农村集体土地所有权行使模式研究》，法律出版社 2012 年版，第 89 页。

　　一般认为，农村集体经济组织是指在土地等农业基本生产资料集体所有基础上形成的，按照农民居住村落划分的社区性经济组织，包括乡镇农村集体经济组织、村集体经济组织和以村民小组为单位的村内农民集体经济组织。如前所述，农村改革推行家庭承包经营制度以后，废除了人民公社体制，全国各地普遍建立乡镇人民政府取代原来的人民公社，建立村民委员会取代原来的生产大队，但是，农村集体经济组织的重建并没有完成，虽然相当部分乡镇和村先后建立乡镇、村集体经济组织，但原先作为基础的生产队变为村民小组后，普遍未成立相应的集体经济组织。① 据原农业部统计，截至 1997 年底，全国共有社区合作经济组织 233 万个，其中乡级 3.6 万个，村级 63 万个，组级 167 万个，分别占乡级政府、村民委员会、村民小组总数的 80.5%、86% 和 31%。②

　　根据相关法律规定和农村集体经济组织现状，农村集体土地所有权的行使主体主要分为三种情况。

　　一是乡镇农民集体所有的土地，依法由乡镇农村集体经济组织经营、管理，由其作为集体土地所有权行使主体。人民公社解体后，大部分地方只设立了乡镇人民政府，未设乡镇农民集体经济组织，但在一些经济发达地区（如北京、上海）特别是城市郊区，在设立乡镇人民政府的同时，还设立了乡镇集体经济组织（如乡镇经济联社总社、乡镇农工商总公司），从全国的情况看大约只占 1%，在这些地方，乡镇农民集体所有的土地依法应当由乡镇集体经济组织经营管理，它们事实上成为乡镇农民集体土地所有权的行使主体。

　　二是村农民集体所有土地，应当由村农民集体经济组织或者村民委员会作为所有权行使主体。按照土地管理法及民法典的相关规定，根据农村基层组织的具体情况，如果村一级建立了农村集体经济组织，村农民集体所有土地的所有权应当由村农民集体经济组织行使。人民公社解体后，许多地方同时成立了村民委员会和村经济合作社等集体经济组织，村民委员会负责村民自治，按照村民委员会组织法，其职责主要是办理本村的公共

---

　　① 有学者因此提出重启 20 世纪 80 年代中断的"政社分离"改革，让户籍、乡村自治等政治问题回归政治，让集体经济真正成为建立在现代企业制度基础上的"自由人的自由经济联合"。参见程雪阳：《地权的秘密：土地改革深度观察》，上海三联书店 2015 年版，第 58 页。

　　② 温铁军：《中国农村基本经济制度研究》，中国经济出版社 2000 年版，第 379 页。

事务和公益事业，调解民间纠纷，协助维护社会治安，向人民政府反映村民的意见、要求和提出建议；村集体经济组织行使经济管理职能。因此，村集体经济组织应当是村农民集体土地所有权的行使主体。

人民公社解体后，有些地方在村一级只设立村民委员会，未成立村农民集体经济组织。为此，1987 年制定的《中华人民共和国村民委员会组织法（试行）》第 4 条第 2 款、第 3 款规定：村民委员会应当尊重集体经济组织依照法律规定独立进行经济活动的自主权，维护集体经济组织和村民、承包经营户、联户或者合伙的合法的财产权和其他合法的权利和利益。村民委员会依照法律规定，管理本村属于村农民集体所有的土地和其他财产，教育村民合理利用自然资源，保护和改善生态环境。按照这一规定，村民委员会也可以作为村农民集体所有土地所有权的行使主体。

法律之所以规定村民委员会行使集体土地所有权，是因为当时有些村集体经济组织尚未建立，如果成立了村农业集体经济组织，当然就由村农业集体经济组织经营、管理。① 1992 年 1 月 31 日，全国人大常委会法制工作委员会在《对关于村民委员会和村经济合作社的权利和关系划分的请示的答复》中就明确指出：集体所有的土地依照法律规定属于村农民集体所有的，应当由村农业生产合作社等农业集体经济组织经营、管理，没有村农业集体经济组织的，由村民委员会经营、管理。民法典第 262 条规定，村农民集体所有的土地等，由村集体经济组织或者村民委员会依法代表集体行使所有权。第 101 条第 2 款规定，未设立村集体经济组织的，村民委员会可以依法代行村集体经济组织的职能。这就明确了两者行使集体土地所有权的主次关系。②

三是村民小组农民集体所有土地的所有权，应当由村民小组集体经济组织、村民小组作为所有权行使主体。人民公社解体后，生产队（小队）作为人民公社体制下"三级所有，队为基础"的基础，改为村民小组，③其中，有些经济发达地区的村民小组成立了经济合作社等集体经济组织，

---

① 宋汝棼：《参加立法工作琐记》（上册），中国法制出版社 1994 年版，第 121 页。

② 村集体经济组织与村民委员会的关系比较复杂，有兴趣的读者可参看拙作《我国农村集体经济组织的历史沿革、基本内涵与成员确认》，载《法律适用》2021 年第 10 期。

③ 村民小组既是自治组织，也是经济组织。作为自治组织，它是村民委员会下设机构，没有独立法律地位；但作为经济组织，它是独立于村民委员会的集体财产所有权的行使主体，享有独立进行经济活动的自主权。

应当作为村民小组农民集体土地所有权的行使主体；大部分地方的村民小组没有成立集体经济组织，村民小组缺乏独立的组织机构，甚至没有印章，难以作为发包方与承包农户签订承包合同，因此，这些地方虽然可以由村民小组作为集体土地所有权的行使主体，但实践中不少地方实际由村民委员会代理作为集体土地所有权的行使主体。

农村集体经济组织、村民委员会只是农民集体土地所有权的行使主体，或称代表主体，把集体经济组织作为农村集体土地的所有权主体显然是一种误解。农村集体土地的真正权利主体是三个不同层次（即乡镇、村、村民小组）的农民集体，不是其他单位或个人。

第三节　农村土地集体所有权的特征和主要内容

一、农村土地集体所有权的特征

按照农村土地集体所有权现状，结合中华人民共和国成立以来我国农村土地集体所有权的发展和演变过程来看，农村土地集体所有权具有以下特征：

其一，权利人是构成农民集体的全体成员。农村集体土地属于一定范围的农民集体的全体农民所有，即农村集体土地所有权主体具有限定性，只能是农民集体，排除了其他任何组织和个人的所有权主体资格。农村土地只能属于一定集体经济组织范围内的农民集体所有，既不像中华人民共和国成立初期那样属于农民私人所有，也不像城市土地那样属于国家所有。除农民集体以外，其他任何组织、个人都不是农村集体土地所有权的权利主体。而且，乡镇、村、村民小组农民集体作为集体土地所有权主体，各自具有独立的法律地位，相互之间不存在支配或者依附关系，即使在村农民集体与村内的村民小组农民集体之间，也不存在隶属关系。

其二，农民集体的成员共同地、集体地享有农村集体土地所有权。即特定农村集体经济组织范围内的全体成员一起，共同享有农村集体土地所有权，该集体经济组织的单个或者部分成员不能享有农村集体土地所有权，该集体经济组织以外的农民或者其他人也不能享有农村集体土地所有权。而且，农村集体土地所有权是一种特殊的所有权，在性质上既不同于按份共有，也不同于共同共有，在农民集体存续期间，农民集体的单个或者部分成员不能要求分割集体土地所有权。

其三，权利人具有身份特征。农村集体土地所有权的权利人因其作为农村集体经济组织成员而享有农村土地所有权。一方面，集体成员具有封闭性，集体成员由特定社区的农民以土地等集体财产为纽带组成，集体成员的加入、退出有特殊程序，成员具有天然性和身份性，即成员与土地之间存在依附关系，成员的加入和退出都与土地和农民身份有关。另一方面，作为农民集体的一员享有的权利与集体经济组织成员身份紧密联系在一起，具有成员身份就可以作为农民集体的一员参与享有农村集体土地所有权，并且承担一定义务；不具有成员身份或者丧失成员身份，就不能作为农民集体的一员而享有农村集体土地所有权，通常也不再承担相应义务，农村集体土地所有权由其余的农民集体成员集体享有。就此而论，可以说，农村集体土地所有权适用生存者取得权规则。

其四，作为所有权主体的农民集体的成员是不断变动的。因为农民集体不仅包括现有的成员，而且包括未来的成员。在任意特定的时间或者时点，农民集体的成员是确定或者可以确定的，但在一定时期内或者一段时间里，例如在30年承包期内，农民集体的成员会不断变动，生老病死、婚丧嫁娶是自然和社会规律，农民集体的成员会因婚姻、生育等有所增加，因有人去世、离开集体经济组织等有所减少，构成农民集体的成员客观上是不断变化的。而且，作为所有权客体的土地也可能发生变化，例如，不同集体经济组织之间为便利生产、实现规模经营进行土地互换，或者，村内不同村民小组自愿将集体土地所有权并入村农民集体所有，都会导致农民集体所有的土地发生变化，随着农业适度规模经营和产业化发展，这类变化可能不断增多。

其五，集体土地所有权的行使应当实行民主管理、民主决策。农民集体的全体成员平等地享有参与民主管理、民主决策的权利，平等地表达自己的意志，从而形成农村集体所有权人的意志，行使农村集体土地所有权。而且，作为集体土地所有权主体的农民集体具有天然的地域性和社区性，非经法律规定，集体土地所有权不得随意消灭。

其六，土地所有权的行使和处分受到特殊限制。集体土地所有权包含占有、使用、收益、处分四项基本权能，但这些权能的实现方式具有特殊性，因为农村土地集体所有权的制度设计并非为了便利交易，而是对特定村民生活关系的长期安排。① 特别是，基于农村土地的特殊性和稀缺性，国家对农村集体土地所有权的行使，对土地的利用和处分，施加了特殊限制，实质也是对农村土地集体所有权的限制。按照土地管理法相关规定，土地所有权人必须按照规划利用土地。我国人多地少，人均耕地面积小，为严格保护耕地，保障国家粮食安全，法律明确规定，不得破坏耕地，未经法定程序不得将农用土地转为建设用地，严格控制耕地转为林地、园地等其他类型农用地。而且，农村集体土地所有权，除国家依法征收后收归国家所有以外，不得转移给其他任何主体。这些限制使得农民集体作为土地所有权人不能自主行使所有权，不得随意利用土地。

二、农村土地集体所有权的主要内容

按照大陆法系土地所有权一般理论，集体土地所有权应当包含占有、使用、收益、处分的积极权能，以及排除他人妨害的消极权能。但是，农村集体土地实行承包经营后，承包方依法对承包地享有法定权利，这些权利通过承包关系，从土地所有权中让渡给承包方，因此，集体土地所有权包含的占有、使用、收益、处分的权能就不像理论上那么完整。实践中，农村集体土地实行承包经营的具体情况比较复杂，农村土地实行承包经营后，特别是"三权分置"后，集体所有权包含哪些具体内容，不同承包地的情况各不相同。对于实行家庭承包的耕地、林地和草地，以及依法承包治理并取得土地权属证书的"四荒"土地，承包方依法取得物权性质的土地承包经营权（土地经营权），相应地，集体土地所有权就受到较多限制，其内容较多地受到用益物权的约束；采取其他方式承包的其他农村土地，承包方依法取得债权性质的土地经营权，相应地，集体土地所有权受到限制较少。

一般来说，集体土地实行承包经营后，其所有权主要包含下列权利内容：

一是发包权，即发包集体所有的农村土地的权利。发包权是一项排他性权利，任何单位和个人不得非法干预发包权，也不得违法行使发包权。

---

① 童列春：《中国农村集体经济有效实现的法理研究》，中国政法大学出版社 2013 年版，第 43 页。

按照农村土地承包法第 13 条的规定，村农民集体所有的土地，由村集体经济组织或者村民委员会发包；已经分别属于村内两个以上农村集体经济组织的农民集体所有的，由村内各该农村集体经济组织或者村民小组发包。这主要是考虑到，农村集体土地所有权是从人民公社时期的"三级所有，队为基础"演变而来的，不少地方的农村土地已经属于村民小组（原来的生产队）农民集体所有，应当由村民小组发包。实践中，村农民集体所有的土地，已经设立村集体经济组织的，由村集体经济组织发包；未设立村集体经济组织的，由村委会代为发包；村民小组农民集体所有的土地，村民小组设立集体经济组织的，由集体经济组织发包；未设立集体经济组织的，由村民小组发包，有些地方村民小组缺乏足够能力，只能由村民委员会代为发包，或者村民小组组织发包，村民委员会代理签订承包合同。

二是调整权，即依法对个别农户的承包地进行调整的权利，因自然灾害严重损毁承包地等特殊情形下，可依法按程序对承包户的承包地进行个别调整。对于家庭承包，法律给予特殊保护。按照农村土地承包法第 28 条的规定，农户家庭承包的，发包方在承包期内原则上不得调整承包地；但因自然灾害严重损毁承包地等特殊情形对个别农户承包的耕地和草地需要适当调整的，必须经本集体经济组织成员的村民会议 2/3 以上成员或者 2/3 以上村民代表同意，并报乡（镇）人民政府和县级人民政府农业农村、林业和草原主管部门批准。就是在法律规定的特殊情形下，允许发包方按照规定的程序对个别农户承包的耕地和草地进行适当调整。对于家庭承包的耕地、林地和草地，法律虽然授予发包方依法调整承包地的权利，但同时对调整施加了严格限制：首先是将调整的原因限定在因自然灾害严重损毁承包地等特殊情形；其次是将调整的范围限制在个别农户之间；再次是将调整的对象限定在耕地和草地，不包括林地，而且，法律还明确地规定了严格的调整程序；最后还强调，承包合同约定不得调整的，发包方即不得调整。对于采取其他方式承包的其他农村土地，发包方可依据承包合同约定对承包地进行适当调整。

三是收回权，即依法收回承包地的权利。为了稳定农村土地承包关系，更好地维护农户的土地承包经营权，农村土地承包法第 27 条明确规定，农户家庭承包的，发包方在承包期内不得收回承包地。因此，对于农户家庭承包的承包地，发包方不得随意收回。对于采取招标、拍卖、公开协商等方式承包并取得土地权属证书的"四荒"土地,承包方依法取得用益物权性质的土地经营权,发包方一般也不得随意收回承包地。在这两种情况下,集体所有权的收回权都受到限制。但是,对于采取其他方式承包的水塘、果园、机动地等其他农村土地,承包方有严重违反承包合同的行为,或者有擅自改变承包地的农业用途、破坏土地生态环境等违法行为的,集体有权依据承包合同约定或者法律规定,收回承包方的承包地。根据农村土地承包法第64条的规定,对于通过流转从承包户那里取得土地经营权的,土地经营权人如有擅自改变承包地的农业用途、弃耕抛荒连续两年以上、给土地造成严重损害或者严重破坏土地生态环境的行为,而承包方在合理期限内不解除土地经营权流转合同的,集体有权要求终止土地经营权流转合同。

四是同意权。对于家庭承包的承包方转让土地承包经营权,发包方享有同意权。按照农村土地承包法第34条的规定,经发包方同意,承包方可以将全部或者部分的土地承包经营权转让给本集体经济组织的其他农户,由该农户同发包方确立新的承包关系,原承包方与发包方在该土地上的承包关系即行终止。据此,承包方转让土地承包经营权须征得发包方同意。以其他方式承包其他农村土地的,承包方进行土地经营权流转时,如果承包合同约定须经发包方同意,也应当征得发包方同意。

五是知情权。根据农村土地承包法第33条规定,家庭承包的承包方之间为方便耕种或者各自需要,可以对属于同一集体经济组织的土地的土地承包经营权进行互换,并向发包方备案。根据该法第36条规定,承包方依法采取出租(转包)、入股或者其他方式向他人流转土地经营权的,应当向发包方备案。根据该法第46条规定,经承包方书面同意,并向本集体经济组织备案,土地经营权流转的受让方可以再流转土地经营权。根据该法第47条规定,受让方通过流转取得的土地经营权,经承包方书面同意,并向发包方备案,可以向金融机构融资担保。按照这些规定,家庭承包的承包方之间进行土地承包经营权互换、以出租等方式流转土地经营权,以及通过流转取得土地经营权的受让方再流转土地经营权或者以土地经营权担保融资,都应当向发包方备案,使发包方知悉有关情况,便于进行监督,维护集体土地所有权人的权益。

六是监督权,即对承包户、农村土地其他承包人、土地经营权人等使用承包地的情况进行监督的权利。发包方有权监督承包集体土地的各类承包人，以及通过流转取得土地经营权的人依法、合理利用和保护承包地，在必要的情况下，有权采取适当的措施，防止或者纠正使用承包地的过程中发生的抛荒、毁损承包地、破坏土地及土地生态环境、违法改变承包地农业用途等违约、违法行为，并有权要求赔偿损失。

七是补偿权，即依法获得补偿的权利。集体土地被依法征收的，有权就征地补偿安置方案提出意见，并依法获得相应的补偿。根据民法典第243条第2款的规定，征收集体所有的土地，应当依法及时足额支付土地补偿费、安置补助费以及农村村民住宅、其他地上附着物和青苗等的补偿费用，并安排被征地农民的社会保障费用，保障被征地农民的生活，维护被征地农民的合法权益。一般来说，国家依法征收农民集体土地，应当依法支付土地补偿费、安置补助费、地上附着物补偿费、青苗补偿费等。其中，土地补偿费是对土地的补偿，安置补助费主要用于安置因征用土地造成的富余劳动力，地上附着物补偿费主要是补偿被征用土地上的附着物，青苗补偿费主要用于补偿被征用土地上的青苗。通常情况下，土地补偿费归集体，安置补助费、地上附着物补偿费、青苗补偿费归承包方或者土地经营权人。①

八是收费权，即收取承包费等费用的权利，这也是集体所有权的重要内容。集体土地承包给他人经营的，作为发包方理应按照承包合同约定向承包方收取一定的承包费。这是土地所有权所包含的收益权能的重要体现。实行承包经营早期，发包方通常依据承包合同约定，按照承包土地的面积向承包方收取承包费。2006年国家取消农业税，同时取消了家庭承包的承包费，此后，实行家庭承包的农户不再交纳承包费，只有以其他方式承包"四荒"土地和其他农村土地的承包方，按照承包合同约定，向承包方交纳承包费。

对于工商企业等社会资本通过流转取得土地经营权的，集体经济组织还享有收取适量管理费的权利。在土地经营权流转过程中，工商企业等社会资本直接面对承包户不仅成本很高，而且可能遇到许多困难，通常需要发包方从中进行沟通、协调甚至协助，使土地经营权顺利流转，在这种情

---

① 被征用的土地已实行承包经营的，该土地的集体土地所有权和土地承包经营权同时归于消灭，土地补偿费虽归集体，但集体通常将其中的大部分交承包方。

况下，根据农村土地承包法第45条第2款规定，作为发包方的集体经济组织可以收取适量管理费用。

此外，农村集体土地实行农户家庭承包经营的，承包方进行土地经营权流转时，农民集体作为土地所有者应当具有优先受让权。因此，有学者建议，承包方流转承包权或者经营权时，应当赋予农民集体享有优先受让权。① 还有学者提出，农村集体土地所有权还应当包含选择具体的土地使用制度的权利。②

第四节　农村土地集体所有权与其他类似制度的区别

集体所有制是社会主义法系独有的概念，无论用传统大陆法系物权法中的什么概念来解释集体所有制，都只是一种类比，不会完全准确，中国当初建立集体所有制时，也不是根据任何一种大陆法系资本主义法制中的制度来做模板。③ 农村土地集体所有权作为集体所有制的重要体现，是中华人民共和国创设的一种公有制性质的所有权形态，与其他土地所有权形态相比，既有土地所有权的共性，也有某些特殊性。这里着重将集体所有权与学者们普遍认为相近的日耳曼法土地总有制度、英国土地合有制度、我国民法共同共有制度进行对比分析，以更加明晰集体土地所有权的独到特征。

一、与日耳曼法土地总有制度的区别

一般认为，日耳曼法是指5—11世纪西欧早期封建制时期适用于日耳曼人的法律，是融合日耳曼民族各部落的习俗、惯例和罗马成文法典发展形成的习惯法。日耳曼法形成于氏族社会解体、向阶级社会过渡的历史阶段，既保留了氏族制度的残余，也反映和体现了阶级已经出现、私有制有所发展的事实。

（一）日耳曼法的主要特点

日耳曼法主要具有如下特点：（1）团体本位。日耳曼法是农业经济的

---

① 祝之舟：《农村集体土地统一经营法律制度研究》，中国政法大学出版社2014年版，第196—197页。

② 任庆恩：《中国农村土地权利制度研究》，中国大地出版社2006年版，第178—179页。

③ 张晓山等：《农村集体产权制度改革论纲》，中国社会科学出版社2019年版，第43—44页。

产物，以身份拘束为立法主旨，趋向于团体本位。法律保护的中心和出发点是团体，即家族、氏族、公社，个人行使权利、承担义务要受团体约束，人与人之间的法律关系由其身份所决定，而非凭个人意志决定。这一点与罗马法上尊重个人意志自由、严格保护私有财产的个人本位明显不同。（2）属人主义及地方色彩。日耳曼法只适用于日耳曼人，这是沿袭原始社会时期部落习惯只适用于本族全体成员的惯例而形成的原则。日耳曼法多为习惯法所构成，以人民现实生活为基础，民族精神极为浓厚，富于地方色彩，具有地方性。（3）具体而非抽象的法律。日耳曼法纯以具体的生活关系为依据，法律大多基于习惯，绝少成文法典。可以说日耳曼法是习惯法，不是抽象的法律，没有严格的概念和体系，没有一般性原则规定，只是一些解决各种纠纷的具体办法，是一种生产生活规则的综合体。（4）注重形式。重视法律行为的外部表现，各种法律行为如转让财产、结婚、追索债务和脱离民族关系等，必须遵循固守的形式和程序，讲固定语言，配合着做一定象征性动作，有符合法定条件和人数的证人在场等，否则不产生效力。（5）世俗法律。日耳曼法虽有宣誓、神明裁判等反映宗教信仰的制度，但法律本身并未与宗教教义直接相联系，法律的内容不包括宗教法规。①

（二）日耳曼法的土地总有制度

从历史发展过程看，日耳曼法的土地所有制度是从早期的团体所有发展到私人所有的，其中早期团体所有的典型形态就是土地总有。中世纪的日耳曼人从游牧转入定居的过程中，依据血缘关系形成不同的村落定居地，每一个定居地的耕地、林地、牧场属于村落团体的公有土地。对于村落公有土地，村落团体的成员只享有使用、收益的权利，并且其权利要受到团体支配权的限制。② 具体来说，日耳曼法的土地总有，是将土地所有权的内容依团体内部的规约加以分割，在团体内部规约的约束下，土地的管理、处分等支配的权能属于团体，而使用、收益等利用的权能分属于团体的成员，可见，总有是所有权质的分割，即管理处分权属总有团体组

---

① 李宜琛：《日耳曼法概说》，中国政法大学出版社2003年版，第11页。
② 曼德尔娃：《浅谈日耳曼法中的土地权利制度》，载《法制博览》2016年第12（下）期。

织，而各总有成员仅享有利用收益权。① 总有制度体现了日耳曼法的团体主义色彩，其对物的支配多基于家族、亲族、村落等团体生活，而非基于个人主义的私人所有。

因此，总有作为日耳曼村落共同体的土地所有权形态，其实就是将所有权的内容，依团体内部规约加以分割，其管理、处分等支配的权能属于团体，而使用、收益等利用的权能分属成员，团体之全体的权利与成员之个别的权利为团体所统合统一，形成所有权的完全内容。总有土地的管理、处分须得到全体成员同意，或者基于团体规约以多数裁决。成员行使使用、收益的权利必须遵从团体所定管理、处分的方法。成员违反团体规约行使使用、收益的权利，团体可以依规约要求成员中止利用土地，赔偿损害，必要时得将其开除。成员的越权行为损害其他成员行使收益权的，其他成员有权请求停止妨害、赔偿损害。第三人分割成员的使用收益权的，团体有权要求排除、赔偿损害，成员也有权独立提出请求。②

总有是日耳曼法律发展过程中的一种过渡形态的土地所有权，是日耳曼氏族社会解体、私有制发展初期出现的土地所有权形态。随着日耳曼法封建化的不断发展和深化，土地总有关系的团体成员身份限制不断弱化，土地权利逐渐脱离成员身份而自由、自主地转让，土地总有关系逐渐消失。后来，经过教俗地主不断吞并土地，伴随着封建制度的形成，封建贵族地主的土地所有权不断增长，并且最终占据主导地位，形成封建地主的私人土地所有权制度。

一般认为，总有具有如下特点：（1）团体主义色彩。日耳曼法是团体本位的法律，总有作为日耳曼法的一种土地所有权形式也具有团体主义色彩。土地总有制度下，对土地的支配都是基于家族、亲族、村落等团体生活而形成的，不同于罗马法的个人私有。（2）土地所有权权利的分割。其中，总有土地的管理、处分权能属于村落团体，管理或处分应得到团体成员会议同意，或者基于共同体规约以多数裁决；土地的用益权能即使用、收益权分属于团体成员（村落居民）。即实行团体所有、团体管理，但不实行团体统一经营，而是由成员使用、经营土地。因此，总有也是一种集

---

① 胡吕银：《集合共有：一种新的共有形式——以集体土地所有权为研究对象》，载《扬州大学学报（人文社会科学版）》2006 年第 1 期。

② 李宜琛：《日耳曼法概说》，中国政法大学出版社 2003 年版，第 75—76 页。

土地归属和利用为一体的概念，它对应于罗马法的所有权和用益物权，而不仅是所有权。（3）团体成员基于其成员资格或身份享有权利。土地权利的得失与成员资格密切相关，这种权利具有人身属性，成员享有的使用收益权不得脱离成员资格而存在，不得脱离身份作为继承及让与的标的。而且，成员一旦离开团体，其土地权利随之丧失。因此，团体成员的土地权利不具有独立财产权性质，土地权利的转让也受到身份限制，不能转让给团体以外的人。（4）团体成员不能分割土地。总有土地属于团体所有，土地的管理、处分权归于团体全体，团体成员只享有土地的使用收益权，以满足其利用之需要。但在成员的利用权之上，有团体的支配权，以统制成员的个别权利，成员的个别权利实为受全体福利统制的利用权。团体成员对团体总有土地不享有应有部分，因此不能请求分割土地。① （5）团体与成员之间既是经济关系，也存在社会关系。当时日耳曼人还没有明确的国家组织，团体成员与团体相互依存，两者的人格融为一体，没有不属于团体的成员，也没有不存在成员的团体，团体既要分配土地给成员使用，也负责处理团体成员之间的私人纠纷。因而，总有不单纯是一种私权制度、经济制度，一定意义上也是一种社会制度。

（三）总有制度与我国农民集体土地所有权的相同之处

日耳曼法的土地总有与我国农民集体土地所有权存在如下相同之处：

其一，土地的团体所有权。两种土地所有权形态下，土地的所有权都归特定的社区或者村落形成的团体的全体成员共有，构成团体所有，团体内的单个成员只是作为成员共同地享有土地所有权，成员自己并不享有所有权或者一定的所有权份额；农民集体的成员对集体土地始终无所有权之份额，无权分割、转让和继承。②

其二，土地权利分置。在坚持土地团体所有权的前提下，为了使团体成员分享土地的实际利益，两种土地所有权都实行土地权利的分置。总有制度下，团体享有土地的管理、处分权，团体的成员享有土地的使用、收益权；在农村集体土地所有制度下，农民集体享有土地所有权，同时实行家庭承包经营，集体内部的农户享有土地承包经营权，有权占有、使用承

---

① 谢在全：《民法物权论》（上册），中国政法大学出版社2011年版，第325页。
② 苟军年：《中国农地流转发展变迁的法律视界》，中国书籍出版社2019年版，第191页。

包的土地并取得收益，实际上也享有土地的使用、收益权。

其三，所有权主体的成员构成具有封闭性。不论是总有关系中的村落共同体的成员，还是构成农村土地集体所有权主体的农民集体的成员，都具有一定的地域性和封闭性，只限于特定地域团体的成员，不能超越团体的范围。

其四，土地权利与成员资格紧密联系在一起。团体成员享有的土地权利都以享有成员资格为前提，不能离开成员资格而享有权利，土地权利的转让也受到成员资格的限制，不能独立、自由地转让，受让人必须具有成员资格。而且，土地权利的享有受到团体成员身份的限制，土地权利的继承也具有独特性，不能像其他土地权利一样自由继承。

其五，团体的成员不能分割土地。成员行使其土地权利受到团体的管理权、处分权的限制。土地为团体的全体成员共有，团体的单个成员不能请求分割土地。总有关系中，土地的管理、处分属于团体全体的权能，团体成员不能像一般共有人那样请求分割土地权利；农民集体土地所有权的主体也是特定集体经济组织的农民集体，集体经济组织的成员不能要求分割集体土地所有权。

其六，土地的管理、处分需要由全体成员作出决定。总有关系中，对团体土地的管理、处分需要由全体成员决定，或者基于团体规约以多数裁决；农村土地集体所有权的管理、处分也必须通过成员大会、成员代表会议或者村民大会、村民代表会议，集体地作出决定。

（四）总有制度与我国农民集体土地所有权的区别

日耳曼法的土地总有制度与我国农村土地集体所有制度在某些方面具有相似性，不少学者因此提出，应当将农村土地集体所有权界定为总有或者新型总有。不过，从历史发展和法律制度的性质来看，两者之间还存在如下重要区别：

其一，历史背景和发展过程不同。日耳曼法的总有产生于原始的氏族社会解体、向阶级社会过渡的历史阶段，是从氏族社会的土地公有向私有转变的过程中发展形成的一种团体所有，从历史发展进程看，总有是土地所有权的一种过渡形态，是在氏族土地公有基础上基于特定身份关系发展起来的，后来逐渐发展成为完全的土地私有制度。因此，总有制度只是中世纪日耳曼历史过渡时期的一种短暂的所有权形态，现实中早已不存在，目前只有历史意义。我国农村土地集体所有权是中华人民共和国成立后，在农民土地所有权的基础上，通过农业社会主义改造，发展农民合作社和农村人民公社而形成的，是在土地私有制基础上发展起来的，是我国农村土地的唯一所有权形态，是社会主义土地公有制的重要组成部分，是现实存在的土地所有权形态，而且还在不断发展完善。两者的历史背景和发展过程明显不同，发展方向甚至截然相反。

其二，制度基础与法律性质不同。日耳曼法的土地总有制度是私有制发展过程中的产物。总有权是各成员对于物的经济权能，不同于以个人利益为标准的个人所有，而是以团体利益为优先，仅于全体利益与个人利益一致的范围内允许成员个别权的行使，成员的个别权是为全体利益所统制的利用权，因此，总有权是绝对的私有权与绝对的国家所有权之中间形态。① 总有的基础是阶级社会初期的私有制度，虽然保留了原始氏族公有制度的某些残余（例如团体成员的封闭性），并且采取团体所有的形式，但是作为过渡形态，最终发展成为封建领主的私人所有，因而，就法律性质而言，总有属于私有制范畴。我国农村土地集体所有权是社会主义公有制基础上建立起来的土地公有制度，是社会主义土地公有制的重要组成部分，法律性质上属于公有制。

其三，团体成员的独立性及其享有的土地权利的法律性质不同。日耳曼法上，团体利益与成员利益具有共存关系，团体离开个人即无团体，个人离开团体亦无个人，既无绝对的个人人格，也没有独立的团体人格，既没有绝对的个人权利，也没有绝对的团体权利。总有团体与其成员的人格是结合为一体的，成员享有的总有土地的利用权并不是成立于他人之物上的权利，该利用权的性质为所有权（自物权）而非他物权。② 总有的成员在一定意义上具有人身依附关系，不享有处分权。而且，总有是对所有权的质的分割，管理处分权属于总有团体，各成员只享有利用收益权，这与近代所有权为完全支配权，实质上完全异趣。③

我国农村集体土地所有权制度下，作为所有权主体的农民集体与集体成员的人格是相互独立的，农户作为双层经营的一个层次具有独立的民事

---

① 史尚宽：《物权法论》，中国政法大学出版社 2000 年版，第 153—154 页。
② 高飞：《集体土地所有权主体制度研究》，法律出版社 2012 年版，第 244—245 页。
③ 王利明：《物权法论》，中国政法大学出版社 2003 年版，第 329 页。

主体资格,是独立的农业生产经营主体。而且,农户享有的土地承包经营权是独立的用益物权,是对他人所有物享有的使用、收益的权利,在法律性质上属于他物权。集体成员与集体之间不是人身依附,可以自主脱离集体生产生活,并且,承包户对其享有的土地承包经营权等享有一定的处分权。

另外,集体土地所有权主体是农民集体,单个成员不能直接享有土地所有权的部分权能;总有的所有权由团体和团体成员共同拥有,团体成员享有所有权中的使用和收益权能。相应地,集体土地所有权的收益权受到他人侵害时,应由农民集体请求救济,集体成员不能直接主张赔偿等救济;而总有的收益权受到侵害的,团体或其成员均可单独主张救济。

同时,农民集体所有权中的部分权能可以分离,集体成员甚至其他人都可以享有土地利用权,即土地利用具有开放性;而总有的各成员享有的土地使用、收益权不得离开其身份进行继承或处分,即具有极强的团体封闭性。①

二、与英国土地合有制度的区别

英国的土地共有制度是随着经济发展和社会变迁发展起来的,并且逐渐演变成为土地所有权的主要形式。

英国的土地制度源远流长,现行土地制度可以追溯到公元11世纪征服者威廉统治英格兰时采用的土地分封制。由于历史和传统因素,英国土地共有的形式比较复杂。在1925年英国实行财产法律改革以前,土地的共有形式主要有四种,即合有(joint tenancy)、② 按份共有(tenancy in common)、共同继承共有(coparcenary)、夫妻一体共有(tenancy by entirety)。其中,共同继承共有是因共同继承财产而形成的共有,典型的情形是,土地所有人去世后未留遗嘱,并且没有男性继承人、只有女性继承人,按照当时英国的继承法律规则,所有女性继承人作为共有人共同取得地产权,但是每个人均被认为对土地享有个人份额。夫妻一体共有只适用于夫妻共有土地,它是基于一种古老的观念,即夫妻在法律上应当看成一个人,因

---

① 丁关良:《土地承包经营权基本问题研究》,浙江大学出版社2007年版,第85页。

② 有学者译为合有,有学者译为共同共有。拙著《地产法原理与判例》(中国法制出版社2013年版)一书中曾译为共同共有,为区别于我国民法的共同共有,这里采"合有"的译法。

此，结婚后的所有财产都自动地成为夫妻一体共有财产，婚后的土地也变成夫妻一体共有土地。

1925 年英国实行财产法律制度改革，全面改革地产法律制度。为简化土地交易程序，便利和促进土地交易，考虑到共同继承共有在实践中已很少见，而夫妻一体共有越来越不适应现实的发展，特别是妇女权益的日益独立和强化，客观上促使夫妻一体共有逐渐丧失存在的价值，因此，议会制定《1925 年财产法》废除了这两种土地共有形式，自 1926 年该法实施后，英国地产法律只存在合有和按份共有两种土地共有形式。

（一）英国的土地合有与按份共有制度

合有是指两人以上共同对土地享有不可分割的地产权。全部共同共有人被看成是一个人，他们全体一起享有全部地产权，每一个合有人都不被看成是一个独立的所有者，因而不对地产权享有特定份额。每一个合有人均被授权占有整个土地，但他们享有的地产权是整体的、不可分割的。

按照英国地产法律，成立土地合有关系必须具备四个同一性：（1）时间的同一性。全体合有人必须在同一时间被授予地产权益，即取得土地权益的时间相同。（2）所有权的同一性。全体合有人必须以相同的方式获得相同的地产权，通常要求合有人必须依据同一文件获得相同的土地所有权。（3）权益的同一性。全体合有人必须被授权对土地享有同样的权益，即每个合有人享有权益的期限、性质和范围都相同。（4）占有的同一性。合有人必须平等地被授权占有土地，每位合有人都同样有权占有土地，并且任何一位合有人的权利不能超过其他人。

合有的基础是，全体合有人一起享有不可分割的地产权，虽然每一位合有人都被授权占有整个土地，但是每一位合有人并不享有可分割的一定份额的地产权。这种不可分割性是合有的一个重要特征。

合有的实质是，合有人作为一个整体被看成一个法律实体，每一位合有人对土地都不享有独立的或个别的份额。就全体合有人作为一个集体而言，合有的另一个重要特征是适用生存者取得权规则：既然全体合有人是一个不可分割的集体，那么，一方面，每一位合有人去世时，都不能通过遗嘱或者依据无遗嘱继承规则，将其地产权转移给继承人，因为他个人没有任何可分割的土地权益可供继承；另一方面，任何一位合有人去世并不影响合有人集体的存在，只是集体少了一个人，其余的合有人仍构成所有者集体并享有全部地产权。因此，合有适用生存者取得权规则，即任何一位合有人去世，地产权自动地归属于其他生存的合有人，而不是死者的继承人；直到最后一位合有人去世时，土地归其继承人。因此可以说，每一位合有人都拥有全部土地权益，但同时可能什么也不拥有。

按份共有是指两人以上分别按照一定份额共同享有地产权，每位共有人均享有一个可以分割的地产权份额，不过，这个份额主要是概念上的，并非从物质上划分和界定的，土地权益实际上并未分割，但每一位共有人的地产权份额是确定的，其土地权益可以落实，必要时也可以分割。按份共有不适用生存者取得权规则，每一位共有人去世时，其土地权益份额可以按照遗嘱进行处分，或者适用无遗嘱继承规则，由其继承人依法继承。

根据英国地产法，构成按份共有只需要存在占有的同一性，即共有人平等地被授权占有土地。因此，共有人只存在占有的同一性，同时又不存在其他三个同一性，就构成按份共有。不过，法律尊重共有人的意图，即使共有人之间存在四个同一性，但只要各共有人明确表示以按份共有的方式持有土地，或者共有人之间存在清楚的分割地产权的意图，就不构成合有，而是成立按份共有，各按份共有人的份额由其自行约定，或者，必要时由法院予以确定。

按照英国《1925 年财产法》，共有土地的法定所有权只能采取合有的形式。[①] 就是说，只要有二人以上共同享有土地的法定所有权，就必须采取合有的形式，这是法律的强制性规定，当事人不能排除。合有人的数量较多的，在登记土地法定所有权时，排名靠前的四位合有人登记为地产权人，其他合有人作为土地的衡平法合有人。

同时，在衡平法上，共有土地既可以是合有，也可以是按份共有。当事人如果打算设立按份共有的法定所有权，按照法律规定只能构成合有的法定所有权，但是衡平法认为他们是按份共有人，因此，同一土地的共有，可能同时存在法定所有权的合有与衡平法权益的按份共有。与土地法

---

① 由于历史原因，英国法律从概念上将土地权利区分为两类，即法定权益与衡平法权益，不同的人可以同时分别享有同一土地的法定所有权或者衡平法权益，而且，土地的法定所有权人可能享有、也可能不享有土地的衡平法权益。为维护法律的稳定性，同时适应经济社会发展对土地的各种需求，英国的土地法律制度变得十分复杂。有兴趣的读者可参看拙著《地产法原理与判例》，中国法制出版社 2013 年版。

定所有权合有的不可分割不同，衡平法权益的合有，可以依据全体合有人的一致协议、合有人之一的某种行为（例如出售、抵押其衡平法土地权益）或者合有人之一提出的书面通知，将合有的衡平法权益分割、转换为按份共有。

为了解决可能产生的土地的法定权益与衡平法权益分离问题，英国法律利用了信托机制。根据英国《1996 年土地信托与受托人指定法》，所有土地共有关系均产生一项土地信托，登记的法定所有权人作为受托人，为全体共有人的利益而持有土地，全体共有人作为受益人，享有土地的衡平法权益（土地的实际利益）。为简化交易程序、便利土地交易，同时保护共有人的衡平法权益（有些享有衡平法权益的共有人并未参与交易，甚至不知道交易的存在），法律还规定，共有土地进行交易时，土地的购买人必须将交易款项支付给两个以上受托人（法定共有人）或者一家机构受托人（如信托公司），以防止单个受托人接收款项后加以挪用。这样，一方面，购买人不必担心其他享有衡平法权益的共有人是否同意交易，从而便利交易；另一方面，必须有两个以上受托人或者机构受托人接收交易款项，有利于防止受托人滥用交易款项，从而较好地保护其他未参与交易的共有人的权益。

（二）英国的土地共有与我国农村土地集体所有权的共同之处

根据英国土地合有的这些特点，对比我国农村土地集体所有权制度，可以看出两者之间存在以下共同之处：

其一，土地所有权不可分割。英国共有土地的法定所有权只能采取合有形式，全体合有人集体地不可分割地享有土地法定所有权；我国农村土地集体所有权由农村集体经济组织成员集体地享有不可分割的土地所有权；共有人个人都不享有可以分割的土地所有权份额。

其二，在坚持法定所有权不可分割的前提下，允许对土地的实际利益进行分割。英国法律在土地的法定所有权之外创设了衡平法权益，代表土地的实际利益，既坚持土地法定所有权的合有制度，体现共有人的集体利益，又通过衡平法权益的按份共有，体现共有人的个人利益；我国坚持农村土地集体所有，体现集体全体成员的共同利益，同时对集体土地实行家庭承包经营，农户享有土地承包经营权，变相地体现了集体成员作为共有人的利益。

其三，适用生存者取得权规则。英国土地合有制度的一个典型特征就是适用生存者取得权，合有人之一去世时，由其他生存的合有人享有土地的法定所有权，死者的土地权益不能继承，因为他不享有可以分割的所有权份额可供继承；我国农村集体土地所有权的一个重要特点是，集体经济组织成员作为所有者集体的一员去世时，土地所有权由其他生存的集体经济组织成员集体享有，就土地所有权而言，集体经济组织成员的权利也是不可继承的。

（三）英国的土地合有与我国农村土地集体所有权的区别

两者的区别主要体现在：

其一，产生的现实基础不同。英国的土地共有特别是土地合有，主要产生于当事人之间的土地交易、家庭内部或亲属之间的地产权继承、家庭授产协议等具有私法性质的地产权转移行为；我国农村土地集体所有权，是中华人民共和国成立初期农民土地所有权基础上，经过农业社会主义改造和人民公社化而形成的，农业社会主义改造和人民公社化都不单纯是私法性质的土地所有权转移行为。

其二，土地所有权的法律性质不同。英国的土地合有虽系两人以上共同所有，但不论共有人的数量有多大，实质上仍然是私人所有，属于私有的范畴；我国农村土地集体所有权是社会主义集体所有制的重要内容，集体所有制是社会主义公有制的重要组成部分，因而，农村土地集体所有权在性质上属于公有的范畴。

其三，土地所有权共有人的数量差别很大。英国土地合有主要产生于土地私有制下个别的私人土地交易或者其他各种形式的土地权益转移，通常都是家庭成员或者亲属之间进行的有偿、无偿的土地权益转移，因此，特定土地的共有人人数通常都比较少，很少出现一块土地有 10 个以上共有人的情形。而且，这种土地交易或者土地权益转移是经常、反复发生的，因而，英国的土地合有是小规模的，而且是不断出现、消灭或终止的。而我国农村土地集体所有权，则是在农民土地私有权的基础上有组织地开展社会主义改造而形成的，一般都是依传统的自然村落或者一定农村社区而成立的，因此，农民集体的成员人数通常都比较多，一般都在百人以上；而且，农村土地集体所有权的形成是一次性的，虽然集体内部的成员会不断变动，但集体土地所有权不会轻易消灭或者终止。

三、与我国民法中共同共有的区别

我国民法中的共有，是指两个以上权利主体共有享有特定财产所有权，包括公民个人之间的共有、法人之间的共有以及公民个人与法人之间的共有。按照民法典第 297—299 条的规定，共有包括按份共有和共同共有，按份共有人对共有的不动产或者动产按照其份额享有所有权，共同共有人对共有的不动产或者动产共同享有所有权。

（一）民法上的按份共有与共同共有

我国民法上的按份共有，是指各共有人按照确定的份额对共有财产分享权利和分担义务的共有，典型的例子如常见的股份有限公司。按份共有的主要特点是，各共有人自共有关系开始时就享有确定的共有份额，按照各自的份额享有权利和财产权益并承担相应义务。

我国民法上的共同共有，是指共有人对全部共有财产不分份额地享有权利和承担义务的共有，典型的例子如家庭财产、夫妻财产。共同共有通常是基于一定的共同关系（例如夫妻关系、家庭关系、合伙关系等）而产生的。共同共有的主要特点是，共有人共同地享有共有权，各共有人在共有关系成立期间平等地、不分份额地享有权利和承担义务，每一位共有人都不能排除其他共有人的权利，并且，每一位共有人对共有财产都不享有确定的份额，只有在共有关系消灭时，才能协商确定各共有人享有的财产份额，对共有财产进行分割。

理论上说，经全体共有人协商一致，共同共有的财产可以转换为按份共有，按份共有的财产可以转换为共同共有，但实践中这类转换极其少见。

（二）共同共有与农民集体土地所有权的共同之处

民法上的共同共有与农民集体土地所有权的共同之处主要是：（1）土地所有权人共同享有不可分割的所有权。共同共有的共有人共同享有所有权，农村集体土地所有权也是由农民集体享有的，共有人之一或者集体成员之一，都不享有土地所有权。（2）共有人之间的权利义务平等。共同共有人或者农民集体成员之间，平等地享有权利、承担义务，没有人比其他人享有更多的权利、承担更大的义务。

（三）共同共有与农民土地集体所有权的区别

民法上的共同共有与农民集体土地所有权的主要区别是：

其一，适用对象不同。农村土地集体所有权适用于农民集体所有的土地，不适用于其他财产；民法上的共同共有，理论上说可以适用于不动产和动产，实践中主要适用于房屋等特殊财产，不适用于土地。我国的土地所有权只有国家所有与集体所有两种形态，土地不能构成共同共有，显然，两项制度分别适用不同对象。

其二，法律性质不同。农村土地集体所有权属于社会主义土地公有制性质，属于公有制范畴；民法上的共同共有虽然由两人以上、甚至可能由多人共有财产，但归根结底还是私有，属于财产的私人所有制范畴。

其三，可分割性不同。农村土地集体所有权是农民集体享有的不可分割的土地权益，构成农民集体的单个成员不能通过分割而享有土地所有权份额；民法上的共同共有是可以分割的财产权益，经全体共有人协商一致，可以将共同共有转换为按份共有，从而将财产权益分割到每一位共有人。

其四，共有人数量不同。农村土地集体所有权是经过长期历史变迁而逐渐形成的，众多农民集体地享有土地所有权，农民集体成员人数众多，但他们集体地作为土地所有权的主体，因此，农村土地集体所有权的主体是单一的；民法上的共同共有主要是因夫妻、家人、亲友共同购买或者继承财产而形成的，共有人的人数通常不多，他们作为共有的主体却是两个以上的共有人，即主体是多数而非单一的。

其五，存续期限不同。农村土地集体所有权通常不会终止，只有出现国家依法征收特定农民集体的全部土地或者农民集体的成员全部转为城镇居民等特殊情形，才会终止；民法上的共同共有是基于某种共同关系成立的，一旦作为前提的共同关系消灭，共同共有就会解散，因此，经过一定时间后，共同共有通常都会终止。

其六，共有人的责任不同。作为农村土地所有权主体的农民集体共同地承担责任，每一位农民集体成员并不直接对土地的债务承担责任；民法上的共同共有人平等地承担义务，同时对外共同承担连带责任。

第五章

土地承包经营权（土地承包权）

家庭承包的承包户享有土地承包经营权是农村基本经营制度的基础，为了稳定和完善以家庭承包为基础、统分结合的双层经营体制，确保承包关系稳定并长久不变，必须赋予农民更加充分而有保障的土地承包经营权。实践中，稳定农户承包权是放活土地经营权的基础和前提。对此，2016 年 10 月中办、国办印发的《关于完善农村土地所有权承包权经营权分置办法的实施意见》明确提出，必须严格保护农户承包权，任何组织和个人都不能取代农民家庭的土地承包地位，都不能非法剥夺和限制农户的土地承包权。

农村土地实行家庭承包经营，集体经济组织内部农户采取人人有份、按户承包的方式承包本集体经济组织农民集体所有的耕地、林地和草地，依法取得物权性质的土地承包经营权，受到国家政策和法律保护。承包户通常亲自耕种承包地，因各种原因不能、不愿亲自耕种的，可以保留承包权，将土地经营权流转给其他经营者，这就是典型的"三权分置"。这种情况下，理论上说是承包户在土地承包经营权上为其他经营者创设了土地经营权，其土地承包经营权受到土地经营权约束；按照实践理解，承包户保留承包权，将土地经营权流转给他人，即土地承包经营权的分化和分享，土地承包权就是土地承包经营权中除土地经营权以外的其他权利，土地承包经营权是土地承包权的基础和权源。在今后相当长的时间里，会有越来越多的承包户不再经营承包地，而是将土地经营权流转给他人，同时保留土地承包权，但仍会有大量承包户亲自经营承包地，其土地承包经营权是完整的，因此，农村土地的"两权分离"与"三权分置"可能长期并存。本章将分别论述土地承包经营权与土地承包权。

第一节　农村集体经济组织成员权

农村土地承包经营权是集体经济组织内部农户的权利，它是农户的家庭成员作为农村集体经济组织成员，依法行使承包土地的权利而取得的对承包土地的占有、使用、收益等权利。承包户享有土地承包经营权的基础，是其家庭成员作为集体经济组织成员依法享有的承包土地的权利，而承包土地的权利又是集体经济组织成员权的重要内容。因此，分析土地承包经营权，首先必须明确农村集体经济组织成员的成员权。

农村集体经济组织成员权是农村集体经济组织成员享有的各项权利的统称，也有学者称为社员权。20 世纪 50 年代我国推行农业社会主义改造，在农民土地所有制的基础上建立农业生产合作社。1956 年 6 月第一届全国人大通过的《高级农业生产合作社示范章程》对合作社社员的权利有比较详细的规定，但随后不久农村普遍推行人民公社化，该章程规定的社员权利在实践中并未很好地落实，特别是人民公社制度在很大程度上削弱了社员（农民）的权利。1978 年农村实行家庭承包责任制以后，各方面关注的重点在于保护承包户的土地承包经营权，维护农村土地承包关系稳定，对集体经济组织成员应当享有的其他权利关注不多、研究不深，未能形成比较完善的集体经济组织成员权理论，更不用说相应的法律制度。

一、社员、村民与集体经济组织成员

一般认为，民法中社团的成员（社员）基于其成员地位与社团发生一定的法律关系，在这个关系中，社员对社团享有的各种权利的总和，称为社员权。① 农村集体经济组织类似于社团，其成员对集体经济组织享有的各项权利，称为成员权或者社员权。1955 年 11 月第一届全国人大常委会通过的《农业生产合作社示范章程草案》、1956 年 6 月第一届全国人大通过的《高级农业生产合作社示范章程》，以及 1962 年 9 月党的八届十中全会通过的《农村人民公社工作条例（修正草案）》，都将加入农业生产合作社、人民公社的农民称为"社员"，并且明确规定了社员的权利和义务。

---

① 谢怀栻：《民法总则讲要》，北京大学出版社 2007 年版，第 67 页。

1978 年农村改革以后，1983 年取消了政社合一的人民公社体制，人民公社随之解体，此后就很少采用"社员"一词了。

在人民公社解体的同时，农村基层组织实行政社分设，在乡镇一级（大体相当于原来的公社），全国各地普遍成立了乡（镇）人民政府，有些经济发达地区还成立了乡镇农工商总公司或者经济合作总社等集体经济组织；在村一级（大体相当于原来的生产大队），全国各地普遍成立了村民委员会，不少地方还成立了村经济合作社联社等集体经济组织；在村民小组一级（大体相当于原来的生产小队，是基本核算单位），只有少数经济比较发达的地方成立了村民小组的组织机构，同时成立了经济合作社等集体经济组织，大部分地方的村民小组没有建立正式组织机构，只有一两位负责人，也没有成立集体经济组织。这主要是因为：一方面，城乡二元结构的现实导致农村许多公共事务和公益事业都由农民出资兴办，承包户除缴纳农业税以外，还要支付"三提五统"等费用，承担村组干部的报酬或补贴，村民小组一级成立集体经济组织明显会增加农民负担；另一方面，实行家庭承包经营后，承包户享有生产经营自主权，独立自主地开展生产经营活动，双层经营中"统"的层次发挥作用不够，又不能随意干涉承包户生产经营，村民小组一级对集体经济组织的需求也不是十分强烈。

1987 年 11 月第六届全国人大会常委会通过的《中华人民共和国村民委员会组织法（试行）》，对村民委员会作出全面规范。根据该法的规定，村民委员会是村民自我管理、自我教育、自我服务的基层群众自治性组织，负责本村公共事务和公益事业，调解民间纠纷，协助维护社会治安，向人民政府反映村民的意见、要求和提出建议。该法第 4 条第 2 款规定：村民委员会应当尊重集体经济组织依照法律规定独立进行经济活动的自主权，维护集体经济组织和村民、承包经营户、联户或者合伙的合法的财产权和其他合法的权利和利益。该法的一些条款出现了"村民"的概念，但未明确其定义或内涵。2010 年全国人大常委会修订后的村民委员会组织法第 13 条规定，户籍在本村或者户籍虽不在本村但在本村居住 1 年以上的，都可以成为本村村民。据此，一些外来人员可能因在某村居住 1 年以上而成为该村村民，但不是该村集体经济组织的成员。

20 世纪 50 年代推行农业合作化时期就提出了集体经济组织的概念，1955 年 11 月通过的《农业生产合作社示范章程草案》第 1 条中规定：农业生产合作社是劳动农民的集体经济组织。但当时，加入农业生产合作社的农民称为社员，而不是集体经济组织成员。1986年4月六届全国人大四次会议通过的民法通则最早采用"集体经济组织的成员"的概念，其第27条规定：农村集体经济组织的成员，在法律允许的范围内，按照承包合同规定从事商品经营的，为农村承包经营户。这一规定的重点是农村承包经营户，不是农村集体经济组织成员。

2002年8月九届全国人大常委会第二十九次会议通过农村土地承包法，明确提出"农村集体经济组织成员"的概念，其第5条第1款规定：农村集体经济组织成员有权依法承包本集体组织发包的农村土地。2020年全国人大通过的民法典第261条规定：农民集体所有的不动产和动产，属于本集体成员集体所有。其中，集体和农民集体都是抽象的概念，以适应民法典的抽象化表达，而集体经济组织和集体经济组织成员是具象的概念，农村集体经济组织是农民集体的具体组织形式，农村集体经济组织的成员就是本集体成员。①

因此，按照法律中出现的顺序，"社员"最早出现，"村民"随后，"集体经济组织成员"出现最晚。20世纪50年代推行农业合作化特别是人民公社化以后，农民都要加入人民公社成为"社员"，社员几乎成为农民的统一称呼，某村的农民就是该村所在人民公社的社员。农村改革后，人民公社解体，就很少使用"社员"一词了。虽然农村改革以来农民专业合作社迅速发展，越来越多的农民加入专业合作社，但通常将加入专业合作社的农民称为专业合作社成员。人民公社解体、农村普遍成立村民委员会以后，出现了"村民"的概念。"集体经济组织成员"的概念出现较晚，主要涉及集体财产所有权和集体土地承包经营权、宅基地使用权、集体收益和征地补偿的分配权等。

"社员"、"村民"和"农村集体经济组织成员"三个概念出现的时间有先后，它们所包含的对象既有重合，也有差别，实际上，就其主体部分而言，不论是村民还是集体经济组织成员，归根结底都是人民公社时期特

---

① 宋志红：《论农民集体与农村集体经济组织的关系》，载《中国法学》2021年第3期。如何确认集体经济组织成员是一个十分复杂又争议很大的重要问题，受篇幅所限，这里不作深入讨论。对农村集体经济组织及其成员确认有兴趣的读者，可参看拙作《我国农村集体经济组织的历史沿革、基本内涵及成员确认》，载《法律适用》2021年第10期。

定人民公社的社员及其家属、后代。目前已很少使用"社员"的概念，主要是"村民"与"集体经济组织成员"两个概念并存，甚至在同一部法律中同时出现。"农村集体经济组织成员"的概念出现较晚，但许多农民在观念上都将农村集体经济组织追溯到人民公社甚至农业合作化时期的农业生产合作社，当时的社员及其家属、后代就是目前的集体经济组织成员，其核心在于，当时农业生产合作社的社员带着私有土地加入合作社，成为合作社集体所有的土地，社员是合作社集体土地和集体财产的集体所有者。

实践中经常面临的问题是区分村民与集体经济组织成员。农村改革前村庄都比较封闭，除婚嫁以外，村庄之间很少发生人口流动，特定村庄范围内的村民通常就是集体经济组织的成员，除个别外来人员外，特定村庄的村民与集体经济组织成员几乎完全重合。但在农村改革、政策放开以后，由于不同地区经济发展水平、人均土地资源等差别，越来越多的农民跨地区流动，经济欠发达地区的农民流向经济比较发达的地区，人地矛盾突出地区的农民流向人均土地面积较大的地区，流出去的农民仍从事农业、第三产业，还有一些城镇非农业人口来到农村生活、居住，并且成为特定村庄的村民，但他们与原住村民显然存在重要区别：原住村民同时也是集体经济组织的成员，而流入的村民，即使迁入了户籍，通常也不是当地集体经济组织成员。这主要是因为，中国农村还是熟人社会，外来人口的融入是长期过程，甚至非常困难，更重要的是，一般来说，流入地村庄的经济比较发达、集体经济实力较强，集体经济组织成员作为集体土地和集体资产的集体所有者享有的利益较大，原住民不愿意让外来人分享集体财产利益，在这种情况下，外来人口可能是村民委员会组织法规定的村民，有权参加村民委员会选举，有权对公共事务发表意见，但不能作为集体经济组织成员分享集体的财产利益和福利。

因此，村民与集体经济组织成员的关系有两个重要特点：

一个是村民的范围大于集体经济组织成员。村民包括村庄的原住民和居住在本村的外来居民，外来居民包括外来的农民和城镇非农业人口。根据村民委员会组织法第13条第2款的规定，有权参加村民委员会选举的村民包括：（1）户籍在本村并且在本村居住的村民；（2）户籍在本村，不在本村居住，本人表示参加选举的村民；（3）户籍不在本村，在本村居住1

年以上，本人申请参加选举，并且经村民会议或者村民代表会议同意参加选举的公民。而集体经济组织成员一般都是本村庄的原住民，他们肯定都是村民；但同时，有些村民属于外来人口，通常不是集体经济组织成员，特别是在经济发达地区和一些城市郊区，有些村庄的外来人口数量甚至远远超过本村原住民。①

另一个是集体经济组织成员的权利多于村民。村民主要享有行政事务方面的权利，例如：村民委员会的选举权和被选举权；有权参与村公共事务管理，提出意见建议；有权享受公共设施和公益事业的福利，包括文化、教育方面的权利和福利等。集体经济组织成员不仅作为村民享有这些权利，而且还对集体土地等财产享有权利，有权分享集体财产的利益，有权参与对集体土地等财产的民主管理和监督，特别是享有依法承包集体土地的权利、宅基地分配请求权、集体收益分配请求权，以及集体土地被依法征收征用时分享补偿费的权利。村民如果不是集体经济组织成员，对集体土地等财产就不享有权益。这既是村民与集体经济组织成员的关键区别，也是实践中产生纠纷的重要原因。

二、农村集体经济组织成员权的主要内容

农村集体经济组织成员权既是农民的一项基本人权，涉及农民的生存权；也是一项特殊的民事权利，具有民事权利的特征。

集体经济组织成员权类似于社员权。一般认为，社员权包含共益权和自益权，共益权是指以完成法人所担当的社会作用为目的而参与其事业的权利，如表决权、请求或自行召集社员大会之权、请求法院撤销社员大会决议之权；自益权是指专为社员个人的利益所有之权，如利益分配请求权、剩余财产分配请求权及社团设备利用权。②

农村集体经济组织成员权也是一项概括性、复合性权利，是农村集体经济组织成员对组织享有的各种权利的总称。目前，对集体经济组织成员

---

① 特殊情况下，个别外来人口经集体经济组织成员多数同意，可以加入集体经济组织，成为集体经济组织的成员。

② 王泽鉴：《民法总则》，中国政法大学出版社 2001 年版，第 187—188 页。但从实践来看，集体经济组织成员加入集体经济组织时无须出资，作为集体的成员不能分割集体财产，也难以通过协议或者以继承的方式自主转让其他成员权。这些都与社员权存在明显区别。

权的具体内容还有不同看法，特别是不同权利的相互关系、归类（例如自益权与共益权、实体性权利与程序性权利、利益请求权与获益权）以及成员权与农户相应权利（如成员权与农户的土地承包经营权、宅基地使用权）的关系等，尚待深入研究，这里主要根据民法典和农村土地承包法等有关法律规定，参照社员权基本理论，结合农村改革以来集体经济组织的实际情况，特别是农村集体产权制度改革实践，初步分析农村集体经济组织成员享有的各项权利。

一是选举权和被选举权。即参与选举、罢免集体经济组织管理人员，以及被选举为集体经济组织管理人员的权利，参与选举以及被选举为集体经济组织成员代表的权利。

二是参与集体重大事项决定、集体事务管理的权利。依法参与召集、出席集体经济组织成员大会、成员代表会议，并行使表决权，参与制定、修改集体经济组织章程，参与决定集体经济组织的重大事项和重要事务（包括行使集体土地所有权）。

三是知情权。根据民法典第264条的规定，农村集体经济组织应当向本集体成员公布集体财产状况，集体成员有权查阅、复制相关资料。这就赋予集体经济组织成员对集体财产的知情权，以监督和保障集体财产的合理使用和分配，使集体财产得到更好保障。同时，集体经济组织成员对集体经济组织有关重大事项、重要事务的决定，同样享有知情权。

四是监督权。即监督集体经济组织管理人员正当处分集体财产、正当管理集体事务的权利；同时还享有对集体资产管理和处置、对集体事务处理提出意见和建议的权利。

五是针对侵权行为的诉讼权利。具体包括：（1）请求撤销侵权决定的权利。根据民法典第265条第2款的规定，农村集体经济组织负责人作出的决定侵害集体成员合法权益的，受侵害的集体成员可以请求人民法院予以撤销。即集体经济组织成员个人的合法权益受到集体经济组织负责人所作决定侵害的，有权直接请求人民法院撤销相应决定。（2）集体权益受到侵害时参与诉讼的权利。依法理，集体财产受到侵害时，集体经济组织成员有权推选代表人向人民法院提起诉讼。（3）参与代位诉讼的权利。依法理，集体权益受到侵害时，集体经济组织管理人员怠于提起诉讼的，集体经济组织成员可以参与提起代位诉讼。此外，成员资格产生争议，可能损害自身权益的，可以依法提起诉讼。

六是对集体财产的权利，这是成员享有的最重要的核心权利。在抽象意义上，集体经济组织的每个成员作为"集体"的一员，与其他成员一起集体地享有集体财产所有权；在具象意义上，集体经济组织成员以不同形式对集体财产享有占有、使用、收益的权利。具体包括：（1）承包土地的权利。根据农村土地承包法第5条和第19条的规定，农村集体组织成员有权依法承包本集体经济组织发包的农村土地，按照规定统一组织承包时，依法平等地行使承包土地的权利，并以承包户的形式取得土地承包经营权。任何组织和个人不得剥夺和非法限制集体经济组织成员的这项权利，其实质是一项请求权。（2）宅基地分配请求权，即符合条件的依法申请宅基地的权利。按照土地管理法的规定，宅基地以户为单位，一户一宅，集体经济组织成员享有宅基地分配请求权，符合获得宅基地条件的，经批准获得宅基地使用权。（3）集体收益分配请求权，即获得集体收益分配的权利。这也是一项请求权，只有在集体经济取得纯收益并进行分配时，集体经济组织成员的这项请求权才能得以实现，并获得集体分配的货币财产。（4）集体土地补偿费分配请求权。在集体土地被依法征收征用、占用时，集体依法获得相应的补偿，这部分补偿费应当分配给集体经济组织成员，每个成员都有权获得分配。其中，集体收益分配请求权与集体土地补偿费分配请求权，只有在集体有收益进行分配、集体土地被征收征用获得补偿费时，才能行使并获得相应利益。相应地，一旦有集体收益与征收征用集体土地补偿款，就必须分配给集体经济组织成员。[①]

七是承包"四荒"及土地经营权流转的优先权。（1）优先承包"四荒"土地的权利。根据农村土地承包法第51条规定，以其他方式承包农村土地的，在同等条件下，本集体经济组织成员享有优先承包权。（2）土地经营权流转时的优先权。根据农村土地承包法第38条，土地经营权流转应当遵循的原则之一，就是在同等条件下，本集体经济组织成员享有优先权。所谓同等条件，一般是指承包费、承包期限、流转价款、流转期限等主要内容相同。

---

① 有学者因此将成员获得集体资产和集体收益以及征地补偿款的利益称为获益权，强调其与收益请求权的不同，即获益权更多地强调成员获取利益的应然性。参见宋天骐：《论农村集体经济组织成员的权利体系》，载《人民法治》2019年第9期。

法律对行使优先权的时限没有明确规定。根据最高人民法院 2020 年新修正的《关于审理涉及农村土地承包纠纷案件适用法律问题的解释》第 18 条规定，以其他方式承包农村土地，发包方将土地发包给本集体经济组织以外的组织或者个人，已经法律规定的民主议定程序通过，并由乡（镇）人民政府批准后，集体经济组织成员再主张优先承包权的，人民法院不予支持；根据该司法解释第 11 条，土地经营权流转时本集体经济组织成员主张优先权的，如果在书面公示的合理期限（未经书面公示的，在本集体经济组织以外的人开始使用承包地 2 个月）内未提出优先权主张，人民法院不予支持。这就要求集体经济组织成员在上述期限内主张优先权。

八是享受集体的公共福利、利用集体公益设施的权利。作为集体的一员，有权按照集体的规定享有集体的公共福利，享受集体的公共服务，利用集体的公益设施，如公共休闲场所、文化体育设施等。

九是自主退出集体经济组织的权利。20 世纪 50 年代农业社会主义改造时，按照相关法律规定，加入初级合作社、高级合作社的社员都有退社的自由。但人民公社化以后，人民公社实行政社合一，社员的身份同时具有行政和经济属性，加之人口迁移受到严格限制，社员实际丧失了退社自由。农村改革以来，法律虽然没有明确规定集体经济组织成员享有退出集体经济组织的权利，但随着工业化、城镇化进程加快，有些农户离开农村进入城镇或者迁移到其他地方工作、生活，客观上退出了原农村集体经济组织，事实上享有退出的自由。

此外，农村集体经济组织成员还曾经享有获得自留山、自留地的权利等，目前，这项权利在绝大部分地区已经没有实际意义。

三、集体经济组织成员承包土地的权利与土地承包权

农村集体经济组织成员享有的成员权，内容比较丰富，既有共益权，也有自益权。其中，依照农村土地承包法第 5 条规定，农村集体经济组织成员有权承包本集体经济组织发包的土地，即农村集体经济组织成员享有承包土地的权利，这是成员权的重要组成部分。

一般认为，集体经济组织成员承包土地的权利是一种资格权，是集体经济组织成员享有的一种参与承包本集体经济组织发包的农村土地的资格，如果说是一项权利，也只是一项期待权，并不是针对特定土地的现实

权利。承包土地的权利之行使方式是向集体经济组织为一定的表意行为，具有请求权属性，因此也可以称为土地承包请求权。[①]

承包土地的权利作为一种可期待利益，能否转化为现实利益具有或然性，取决于多种因素。例如，集体经济组织按照国家规定统一组织发包时，集体经济组织成员享有的承包土地的权利，通常可以通过家庭承包取得土地承包经营权而得以实现。但在集体经济组织统一发包后，已经没有多余可发包的土地，依法也不能随意调整农户的承包地，此时集体经济组织成员依法享有的承包土地的权利，就难以变成针对农民集体土地的现实权利。

近年来农村土地实行"三权分置"，有意见认为，农村集体经济组织成员享有的承包土地的权利就是"三权分置"后的土地承包权。[②] 应当说这是一个误解，这种看法既有悖于法律逻辑，也不符合有关政策文件和土地承包实际。

第一，家庭承包的主体是农户家庭。有关政策文件强调要稳定农户承包权，并未提出集体经济组织成员的承包权。农村土地承包法第16条明确规定，家庭承包的承包方是本集体经济组织的农户。这就非常清楚地表明，土地承包经营权的主体是集体经济组织的农户，不是集体经济组织成员个人，源自土地承包经营权的土地承包权显然也应当属于承包户。

第二，集体经济组织成员承包土地的权利是法律明确赋予成员的法定权利，任何组织和个人不得剥夺。只要是农村集体经济组织成员，就享有承包土地的权利。对此，法律规定是明确的，实践中也是清楚的。[③] 而且，集体经济组织成员承包土地的权利只是一种期待权，并非针对特定土地的现实权利。假如集体经济组织成员承包土地的权利就是土地承包权，那么，有关政策文件强调稳定土地承包权就完全没有必要了。

第三，农村土地承包法第19条第1项规定，发包方按照规定统一组织承包时，本集体经济组织成员依法平等地行使承包土地的权利，也可以自愿放弃承包土地的权利。如果将集体经济组织成员承包土地的权利看成农

---

① 丁文：《论土地承包权与土地承包经营权的分离》，载《中国法学》2015年第3期。

② 2015年初，作者担任农村土地承包法修改起草工作小组组长研究起草农村土地承包法修正案草案时，就曾听到过这种观点。

③ 实践中经常产生争议的，是确认某个农民是不是集体经济组织成员，成员身份得到确认的，其土地权益通常不难得到保护。

户承包权，那就等于允许成员放弃农户承包权，这明显有悖常理，也不符合家庭承包实践。①

第四，集体经济组织成员承包土地的权利，只是成员初始取得土地承包经营权的一种资格，是承包土地的前提，明显不属于土地承包经营权的内容，而是外在于土地承包经营权的一项权利，反映的是农村集体经济组织成员与集体经济组织之间的关系，不存在从土地承包经营权分离出来的问题，不可能成为"三权分置"的土地承包权。②

第五，将承包土地的权利作为土地承包权，集体经济组织成员作为土地承包权的主体，不仅涉及家庭承包经营的基本经营制度，而且会导致法律规定之间的内在逻辑矛盾，还要面临一些难以解决的现实问题。例如，新增的集体经济组织成员如何取得土地承包权，迁入城市的集体经济组织成员的土地承包权是否收回等。相反，把承包土地的权利看成一种资格性权利，新增成员是否实际取得土地承包权都不影响其承包土地的资格权利，迁入城市的集体经济组织成员只是丧失今后承包土地的资格，已经依法取得的土地承包权仍然受到保护，这显然更符合现行政策和农村土地承包实践。

第二节　土地承包经营权

一、土地承包经营权的取得

农业家庭经营是一种历史悠久的组织形式，可以说，家庭经营始终是农业生产最基本、最基础的组织形式，至今仍然显示出广泛的适应性和强劲的生命力。不仅在日本、韩国这样人多地少、小规模经营农业的国家，

---

① 农村土地承包法第 5 条与第 19 条第 1 项规定是相互关联的。集体经济组织成员随时可以依据第 5 条规定提出承包土地的请求，但只有在集体经济组织依照第 19 条第 1 项规定统一组织承包时，集体经济组织成员才能平等地行使承包土地的权利，并且作为承包户的家庭成员现实地取得土地承包经营权，其承包土地的权利才能得到落实，或者说，集体经济组织才有义务按照规定实现成员承包土地的权利，其他情况下，集体经济组织成员依据第 5 条规定提出承包土地的请求，集体经济组织没有法定义务予以落实，否则，稳定土地承包关系就会成为空话，这显然不符合农村土地承包法的立法宗旨。

② 高飞：《农村土地"三权分置"的法理阐释与制度意蕴》，载《法学研究》2016 年第 3 期。

即使在美国、加拿大这样土地资源丰富、大规模经营农业的国家，家庭经营也是农业的基础经营组织形式。

中国的悠久历史上，农业一直实行家庭经营。1949 年中华人民共和国成立后，农业仍然实行家庭经营，人民公社化时期，农业集体经营取代了家庭经营。1978 年农村改革，农村实行家庭承包经营责任制，确立了以家庭经营为基础、统分结合的双层经营体制，作为农村基本经营制度，在一定意义上重新回归农业的家庭经营，农户成为家庭承包经营的主体。

（一）农村土地承包经营的基本主体是农户

农村承包经营的主体是农户家庭，而不是农民个人。国内外的经验证明，家庭经营是适合农业生产特点的经营方式。我国农村土地实行家庭经营，不仅顺应农业生产经营的特征，也适合我国人多地少特别是农村人口较多的现实，而且符合我国注重家庭的传统文化。

第一，农业生产受到产品市场环境和自然环境的双重影响，同时面临市场风险和自然风险，生产过程中需要及时针对市场和自然环境的变化作出相应的反应和调整。农业生产经营组织中，最理想的决策者应该是直接生产者。[1] 家庭经营就具有这种自主性和灵活性，能够根据农产品市场状况、气候和自然环境的变化，按照农作物生长规律，及时、灵活地采取各种措施，使生产经营活动取得最好效果。

第二，农业生产活动难以规范化、标准化，劳动者的努力程度很难计量，劳动与劳动成果之间的联系难以衡量，对劳动者的工作难以监督，比较容易出现我国人民公社时期普遍存在的"生产大呼隆""社员出工不出力"的情形，而农户家庭成员之间的利益高度一致，几乎不需要任何精确的劳动计量和过程监督，就能保证农业生产的顺利进行，因而可以最大限度地压缩农业生产的监督成本。[2] 家庭成员之间不需要对劳动情况进行精确衡量和监督，节省了农业生产的监督成本。

第三，家庭作为经营主体，符合我国历史上注重家庭的文化传统。农户家庭作为经营主体，不仅方便生产活动的安排和调剂，而且使家庭成员之间的利益冲突内在化，在家庭内部调节和解决家庭成员之间可能存在的

---

① 陈锡文：《中国农村改革研究文集》，中国言实出版社 2019 年版，第 179 页。

② 韩俊：《农业改革须以家庭经营为基础》，载《农村工作通讯》2014 年第 17 期。

利益冲突和矛盾，从而有效地预防和减少农村的社会矛盾，有利于农村社会稳定。特别是在个人权利意识不断增强、个人越来越注重维护自身权益的形势下，在家庭内部处理成员之间的利益矛盾，无疑是维护社会稳定的重要传统力量。

农村改革以来，有关法律和政策文件一直强调农户家庭的经营主体地位。1986 年 4 月通过的民法通则第 27 条规定：农村集体经济组织的成员，在法律允许的范围内，按照承包合同规定从事商品经营的，为农村承包经营户。第 28 条进一步规定：个体工商户、农村承包经营户的合法权益，受法律保护。这些规定直接提出"农村承包经营户"的概念，并且明确国家保护农村承包经营户的合法权益。2002 年通过的农村土地承包法第 15 条明确规定，家庭承包的主体是集体经济组织内部的农户。2013 年党的十八届三中全会通过的《中共中央关于全面深化改革若干重大问题的决定》强调，坚持家庭经营在农业中的基础性地位。

（二）农户通过家庭承包取得土地承包经营权

农户作为家庭承包的经营主体，土地承包经营权（承包权）主体应当是承包户，不是该农户的集体经济组织成员个人。根据土地承包实践和农村土地承包法有关规定，承包户取得土地承包经营权的实践逻辑是：

第一，依据农村土地承包法第 5 条规定，集体经济组织成员享有承包本集体经济组织发包的农村土地的权利，任何组织和个人不得剥夺和非法限制。这项权利是一种资格性权利，是承包土地的前提条件，只是承包土地的期待权或者请求权，并非针对特定土地的现实权利。

第二，依据农村土地承包法第 19 条第 1 项规定，在集体经济组织按照国家规定统一组织发包时，集体经济组织的每一个成员平等地行使承包土地的权利，并通过家庭承包，取得针对特定承包地的权利。这一规定与第 5 条是相互关联的，集体经济组织成员依第 5 条享有承包土地的权利，但只有在集体经济组织依照第 19 条第 1 项规定统一组织发包时，成员才能平等行使承包土地的权利并取得针对集体土地的现实权利；集体经济组织未组织发包土地时，成员可以请求行使承包土地的权利，但是不一定能够实际取得针对特定土地的现实权利，例如集体已经没有土地可以发包，成员承包土地的权利就难以实现，集体也没有义务随时满足成员提出的承包土地请求，否则就不可能稳定土地承包关系。

这里的"平等"主要是指承包程序、承包方式、承包标准方面的平等，并不意味着每一个成员承包土地的数量是平均、相等的。事实上，集体经济组织统一组织承包时，不同年龄、不同劳动能力的成员实际承包土地的数量很可能不同（例如每个劳动力可承包 1 亩、非劳动力 0.5 亩），每一个或者一类成员应承包土地的具体数量，由集体经济组织根据成员的具体情况和集体土地数量确定。

第三，以家庭为单位承包。把每个农户的成员应承包的土地面积相加，作为该农户承包土地的面积，由农户与集体经济组织签订承包合同，取得承包地的土地承包经营权。可见，集体经济组织成员只是享有并依法行使承包土地的权利，通过家庭承包取得土地承包经营权的是集体经济组织内部的农户，不是某个农户的成员个人。

在不十分严格的意义上，集体经济组织成员享有的承包土地的权利，类似于公民的选举权。每一个符合法定条件的公民依法都享有选举权和被选举权，但只有在按照规定统一组织选举时才能参加选举，真正行使选举权、被选举权；未统一组织选举时，公民仍享有选举权，可以按照有关规定提出组织选举的请求，但不能实际地行使选举的权利。类似地，集体经济组织成员依法享有承包土地的权利，在集体经济组织按照规定统一组织发包时，有权依法行使承包土地的权利，取得对一定土地的现实权利；集体经济组织未组织发包时，成员仍然享有承包土地的权利，可以提出承包土地的请求，但是通常不能实现承包土地的权利，因此不能对特定土地享有现实的权利。

实践中，有些集体经济组织成员要求行使承包土地的权利，但由于各种原因未能实际取得土地的现实权利，因此向人民法院起诉主张权利。对此，2005 年发布的《最高人民法院关于审理涉及农村土地承包纠纷案件适用法律问题的解释》第 1 条第 2 款规定：集体经济组织成员因未实际取得土地承包经营权提起民事诉讼的，人民法院应当告知其向有关行政主管部门申请解决。即人民法院不作为民事案件受理，而是由有关管理部门解决，主要理由是：（1）承包方取得土地承包经营权的前提是，参与承包者享有本集体经济组织成员权，实践中成员权问题在很多方面涉及农村公共事务管理，人民法院如果将这类纠纷作为民事案件受理，可能涉及农村公共事务管理方面的问题；（2）承包方取得土地承包经营权必须签订承包合同，集体经济组织成员未实际取得土地承包经营权而请求法院判决其享有土地承包经营权，该诉讼请求缺乏充分理由和依据。

承包户作为土地承包经营权主体，在承包经营过程中出现土地承包纠纷并引发诉讼的，诉讼的双方当事人应当是发包方与承包户，不是承包户的户主或者其他成员。司法实践中，有的以户主名义、有的以家庭成员个人名义、有的以家庭全体成员名义起诉，都不是适格的诉讼当事人，人民法院往往不予受理或者要求变更诉讼主体。

不过，农户毕竟是一个集体概念，必须落实到具体的人作为代表来行使诉讼权利，实施诉讼行为。对此，《最高人民法院关于审理涉及农村土地承包纠纷案件适用法律问题的解释》第4条规定："农户成员为多人的，由其代表人进行诉讼。农户代表人按照下列情形确定：（一）土地承包经营权证等证书上记载的人；（二）未依法登记取得土地承包经营权证等证书的，为在承包合同上签名的人；（三）前两项规定的人死亡、丧失民事行为能力或者因其他原因无法进行诉讼的，为农户成员推选的人。"不论按照上述规定确定由谁具体实施诉讼，都是代表承包户的，法院作出的判决对该承包户的每个成员都有约束力。

二、土地承包经营权的基本内容

土地承包经营权作为一项用益物权，其基本内容由法律规定。

（一）承包户享有的基本权利

根据民法典第331条和农村土地承包法第17条规定，承包户作为土地承包经营权人对其承包经营的耕地、林地和草地等享有占有、使用和收益的权利，有权从事种植业、林业、畜牧业等农业生产。具体来说，承包户的土地承包经营权主要包含下列三项基本权利：

一是占有承包地的权利。即承包户对承包的集体土地直接支配和排他的权利。农户承包土地进行农业生产，获取收益，都必须以占有承包地为前提，只有占有土地，才能行使对土地的使用、收益等权利。承包方对承包地的占有包括直接占有和间接占有，承包方亲自耕种承包地，是对承包地的直接占有；承包方将土地经营权流转给受让方的，由受让方直接占有承包地，承包方构成对承包地的间接占有，流转期限届满后，土地经营权回归承包方，承包方重新实现对承包地的直接占有。

二是使用承包地的权利。农户承包土地从事种植、养殖、畜牧业生产经营需要使用承包地,否则难以从事农业生产,因此,合理、有效地使用承包地是承包户的重要权利,承包户行使使用承包地的权利隐含着生产经营自主权,有权自主组织农业生产经营活动,自主决定如何利用土地、安排什么种植养殖项目等,同时,为实现土地的有效使用,还有权修建农业生产所必要的附属设施,例如修建堤坝、水井、沟渠、家用道路等,并对这些附属设施享有所有权。①

三是依法获取承包地收益的权利。农户承包集体土地的重要目的就是从事农业生产并获得收益,农户享有的收益权就是获得承包地产生的收益的权利,同时隐含着产品处分权,即可以自主处分其生产的产品并取得收益。承包方的收益权既针对从事农业生产经营取得的收获物,也针对处分土地承包经营权而取得的对价,例如互换、转让土地承包经营权取得的对价、流转土地经营权取得的租金等流转费。

(二)承包户享有的其他权利

根据农村土地承包法有关规定,承包户还享有下列权利:

一是互换、转让土地承包经营权的权利。依据农村土地承包法第33条和第34条,承包户在承包期内可以自主将土地承包经营权与本集体经济组织其他农户互换;经发包方同意,承包方可以将其土地承包经营权转让给本集体经济组织其他农户。

二是流转土地经营权的权利。农村土地"三权分置"以后,依据农村土地承包法第36条,在承包期内,承包方可以自主决定依法采取出租(转包)、入股或者其他方式向他人流转土地经营权。即承包户保留土地承包权,以出租、转包、入股等方式,将土地经营权流转给其他经营者。

三是延包的权利。根据民法典第332条和农村土地承包法第21条规定,耕地的承包期为30年,草地的承包期为30年至50年,林地的承包期为50年至70年。耕地承包期届满后再延长30年,草地、林地承包期届满后相应地延长。承包方在承包期满后有权依照法律规定延长承包期,继续承包。

---

① 祖彤、杨丽艳、孟令军:《我国农村土地承包经营权制度研究》,黑龙江大学出版社2014年版,第89—90页。

四是承包收益被继承和继续承包的权利。土地承包经营权本身不存在继承的问题，但是，根据农村土地承包法第 32 条，承包人应得的承包收益，依照继承法的规定继承。① 林地承包的承包人死亡，其继承人可以在承包期内继续承包。即承包方的承包收益可由继承人依法继承；林地承包因承包期长，承包人死亡的，在承包期内，其继承人有权继续承包。

五是土地承包经营权依法受到保护的权利。根据民法典第 336 条和第 337 条规定，原则上，承包期内，发包人不得调整承包地，不得收回承包地。承包户的土地承包经营权受到这些规定的保护。

六是获得补偿的权利。包括承包方的承包地被依法征收、征用、占用时，依法获得相应补偿的权利，以及承包方因增加投入、培肥地力，在交回承包地或者进行土地经营权流转时获得补偿的权利。

除上述权利外，承包方还享有其他一些权利，具体请看第三节土地承包权的主要内容。

（三）承包户的主要义务

根据农村土地承包法等相关法律规定，承包方的主要义务有以下三项：

其一，维护承包地的农业用途。土地管理法第 3 条规定，十分珍惜、合理利用土地和切实保护耕地是我国的基本国策。第 30 条第 1 款规定，国家保护耕地，严格控制耕地转为非耕地。农村土地承包法第 18 条第 1 项规定，承包方负有维护土地的农业用途的义务，未经依法批准不得用于非农建设。承包户应当认真履行法律规定的这些义务。

其二，保护和合理利用土地。农村土地承包法第 11 条规定，农村土地承包经营应当遵守法律、法规，保护土地资源的合理开发和可持续利用。第 18 条规定，承包方负有依法保护和合理利用土地、不得给土地造成永久性损害的义务。土地管理法第 37 条更具体地规定，禁止占用耕地建窑、建坟或者擅自在耕地上建房、挖砂、采石、采矿、取土等。禁止占用永久基本农田发展林果业和挖塘养鱼。因此，承包方必须合理利用土地，同时还

---

① 根据 1985 年 9 月最高人民法院发布的《关于贯彻执行〈中华人民共和国继承法〉若干问题的意见》第 4 条的规定，承包人死亡时尚未取得承包收益的，可把死者生前对承包所投入的资金和所付出的劳动及其增值和孳息，由发包单位或者接续承包合同的人合理折价、补偿。其价额作为遗产。《中华人民共和国民法典》颁布实施后，该意见已被废止并于 2021 年 1 月 1 日失效。

要保护土地的质量和生态环境，维护和提高地力，防止给土地造成永久性损害。这里的永久性损害一般是指，对土地进行不合理耕作、掠夺式经营，或者建造永久性建筑物、构筑物、取土、采矿以及其他不合理使用土地的行为，造成土地荒漠化、盐渍化、破坏耕作层等严重破坏土地耕作条件的情况，以一般的人力、物力难以恢复种植条件的损害。

其三，不得弃耕抛荒承包地。为充分利用耕地，防止弃耕抛荒，稳定粮食生产，确保国家粮食安全，1998 年修订的土地管理法第 37 条第 3 款明确规定：承包经营耕地的单位和个人连续 2 年弃耕抛荒的，原发包单位应当终止承包合同，收回发包的耕地。随后制定的《基本农田保护条例》第 18 条也针对承包基本农田作了相同规定。有些省（区、市）制定的相关地方性法规也有类似规定。我国人多地少，保障国家粮食安全压力较大，确保粮食生产，防止承包地弃耕抛荒，很有必要。特别是针对不时出现的弃耕抛荒现象，这些规定很有现实意义。

但是，这些规定的实施情况并不理想，承包地弃耕抛荒现象仍然时有发生。在国家取消农业税之前，大部分出现弃耕抛荒的地方并未按规定收回承包地，因为种地本就无利可图，负担又比较重，收回承包地后无人耕种，而且承包地的各种费用也无人承担，反而给发包方增添了麻烦，因而发包方通常将抛荒土地交由他人耕种，由代耕人承担土地上的相应费用。有鉴于此，2002 年制定的农村土地承包法并未针对弃耕抛荒作出规定，因为要求发包方收回抛荒土地，实践证明难以执行，更重要的是，也不符合稳定土地承包关系的政策导向和农村土地承包法的立法宗旨。

有学者认为，土地管理法关于收回抛荒承包地的规定不尽合理，因为其没有区分抛荒的不同原因并以此分别规定不同的法律后果，只有过错抛荒的才应当承担法律责任；也没有根据抛荒对不同性质承包地的负面影响程度不同作出规定，建议完善关于抛荒的法律规则。[①]

影响农民弃耕抛荒的原因比较复杂，而且在不断变化。立法明确承包方不得弃耕抛荒是必要的，但对于弃耕抛荒的处理应当慎重，重点应当是确保承包地合理耕种，确保粮食安全，不宜轻易收回承包地。长期以来，法律和政策的主基调是稳定农村土地承包关系，农村土地承包法也禁止随

---

① 曹务坤：《农村土地承包经营法律研究——从价值到规范的进路》，知识产权出版社 2011 年版，第 188—190 页。

意收回承包地。承包地既是农民的基本生产资料，也是他们的生活保障，甚至可以说是农村稳定乃至社会稳定的重要基础，不能轻易收回。

2004 年 4 月国务院办公厅发布的《关于妥善解决当前农村土地承包纠纷的紧急通知》提出，要尊重和保障外出务工农民的土地承包权和经营自主权。对外出农民回乡务农，只要在土地二轮延包中获得了承包权，就必须将承包地还给原承包农户继续耕作。乡村组织已经将外出农民的承包地发包给别的农户耕作的，如果是短期合同，应当将承包收益支付给拥有土地承包权的农户，合同到期后，将承包地还给原承包农户。通知还提出，要坚决纠正对欠缴税费或土地抛荒的农户收回承包地。要严格执行农村土地承包法的规定，任何组织和个人不能以欠缴税费和土地抛荒为由收回农户的承包地，已收回的要立即纠正，予以退还。对农村土地承包法实施前已经收回的农户抛荒承包地，如农户要求继续承包耕作，原则上应允许继续承包耕种。如原承包地已发包给本集体经济组织以外的人员，应当修订合同，将土地重新发包给原承包农户。

司法机关对收回农民承包地也是从严掌握的。根据《最高人民法院关于审理涉及农村土地承包纠纷案件适用法律问题的解释》第 6 条的规定，因发包方违法收回、调整承包地，或者因发包方收回承包方弃耕、撂荒的承包地产生的纠纷，按照下列情形分别处理：（1）发包方未将承包地另行发包他人，承包方请求返还承包地，应当予以支持；（2）发包方已将承包地另行发包给第三人，承包方以发包方与第三人为共同被告，请求确认其签订的承包合同无效、返还承包地并赔偿损失的，应当支持，但属于承包方弃耕、撂荒情形的，对其赔偿损失的诉讼请求，不予支持。

因此，承包方弃耕抛荒的承包地不宜轻易收回。比较可行的是，对承包户因各种原因弃耕抛荒的承包地，授权集体经济组织请他人代耕，并由代耕人向承包户支付适当租金，具体数额可由双方协商确定，或者由集体经济组织根据当地承包地平均租金水平确定，即由集体经济组织请人代耕，由代耕人与承包方分享收益，但不影响承包方的土地承包经营权，使进城务工的农民享有承包地的保障，有利于防止承包地抛荒影响粮食生产，并且保护承包地，使承包地的地力得以维持。① 不少地方已经这样做

---

① 房绍坤：《物权法用益物权编》，中国人民大学出版社 2007 年版，第 118 页。

了，有的还通过规范性文件予以确认。例如，2008 年 3 月重庆市人民政府办公厅发布的《关于切实解决撂荒地问题的通知》（现已失效）规定：因弃农经商、长期外出务工或家中缺少劳动力等无力耕种但又不愿意放弃土地承包经营权的农户，须委托他人代耕；对撂荒 1 年以上的承包耕地，发包方要按照有关规定组织代耕，代耕收入归代耕人所有。

三、土地承包经营权流转

土地承包经营权作为一种法定物权，是农户的重要财产权利，不论理论上还是实践中都可以依法流转。这里的流转是广义的，包括以转让、互换、转包、出租、入股、抵押等各种方式，将土地承包经营权或者其中的部分权利移转给受让方的行为。

土地承包经营权流转是实践中创造出来并广泛使用的词汇，"流转"概括地表明土地承包经营权或其部分权利以各种形式发生的转移，其内涵、外延丰富，但它并非严谨、准确的法律用语，特别是法律明确了土地承包经营权的用益物权性质后，土地承包经营权流转既指土地承包经营权的完全转移，也包括土地经营权的部分权利的转移，学者们分别称之为土地承包经营权的物权性流转与债权性流转，流转的含义模糊不清。[①] 2018年修改农村土地承包法，确认农村土地"三权分置"，同时将土地承包经营权流转区分为土地承包经营权互换、转让与土地经营权流转，前者是土地承包经营权的转移，后者是土地经营权的转移。此后，"流转"只适用于土地经营权，不再使用土地承包经营权流转的概念。

（一）逐步放开土地承包经营权流转

土地承包经营权流转是随着承包实践的发展而逐渐放开、扩展的。

实行家庭承包责任制初期，受人民公社时期旧观念影响，又缺乏实践探索，因此，国家政策不允许承包户进行土地承包经营权（土地）流转。1982 年中央一号文件《全国农村工作会议纪要》明确提出，社员承包的土地，不准买卖，不准出租，不准转让，不准荒废，否则，集体有权收回；

---

① "流转"一词虽不那么严谨、准确，但实践中已经广泛使用，而且能够较好地概括土地承包经营权以各种形式发生的移转，难以用对应的法律术语很好地替代，为准确反映历史状况，这里继续沿用。

社员无力经营或者转营他业时应退还集体。

1984 年以后，禁止土地承包经营权流转的政策逐渐有所松动。1984 年一号文件《中共中央关于一九八四年农村工作的通知》继续坚持自留地和承包地均不准买卖、不准出租、不准转作宅基地和其他非农业用地，但同时明确，社员在承包期内因无力耕种或转营他业而要求不包或少包土地的，可以将土地交给集体统一安排，也可以经集体同意，由社员自找对象协商转包，但不能擅自改变承包合同的内容。这事实上有限制地允许土地承包经营权流转。而且，尽管政策文件不允许土地承包经营权买卖、出租，但随着农村分工分业和劳动力转移就业不断扩展，土地承包经营权如不允许出租，承包地就可能荒废，为突破这一窘境，农民就发明了"流转"这个概念，既然政策不准"出租"，那就叫"流转"，后来，流转又被赋予其他含义并流传至今。①

1988 年宪法修正案取消了"不得出租土地"的禁止性规定，同时明确"土地的使用权可以依照法律的规定转让。"这就在宪法层面放开了土地承包经营权流转，因为人们普遍认为，农村土地承包经营权相当于土地使用权。随后，1993 年 7 月全国人大常委会通过的农业法第 4 条中规定：国有土地和集体所有的土地的使用权可以依法转让。第 13 条第 2 款更明确地规定：在承包期内，经发包方同意，承包方可以转包所承包的土地、山岭、草原、荒地、滩涂、水面，也可以将农业承包合同的权利和义务转让给第三者。

1995 年 3 月国务院批转的《农业部关于稳定和完善土地承包关系的意见》指出，农村集体土地承包经营权的流转，是家庭联产承包责任制度的延续和发展。在坚持土地集体所有和不改变土地农业用途的前提下，经发包方同意，允许承包方在承包期内，对承包标的依法转包、转让、互换、入股，其合法权益受法律保护，但严禁擅自将耕地转为非耕地。该文件还要求"建立土地承包经营权流转机制"。1998 年 10 月党的十五届三中全会通过的《中共中央关于农业和农村工作若干重大问题的决定》明确，土地使用权的合理流转，要坚持自愿、有偿的原则依法进行。不得以任何理由强制农户转让。

---

① 陈锡文：《乡村振兴的核心在于发挥好乡村的功能》，载《中国人大》2019 年第 8 期。

2002 年 8 月通过的农村土地承包法第二章第五节全面规范了土地承包经营权流转，明确规定了流转的原则、方式和条件，以及流转合同的主要条款、流转的登记备案等。农村土地"三权分置"后，按照体系化要求，土地承包经营权流转进一步明确区分为物权性流转与债权性流转。其中，物权性流转移转是土地承包经营权的完全移转，主要有土地承包经营权互换、转让两种方式；债权性流转移转的只是土地经营权，承包户保留土地承包权，可以说是土地经营权的流转，主要有三种方式，即土地经营权的出租、转包、入股等。

（二）土地承包经营权流转的原则

根据农村土地承包法有关规定，土地承包经营权流转应当遵循如下原则。

一是平等协商，依法自愿有偿。土地承包经营权流转的双方当事人是平等的民事主体，进行流转均出于自愿，任何组织和个人不得强迫或阻碍承包方进行土地承包经营权流转；流转的具体方式、内容、条件、期限等，由双方协商确定。依法是指双方都必须依法开展土地承包经营权流转，不得违反有关法律法规的规定；自愿是指双方当事人进行流转都是出于自愿，不受其他任何人强迫或者胁迫；有偿是指承包方流转土地承包经营权有权取得流转费，流转费的具体数额、支付的时间和方式等由双方协商确定。

二是不得改变土地所有权性质和土地农业用途。土地承包经营权的流转对象是承包方依法享有的土地承包经营权，不是土地所有权，因此，土地承包经营权流转不得改变承包地的集体所有权性质和所有权关系，不得损害土地所有者的权益。而且，承包地作为农用地只能用于农业，流转土地承包经营权也不能改变承包地的农业用途，不得将土地用于非农建设。

三是不得破坏农业综合生产能力和农业生态环境。提高地力是加强农业综合生产能力建设的基本措施，为保护农业综合生产能力，确保国家粮食安全，土地承包经营权流转还必须注意保护土地的生产能力和农业生态环境，在耕作、使用过程中必须切实保护土地资源，保护耕地地力，不得采取不合理的生产经营方式破坏农业综合生产能力和农业生态环境，确保土地得到合理有效、永续利用。

四是流转的期限不得超过承包期的剩余期限。土地承包经营权是承包户在承包期限内的权利，是有期限的土地权利，不能超过承包期。土地承包经营权流转也应当服从承包期的制约，流转的期限最长只能是承包期的剩余期限。例如，耕地的土地承包经营权期限为30年，承包方在第18年流转土地承包经营权，流转的期限就不能超过12年。

五是受让方须有农业经营能力或者资质。土地承包经营权是集体经济组织农户享有的权利，具有身份特征，土地承包经营权的物权性流转需要将土地承包经营权移转给受让方，因此，受让方应当限于本集体经济组织内部的农户；土地承包经营权的债权性流转只是移转土地经营权，受让方不限于集体经济组织内部，可以是集体组织以外的单位和个人，但是应当具有农业经营能力或者资质，防止没有农业经营能力的单位或个人占用农用地进行非农建设，或者破坏、浪费土地资源。

六是同等条件下本集体经济组织成员享有优先权。土地承包经营权流转时有两个以上受让人的，在同等条件下，本集体经济组织成员享有优先受让权，既能保护集体经济组织成员的土地权利，也有利于避免产生纠纷。所谓同等条件，一般是指流转费用、流转期限等方面的条件基本相同。

（三）土地承包经营权互换、转让

1. 土地承包经营权互换

根据农村土地承包法第33条，承包方之间为方便耕种或者各自需要，可以对属于同一集体经济组织的土地的土地承包经营权进行互换。可见，土地承包经营权互换是指同一集体经济组织内部的农户之间相互交换承包地的土地承包经营权。表面看来，互换是承包地块的交换，但就性质来说，互换是承包地块的土地承包经营权的交换，互换后双方的权利义务应当同时作出相应调整。

农村土地特别是耕地的家庭承包，为实现土地公平分配，大部分地方不仅采取人人有份的办法，而且根据土壤肥力、水田旱地、水利条件、地理位置等因素，将集体所有的全部农用土地区分为好、中、差等不同类别，并且每户都分到一定数量不同类别的土地，造成每户平均都有六七块甚至更多块处于不同位置的承包地，耕作很不方便，由此产生了互换的客观需求，一些承包户自主自愿进行互换，一些集体经济组织在农民自愿的前提下组织开展土地承包经营权互换。政策文件一直鼓励农民开展互换。

2013 年中央一号文件提出，结合农田基本建设，鼓励农民采取互利互换方式，解决承包地块细碎化问题。2014 年 11 月中办、国办发布的《关于引导农村土地经营权有序流转发展农业适度规模经营的意见》明确提出，鼓励农民在自愿前提下采取互换并地方式解决承包地细碎化问题。2015 年 12 月中共中央、国务院发布的《关于落实发展新理念加快农业现代化实现全面小康目标的若干意见》提出，鼓励和引导农户自愿互换承包地块实现连片耕种。

实践中，土地承包经营权互换主要有三种情形：（1）由集体统一组织进行互换。有些地方（如湖北沙洋）根据群众意愿，由集体经济组织统一组织内部的农户，在自愿、协商的基础上进行土地承包经营权互换，使各户的承包地能够集中连片，实现按户连片耕种，便于机械化耕作，提高生产效率，降低生产成本。（2）承包户自行协商互换。实践中比较常见的主要方式是，承包户为便利耕作，降低成本，经自愿协商达成一致，相互之间对部分承包地的土地承包经营权进行互换，使各自的承包地相对集中，便于统一安排耕种。（3）为促进流转或集体统一组织经营而进行互换。有些新经营主体大面积流转土地往往涉及众多农户或者有些集体经济组织打算统一组织经营集体土地，但有某个或某些承包户不愿意，为此将其承包地换为其他土地，以利于实现大面积土地集中流转或者集体统一组织经营。

土地承包经营权互换由双方当事人自主自愿、协商一致，根据农村土地承包法第 33 条，土地承包经营权互换应当向发包方备案，但不需要征得发包方同意。

2. 土地承包经营权转让

根据农村土地承包法第 34 条，土地承包经营权转让是指承包方将全部或者部分土地承包经营权移转给本集体经济组织的其他承包户，由受让方与发包方建立新的承包关系，原承包方与发包方在该土地上的承包关系终止。转让的受让方必须是本集体经济组织内部农户，才能与承包方建立新承包关系，受让方如系其他主体，就难以建立新的承包关系。

2002 年 8 月通过的农村土地承包法第 41 条规定了土地承包经营权转让的两个条件，即承包方有稳定的非农职业或者稳定的收入来源、经发包方同意，前者主要是防止有的农户因突发事件、被迫还债等贸然转让土地承包经营权，搞不好可能失去生活保障，造成生活困难等社会问题，影响农村稳定。实践中，稳定的非农职业和收入来源很难判断，而且，随着农民收入增加，农村社会保障不断健全，担忧的那些情况很少会发生，因此，2018 年修改农村土地承包法时删除了这个条件。

土地承包经营权转让是比较彻底的土地承包经营权流转，实践中占土地承包经营权流转的比例大约在 10%，这体现出农民的谨慎态度。有学者组织田野调查后认为，这主要是因为，非农就业无法提供长期且稳定的合理预期，不少农民工在中年以后还要回到农村，而农村社会保障体系不健全，农民为确保"老有所保"，一般不会轻易转让土地承包经营权；而且，农民对土地承包经营权有升值预期，国家取消农业税，还发放种粮补贴，城市郊区的土地很可能被征用而获得补偿，也使农民不愿意放弃土地承包经营权而丧失未来可能获得的较大升值。①

实践中经常面临的问题是，承包户转让土地承包经营权后，还有权再要求承包土地吗？一般认为，承包户转让土地承包经营权后，在承包期内不应再要求承包土地；但在承包期满后，如果该承包户的家庭成员仍是集体经济组织成员，在新一轮承包时仍然有权依法行使承包土地的权利，即还可以再承包土地。

土地承包经营权互换、转让是土地承包经营权的彻底移转，因此，双方当事人应当签订书面合同，避免产生纠纷。同时，根据农村土地承包法第 35 条，土地承包经营权互换、转让的，当事人可以向登记机构申请登记；未经登记，不得对抗善意第三人。民法典第 335 条确认了这一规定。

土地承包经营权互换、转让涉及用益物权的变动，似乎应当采取登记生效主义，即只有经过登记，互换、转让才能生效。但是，承包户通过家庭承包取得土地承包经营权的过程中，承包方案已经本集体成员大会或者成员代表大会讨论通过，客观上具有公示的效果，而且互换、转让都发生在集体经济组织内部，大部分农户亲自经营承包地，了解承包地的情况，要求土地承包经营权互换、转让必须登记才能生效，必要性不大，同时还可能给承包户增加麻烦和费用支出，采用登记对抗主义，由当事人自行决定是否登记，更符合实际。

---

① 陈小君等：《农村土地问题立法研究》，经济科学出版社 2012 年版，第 192—193 页。

（四）土地承包经营权出租（转包）

土地承包经营权债权性流转主要有两种方式，即转包和出租。实践中，转包与出租也是土地承包经营权流转的最常见形式，这可以说是农民理性选择的结果，因为农民的非农兼业具有不稳定性，他们希望，万一兼业经营失败，能够及时收回流转出去的土地，回家耕种承包地，转包和出租能够保持这种灵活性，因而成为土地承包经营权流转的主要方式。

根据土地承包经营权流转的实践和比较一致的看法，转包是指承包方在一定期限内将部分或者全部承包地的土地经营权移转给本集体经济组织内部的其他农户或个人，通常是亲友熟人，因此受让方可能支付、也可能不支付转包费；出租是指承包方在一定期限内将部分或者全部承包地的土地经营权租赁给第三方，包括本集体经济组织内部农户、个人或者其他单位、个人，第三方支付租金。从实践看，出租更接近市场配置资源的方式，租金更接近市场交易形成的流转价格，通常高于转包费；而且，转包的期限一般较短，出租的期限有长有短，通常比转包更长。转包与出租，都是承包方在一定期限内将承包地的土地经营权移转给第三方，自己保留土地承包权，其与集体经济组织的承包关系保持不变。就法律关系实质来说，"转包"与"出租"本质是相同的。在学者组织实地调查时，有农民就回答说，两者没有什么不同，都是把地交给别人种。①

一般认为，转包与出租的主要区别是：转包的转入方是本集体经济组织内部农户或个人，出租的承租方没有这种限制。就家庭承包而言，承包方将土地经营权转移给本集体经济组织的农户，转入方也具有承包土地的资格，称为"转包"而强调"承包"的内在含义，有一定的道理。承包方将土地经营权转移给本集体经济组织以外的单位或个人，后者并不具备家庭承包的资格，称为"出租"显然更为准确。有学者甚至认为，转包关系的转入方获得的土地权利，从理论上讲是一项物权性质的次级土地承包经营权，类似于大陆法系民法的永佃权，其效力应当高于通过租赁获得的权利。②

农村土地"三权分置"以后，土地经营权成为可以脱离集体经济组织

---

① 陈小君等：《农村土地问题立法研究》，经济科学出版社 2012 年版，第 195 页。

② 廉高波、袁震：《论农村土地承包经营权的转包》，载《西北大学学报（哲学社会科学版）》2010 年第 5 期。

成员身份的权利，而土地承包经营权的转包和出租，承包方都保留土地承包权，只是将土地经营权移转给受让方，受让方都可以是集体经济组织以外的单位和个人，再区分转包与出租的实际意义不大，可以将转包并入出租。2020 年通过的民法典第 339 条就只规定了土地经营权出租、入股，没有再规定转包。

（五）土地承包经营权入股

土地承包经营权入股的现实情况比较复杂，入股的形式和具体办法各有不同。[①] 对于土地承包经营权入股的性质还存在不同看法。有学者认为，农村土地承包经营权入股是权利人在保留物权性质的土地承包经营权基础上，以承包地使用权（指承包经营权包含的一部分权利，而不是全部权利）折价入股；[②] 有学者认为，土地承包经营权入股的法律本质是承包经营权人在继续承担承包义务的前提下，将土地承包经营权转移给农业经营体，并因此获得相应股权的行为。[③]

鉴于现实情况的复杂性和理论认识的分歧，2002 年制定的农村土地承包法第 42 条规定：承包方之间为发展农业经济，可以自愿联合将土地承包经营权入股，从事农业合作生产。一般认为，这一规定只限于承包方将土地承包经营权入股共同发展农业生产，比如成立农业合作社进行农业合作生产，不包括将土地承包经营权作为投资设立农业经营公司，或者将土地承包经营权量化为股份投入从事农业生产的工商企业，因为不少同志担心，农民将土地承包经营权入股兴办工商企业，一旦企业生产经营陷入困难或者因其他原因导致企业破产，入股的土地承包经营权就要作为破产财产用于清偿企业债务，农户可能失去承包地，失去最后的生存保障，会影响他们的生活，搞不好甚至影响农村稳定。[④] 而且，土地承包经营权入股企业，如果企业资不抵债进入破产清算程序，因土地承包经营权附有期

---

①　这里所述的土地承包经营权是指家庭承包的土地承包经营权，以其他方式承包取得的土地承包经营权，在实行"三权分置"后称为土地经营权，其入股基本可以适用用益物权入股的相关法律规则，具体请看本书第六章。

②　丁关良、李军：《农村土地承包经营权流转的运行机理和操作规程研究》，载《华中农业大学学报（社会科学版）》2004 年第 2 期。

③　黄河等：《农业法视野中的土地承包经营权流转法制保障研究》，中国政法大学出版社2007 年版，第 74—75 页。

④　何宝玉主编：《中华人民共和国农村土地承包法释义及实用指南》，中国民主法制出版社2002 年版，第 104—105 页。

限，并且作为用益物权具有相对性，难以像其他财产那样进行变卖清偿。

为强化土地承包经营权的社会保障功能，防止农民因土地承包经营权入股而丧失承包地，2005 年原农业部发布的《农村土地承包经营权流转管理办法》（现已失效）第 19 条规定，农民用土地承包经营权入股的方式组织农业股份合作组织，股份合作组织解散后，农地应返还给原来承包土地的农民。这一规定对入股的土地承包经营权给予特殊保护，以更好地保护农民利益。

土地承包经营权作为一种用益物权，是一种财产权。根据公司法，股东可以用货币出资，也可以用实物、知识产权、土地使用权等可以用货币估价并可以依法转让的非货币财产出资。因此，从理论上说，依法可以用土地承包经营权出资举办公司。2013 年 11 月党的十八届三中全会决定明确提出，允许农民以承包经营权入股发展农业产业化经营。2014 年 11 月中办、国办印发的《关于引导农村土地经营权有序流转发展农业适度规模经营的意见》进一步提出，有条件的地方根据农民意愿，可以统一连片整理耕地，将土地折股量化、确权到户，经营所得收益按股分配，也可以引导农民以承包地入股组建土地股份合作组织，通过自营或委托经营等方式发展农业规模经营。

近年来，许多地方积极探索土地承包经营权入股的具体做法和有效途径，积累了一些实践经验。根据地方实践，土地承包经营权入股大体可分为三类情形：

第一类是承包方自愿联合，将土地承包经营权入股成立农民合作组织，从事农业合作生产。即农村土地承包法规定的土地承包经营权入股，实践中大多是农户以土地承包经营权入股成立农民专业合作社，合作社主要从事农业生产，虽有一定市场风险，但承包地仍由农民经营，因此，农户的土地承包经营权较有保障，面临的风险不大。

第二类是集体经济组织成立股份合作组织或者土地股份合作社，农户的土地承包经营权（有些还包括集体的其他财产）作为股份加入其中，土地承包经营权成为股份合作组织或者土地股份合作社的财产，承包方享有股权。采取这种入股形式的通常是经济比较发达的地方，集体经济实力较强，而且种地已不是农户的主要经济活动和收入来源，农户的土地承包经营权转变为股权，农户凭股权分红，土地承包经营权实际已不是农户的主要生活保障。这种形式的入股形成的股份合作组织或者土地股份合作社通常不会出现破产问题，农户面临的风险也不大。

第三类是承包方以土地承包经营权入股，与工商企业一起成立经营实体，开展农业产业化经营。这种形式的土地承包经营权入股还在探索阶段，实践中还面临一些实际问题需要破解。例如，土地承包经营权入股成立公司的，土地承包经营权转移给公司，万一公司经营不善等导致经营失败，土地承包经营权作为公司财产应当用于清偿债务，就会面临如何保障承包户的权益和生活保障的问题；而且，入股农民人数众多可能与公司法规定的人数限制存在矛盾。解决这些问题，既需要实践探索，更需要完善相关的法律制度。

农村土地"三权分置"有利于解决土地承包经营权入股可能带来的某些问题。"三权分置"后，土地承包经营权入股可以区分为两种形式：（1）承包户以土地承包经营权入股实行股份合作制经营。即集体经济组织内部农户将土地承包经营权入股成立股份合作组织，土地承包经营权成为股份合作组织的财产，农户享有股份合作组织的相应股权。这种形式的入股通常是集体经济组织实施的，有些是集体经济组织直接改为股份合作制经济组织，土地由股份合作经济组织统一经营，一般情况下，承包户丧失土地承包经营权的风险不大。（2）承包户以土地承包经营权派生出的土地经营权入股，同时保留土地承包权。当入股可能面临一定风险时（例如入股工商企业），可以采用这种入股形式，从而利用"三权分置"的优势，只将土地经营权入股，万一经营失败，承包户只丧失土地经营权（实质是一定期限内的土地经营权收益），并不涉及土地承包权，因而不影响承包户的社会保障。

四、土地承包经营权抵押

是否允许土地承包经营权抵押融资，不仅是一个法学理论问题，更是一个法律政策问题，涉及现实因素的考虑。

（一）土地承包经营权一直不允许抵押

1986 年 4 月全国人大通过的民法通则第 89 条原则规定了保证、抵押、定金、留置等担保方式，其中第 2 项规定：债务人或者第三人可以提供一定的财产作为抵押物。债务人不履行债务的，债权人有权依照法律的规定以抵押物折价或者以变卖抵押物的价款优先得到偿还。这是对抵押担保的基本规定。

1995 年 6 月制定的担保法对担保制度作了全面规范,其第 34 条明确了可以抵押的财产范围,包括依法承包并经发包方同意抵押的荒山、荒沟、荒丘、荒滩等荒地的土地使用权。第 37 条明确了不可抵押的财产范围,包括耕地、宅基地、自留地、自留山等集体所有的土地使用权。立法过程中,不少关心农业的同志希望将耕地等集体土地使用权作为可抵押财产,支持农民以土地使用权作担保从银行贷款,但金融机构提出,在耕地等集体土地使用权没有发放使用权证、没有赋予物权效力的情况下,盲目同意它可以作为抵押财产,风险实在太大。①

按照学者们理解,这样规定主要有两方面理由:(1)耕地等属于集体所有,属于限制流通财产,而且农民只有使用权,没有所有权,不得随意处分;②(2)我国是农业大国,农业是国民经济基础,用于种植粮棉油菜等农作物的耕地是基础的基础,为保护耕地,保障农业持续、稳定、协调发展,应当禁止以耕地抵押。③ 从当时情况看,各方面特别是法学界对土地承包经营权究竟是物权还是债权存在很大争议,法律又没有明确规定,故允许耕地使用权(土地承包经营权)抵押,在理论和实践上都存在困难。

1999 年全国人大农业与农村委员会牵头起草农村土地承包法草案的过程中,土地承包经营权抵押成为一个争议很大又难以回避的问题。一些经济发达地区的专家学者主张,应当根据农业发展适当创新,允许土地承包经营权抵押,因为随着农村经济发展,一部分土地向专业队组或种植大户集中,实行适度规模经营,生产过程中往往需要较大数量的资金,通过土地承包经营权抵押从银行获得贷款,有利于解决他们的资金困难,特别是农村金融体系还不健全,农民很难获得生产急需的资金,允许土地承包经营权抵押,有利于更好地调动农民生产积极性,增强农村经济活力,促进农业产业化和现代化。因此,2000 年 4 月提出的农村土地承包法草案(征求意见稿)曾经规定,土地承包经营权可以抵押给银行或者其他金融

---

① 孙佑海:《土地流转制度研究》,中国大地出版社 2001 年版,第 187—188 页。

② 唐德华等主编:《最新担保法条文释义》,人民法院出版社 1995 年版,第 97 页;曹士兵:《中国担保诸问题的解决与展望》,中国法制出版社 2001 年版,第 192 页。

③ 张栋主编:《担保法新释与例解》,同心出版社 2000 年版,第 191 页。

机构。

但是，允许土地承包经营权抵押在实践中可能面临两方面问题：一是承包方将土地承包经营权抵押给银行后，万一不能如期偿还贷款，银行依法行使抵押权，处置农户的土地承包经营权，农户可能因此丧失土地承包经营权，从而失去生活保障，搞不好会造成社会问题；二是银行接受土地承包经营权抵押也缺乏经验，一旦承包户到期不能偿还贷款，银行如何处置土地承包经营权，实际操作还存在问题。因此，2001 年 6 月提请审议的法律草案以及 2002 年 8 月通过的农村土地承包法，对家庭承包的土地承包经营权抵押均未作规定，[1] 只是在第 49 条规定，其他方式承包（主要是"四荒"承包）取得的土地承包经营权可以抵押。

2007 年制定物权法，土地承包经营权抵押问题再次受到关注并引发争议，不少学者主张允许土地承包经营权抵押，特别是法律已经明确土地承包经营权的用益物权性质，允许抵押已不存在法理障碍。但是，最终通过的物权法维持了农村土地承包法的做法，对土地承包经营权抵押未作规定，主要理由是，考虑到目前我国农村社会保障体系尚未全面建立，土地承包经营权和宅基地使用权是农民安身立命之本，从全国范围看，现在放开土地承包经营权、宅基地使用权转让和抵押的条件还不成熟。[2]

法律不允许土地承包经营权抵押主要可能有两方面原因：

其一，我国大部分农村地区还没有建立健全社会保障体系，土地承包经营权实际上承担着农民的社会保障功能，农民进城务工一旦遇到困难，可以回家种地，承包地是农民生活的最可靠保障，也是农村乃至整个社会的重要稳定器。如果允许土地承包经营权抵押，万一农户将土地承包经营权抵押给金融机构获得贷款后不能如期还款，金融机构行使抵押权依法处分抵押物，农民因此丧失土地承包经营权，就可能失去生活保障，不利于农村稳定，甚至还会影响社会稳定。[3] 有学者对辽宁省的调查也表明，部分有资金需求的农户不愿参与农村土地承包经营权抵押贷款，最主要的原

---

[1]　王超英主编：《中华人民共和国农村土地承包法实用问答》，中国法制出版社 2002 年版，第 181 页。

[2]　王兆国：《关于〈中华人民共和国物权法（草案）〉的说明》，载《全国人大常委会公报》2007 年第 3 期。

[3]　孟勤国等：《中国农村土地流转问题研究》，法律出版社 2009 年版，第 66 页。

因就是担心失去土地，生活没有保障。① 这从一个侧面说明，在农村社会保障体系不健全的情况下，承包地的土地承包经营权仍然是农户赖以生存的保障。

其二，土地承包经营权流转机制不完善，土地承包经营权评估机构、交易机构很不健全，又缺乏防范和有效化解违约风险的措施，金融机构接受土地承包经营权抵押发放贷款后，万一承包户不能如期偿还贷款，金融机构依法不能、也没有能力直接经营土地，同时土地承包经营权交易不畅，金融机构很难处分土地承包经营权，加之土地承包经营权抵押贷款的成本高、风险大，金融机构担心，一旦农民拖欠贷款，可能影响金融机构的稳健经营。有学者对江苏省开展土地承包经营权抵押试点地区的调查表明，因为抵押贷款的交易成本比较高，并且面临较大的违约风险，在有的试点地区，金融机构参与试点的积极性偏低，认为要真正发挥农地抵押的功能，关键是要降低农地抵押贷款的交易成本。②

除上述原因以外，有些学者还指出，禁止土地承包经营权抵押是为了防止耕地流失，保障国家粮食安全。放任土地承包经营权抵押会直接威胁到粮食生产的安全性，集中到少数人手中的土地权利很难进行用途上的直接干预，耕地的使用会按照市场机制用于生产经济效益高的作物，收益低的粮食作物不会成为首选。③ 还有些学者认为，禁止土地承包经营权抵押是为了防止金融资本借机进行大规模土地兼并，避免农村两极分化并出现大批无地或少地农民；④ 以及保护集体土地公有公用、保护集体成员利益和农村社会稳定；⑤ 防止大量承包土地流入非社区成员手中从而瓦解集体经济组织，进而危及土地集体所有的制度安排。⑥

也有不少学者赞成土地承包经营权抵押。从理论上说，这是城乡土地

---

① 于丽红、陈晋丽、兰庆高：《农户农村土地经营权抵押融资需求意愿分析——基于辽宁省385个农户的调查》，载《农业经济问题》2014年第3期。

② 黄惠春：《农村土地承包经营权抵押贷款可得性分析——基于江苏试点地区的经验证据》，载《中国农村经济》2014年第3期。

③ 祖彤、杨艳丽、孟令军：《我国农村土地承包经营权制度研究》，黑龙江大学出版社2014年版，第184—185页。

④ 中国物权法研究课题组：《中国物权法草案建议稿：条文、说明、理由与参考立法例》，社会科学文献出版社2000年版，第532页。

⑤ 王卫国：《中国土地权利研究》，中国政法大学出版社1997年版，第194页。

⑥ 江平主编：《物权法教程》，中国政法大学出版社2007年版，第315页。

权利平等的客观需要，农村土地承包经营权没有抵押担保权能，体现出城乡土地权利不平等，农村土地承包经营权无法像城市国有土地使用权那样通过金融工具将土地资产转化为资本，阻碍了城乡的平等、均衡发展。因此，赋予农村土地承包经营权抵押担保权能，充实土地承包经营权的处分权能，既符合城乡土地权利平等的客观要求，也有利于拓宽农村金融供给渠道，更好地实现农民土地资产的价值。况且，抵押是土地承包经营权流转的一种方式，既然法律允许土地承包经营权转让，抵押也应成立，这也是农地制度安排的一般原则。转让的结果是承包方现实地失去承包地，抵押的结果只是有失去承包地的可能，允许转让却禁止抵押，有失逻辑的一致性。[①] 还有学者指出，法律已经允许以其他方式承包取得的土地承包经营权抵押，根据法律平等和权利平等规则，也应当允许家庭承包取得的土地承包经营权抵押。[②]

从实践看，允许土地承包经营权抵押有利于满足农民的资金需求，缓解农民融资难。农村金融服务是我国金融体系最薄弱的环节，农村资金短缺、农民贷款难一直是老大难问题，是发展现代农业、推进城乡协调发展的一个重要制约因素。我国农业以农户家庭经营为基础，农户数量大，生产经营比较分散，市场风险较大，加上农业本身面临的自然风险较大，导致农村信贷成本高、风险大、收益低、周期长，金融机构不愿将资金投入农业农村。特别是农民缺乏有效的抵押资产，金融机构面临成千上万的分散农户，缺乏有效的信息评估农户的信贷风险，为确保稳健经营，通常难以给农户贷款。广大农民拥有的最可靠、最有价值的财产就是土地承包经营权，它不仅安全可靠，而且稳定增值，又具有较好的流动性，是理想的抵押品。中国历史上农民一直把土地权利作为获得资金的担保，发展了抵押、典、当等多种担保形式，充分发挥土地权利的担保功能，当前赋予土地承包经营权担保权能，让农民能够以土地承包经营权向金融机构担保融资，可以更好地满足农民的资金需求，解决农民贷款难问题，并且促进农地利用更合理、更充分。

---

① 徐凤真：《论农村土地承包经营权流转的制约因素与完善建议》，载《农村经济》2007年第11期。

② 丁关良：《土地承包经营权抵押现状剖析和法律规制研究》，载《农村经营管理》2014年第8期。

（二）放开土地承包经营权抵押的条件日趋成熟

进入 21 世纪以来，随着农村改革不断深化，放开土地承包经营权抵押的条件日趋成熟。一方面，随着工业化城镇化迅速推进，越来越多的农民进城务工，特别是大部分青年农民进城务工，农民收入来源多样化，务工收入在农户家庭收入中的比重越来越大，经营承包地的收入重要性日益下降，承包地的社会保障功能日益弱化、经济功能和财产价值不断强化；另一方面，随着经济持续增长和国家财力日益增强，为实现人人享有基本生活保障的目标，国家抓紧建立覆盖城乡居民的社会保障体系，加快建立健全农村社会保障制度，着力建立并完善农村居民基本养老保险制度，不断提高农村居民养老保障水平，从制度上解除农民养老的后顾之忧。这些都大大降低了土地承包经营权作为农民生活保障的必要性和依赖性。

特别是随着农村改革不断深化，承包地实现"三权分置"，承包户可以将土地经营权分离出来单独进行流转或者做其他处分，保留土地承包权。承包户可以在保留土地承包权的情况下，用土地经营权向金融机构担保融资，即使不能如期偿还贷款，金融机构只能处分土地经营权，并不影响土地承包权，从而不会严重影响农户生活。而且，从实践来看，迫切需要利用承包地权利担保融资的，主要是种植大户、家庭农场、农民合作社等实行规模经营的新型经营主体，不是普通承包户，土地经营权担保融资对普通承包户的影响有限。总体来看，已经没有必要过分担心土地承包经营权抵押导致农户失去生活来源、影响农村稳定。

面对农村改革新进展，为适应农村发展新形势的需要，2013 年 11 月党的十八届三中全会作出的《中共中央关于全面深化改革若干重大问题的决定》提出：稳定农村土地承包关系并保持长久不变，在坚持和完善最严格的耕地保护制度前提下，赋予农民对承包地占有、使用、收益、流转及承包经营权抵押、担保权能。2014 年中央一号文件《关于全面深化农村改革加快推进农业现代化的若干意见》提出：赋予农民对承包地占有、使用、收益、流转及承包经营权抵押、担保权能，允许承包土地的经营权向金融机构抵押融资。这就从政策上允许承包土地的经营权抵押融资。同年 11 月中共中央办公厅、国务院办公厅印发的《关于引导农村土地经营权有序流转发展农业适度规模经营的意见》提出：抓紧研究探索集体所有权、农户承包权、土地经营权在土地流转中的相互权利关系和具体实现形式；

按照全国统一安排，稳步推进土地经营权抵押、担保试点，研究制定统一规范的实施办法，探索建立抵押资产处置机制。

（三）开展试点总结经验

2015 年 8 月国务院发布的《关于开展农村承包土地的经营权和农民住房财产权抵押贷款试点的指导意见》提出，按照所有权、承包权、经营权"三权分置"和经营权流转有关要求，以落实农村土地的用益物权、赋予农民更多财产权利为出发点，深化农村金融改革创新，稳妥有序开展"两权"抵押贷款业务。并且要求，"两权"抵押贷款试点要坚持于法有据，遵守土地管理法、城市房地产管理法等有关法律法规和政策要求，先在批准范围内开展，待试点积累经验后再稳步推广。涉及突破的相关法律条款，应提请全国人大常委会授权在试点地区暂停执行。

为依法稳妥推进土地经营权抵押贷款试点，2015 年 12 月全国人大常委会作出决定，授权国务院在北京市大兴区等 232 个试点县（市、区）行政区域分别暂时调整实施物权法和担保法关于集体所有的耕地使用权不得抵押的规定。

2016 年 3 月，中国人民银行会同财政部、原农业部等五部门发布《农村承包土地的经营权抵押贷款试点暂行办法》，对承包土地经营权抵押贷款试点予以规范，其第 5 条规定：通过家庭承包方式依法取得土地承包经营权和通过合法流转方式获得承包土地经营权的农户及农业经营主体，符合规定条件的，均可按程序向银行业金融机构申请农村承包土地的经营权抵押贷款。第 15 条规定：因借款人不履行到期债务，或者按借贷双方约定的情形需要依法行使抵押权的，贷款人可依法采取贷款重组、按序清偿、协议转让、交易平台挂牌再流转等多种方式处置抵押物，抵押物处置收益应由贷款人优先受偿。有些地方还根据当地实际情况制定了土地经营权抵押贷款的具体办法。

在稳妥推进土地承包经营权抵押试点的同时，也有一些地方的金融机构积极性不高，主要原因还是抵押贷款的数额较小、成本较高、收益较低、风险较大，因为农业生产活动不仅存在经营和市场风险，还面临自然风险，借款人不能如期还款的风险偏高；而且，土地经营权流转市场普遍不健全、管理不规范，土地经营权流转不顺畅，一旦借款人不能如期偿还贷款，金融机构可能难以及时、顺利地处分作为抵押物的土地经营权。

为顺利推进试点，一些地方积极采取措施降低金融机构可能承担的风险。例如，设立担保基金或者成立担保公司，万一金融机构开展土地经营权抵押贷款出现损失，由担保基金或者担保公司与金融机构按照一定比例（比如二八或者三七）分担损失。试点地区的金融机构谨慎审查抵押人的相关情况，总体上看，抵押人到期不能偿还债务的现象并不多见，出现的少数案例，通过担保基金等措施能够得到妥善解决，开展土地经营权抵押融资积累了一定的实践经验。因此，2018 年全国人大常委会修改农村土地承包法时，放开土地承包经营权抵押可以说是水到渠成。

理论上说，土地承包经营权作为用益物权可用于抵押融资。立法可以选择允许承包户以土地承包经营权抵押融资，万一不能按期偿还贷款，金融机构可以处分承包地的土地经营权；或者，立法直接允许承包地的土地经营权担保融资，两种情况下都不影响承包户的土地承包权。2018 年修改的农村土地承包法采取后一种办法，在第 47 条中直接对土地经营权担保融资作出规定，明确承包方可以以承包地的土地经营权向金融机构融资担保，受让方通过流转取得的土地经营权，经承包方书面同意，可以向金融机构担保融资。

一般认为，担保方式有保证、抵押、质押、留置、定金五种，其中，保证主要适用于单位和个人以信用担保债务的履行，抵押主要适用于不动产物权，质押主要适用于动产或者不动产权利，留置主要适用于不动产，定金主要是指货币。鉴于第三方通过流转取得的土地经营权的法律性质尚不明确，而且，实践中有些地方采取土地经营权质押、土地经营权收益质押的方式进行融资，因此，称土地经营权担保融资更为适宜。具体内容请看第六章。

五、土地承包经营权继承

土地承包经营权继承在理论上争议很大、实践中相当复杂，受到普遍关注。

（一）土地承包经营权继承的理论争议

土地承包经营权可否继承，学者们存在较大争议。

有些学者主张承包户的土地承包经营权可以继承，主要理由包括但不限于以下几个方面：（1）土地承包经营权作为一种用益物权，是一种财产权，理当可以继承。（2）农村土地承包实质上是个人承包，而非农户家庭整体承包，土地承包经营权实质上不是家庭这一单元集体的土地承包经营权，而是家庭成员个体的土地承包经营权。① （3）家庭成员对土地承包经营权属于共有关系，② 当发生共有关系终止的法定事由时，可以请求分割共有财产土地承包经营权，因此，在农户内部成员死亡时会产生土地承包经营权份额的分割与继承问题；或者作为准按份共有，每个成员享有的份额当然可以成为遗产并发生继承。③ （4）既然允许土地承包经营权转让，就没有理由禁止继承；况且，即使土地承包经营权不能继承，当事人也可以通过亲属之间的土地承包经营权转让（甚至虚假转让）达到同样目的。事实上，家庭内部土地继承关系已经成为一个普遍事实，无地农民虽然没有自己名下的土地，但是可以继承父母或者出嫁姐妹留下的土地。④

不少学者认为，土地承包经营权不可继承，基本理由是，土地承包经营权的主体是农户而不是家庭成员，承包户的某个成员去世，作为承包主体的农户仍然存在，不影响承包合同的履行和土地承包经营权的行使，不必涉及继承问题。其他理由还有：（1）户籍变化使农户家庭成员的身份存在差异，继承人可能不具备集体经济组织成员身份而丧失继承资格，而且，继承人继承后离开农户或者集体经济组织的，又可能产生纠纷。（2）土地承包经营权的附期限与财产权的永续性存在矛盾，会出现难以确定土地承包经营权的最终归属问题。（3）继承人数量较多的，可能进一步分割本来就十分零散的土地承包经营权和承包地。（4）土地承包经营权具有社会保障功能，将土地承包经营权作为遗产继承可能使土地的社会保障功能覆盖出现真空，失地农民的社会保障成为一纸空谈。⑤ 或者说，土地承包经营权既具有财产性，又具有社会保障性，而且社会保障性优于财产性，目前，绝大多数农民主要依靠土地获取就业和生存保障，因而土地承包经营权不

---

① 汪洋：《土地承包经营权继承问题研究——对现行规范的法构造阐释与法政策考量》，载《清华法学》2014 年第 4 期。

② 任丹丽：《集体土地物权行使制度研究——法学视野中的集体土地承包经营权流转》，法律出版社 2010 年版，第 83 页。

③ 周应江：《家庭承包经营权：现状、困境与出路》，法律出版社 2010 年版，第 134 页。

④ 商春荣、叶兰：《土地承包权长期化背景下无地农民获得土地的途径》，载《中国土地科学》2013 年第 8 期。

⑤ 祖彤、杨丽艳、孟令军：《我国农村土地承包经营权制度研究》，黑龙江大学出版社 2014 年版，第 179 页。

应继承。[①]

(二)土地承包经营权继承的相关法律规定

土地承包经营权可否继承,理论上虽有争议,但有关法律规定是明确的、一致的。

1985 年制定的继承法第 4 条规定:个人承包应得的个人收益,依照本法规定继承。个人承包,依照法律允许由继承人继续承包的,按照承包合同办理。这样规定的理由是,考虑到承包是合同关系,家庭承包的,户主死亡,并不发生土地承包经营权转移问题……有的如承包荒山植树,收益周期长,承包期限长,承包人死后应允许子女继续承包。但是,这种继续承包不能按照遗产继承的办法。如果按照遗产继承的办法,那么同一顺序的几个继承人,不管是否务农,不管是否有条件,都要均等承包,这对生产是不利的。[②]

1991 年通过的水土保持法第 26 条中规定:荒山、荒沟、荒丘、荒滩等"四荒"地的土地承包经营权,在承包治理合同有效期内,承包人死亡时,继承人可以依照承包治理合同的约定继续承包。这一规定只适用于为保持水土而承包治理"四荒"土地取得的土地承包经营权。1993 年通过的农业法第 13 条第 4 款规定:承包人在承包期内死亡的,该承包人的继承人可以继续承包。两部法律都规定,承包方在承包期内死亡的,其继承人可以继续承包。但需要注意,它们都不是针对家庭承包的。前者的规定主要针对"四荒",而"四荒"土地的承包方不限于集体经济组织内部农户,可以是集体经济组织成员个人,也可以是集体经济组织以外的单位和个人。农业法作为农业领域基本法律,[③] 规范的承包主体和承包土地都是广义的,没有区分家庭承包和其他方式承包,而是适用于各种农村土地的承包经营。这两部法律规定"继承人可以继续承包"都是合理、适宜的,因为它们都适用于家庭承包以外的其他方式承包,以及耕地、林地、草地以外的其他农村土地,其中,个人承包的,承包人死亡,应当由其继承人继

---

① 郭继:《土地承包经营权流转制度研究——基于法律社会学的进路》,中国法制出版社 2012 年版,第 162—163 页。

② 王汉斌:《关于〈中华人民共和国继承法〉(草案)的说明》,载《中华人民共和国国务院公报》1985 年第 12 号。

③ 作者当年参与讨论的就是农业基本法草案。1993 年 2 月时任原农业部部长刘中一代表国务院所作的法律草案说明,就是关于《中华人民共和国农业基本法(草案)》的说明。

续承包。

1995 年 3 月国务院批转的《农业部关于稳定和完善土地承包关系的意见》更明确地指出，承包人以个人名义承包的土地（包括耕地、荒地、果园、茶圃、桑园等）、山岭、草原、滩涂、水面及集体所有的畜禽、水利设施、农机具等，如承包人在承包期内死亡，该承包人的继承人可以继续承包，承包合同由继承人继续履行，直到承包合同到期。

2002 年 8 月制定的农村土地承包法，对土地承包经营权继承问题作出更明确的规定。全国人大农业与农村委员会提请审议的农村土地承包法草案第 9 条第 2 款规定：土地承包经营权可以依法继承。[①] 全国人大常委会审议过程中，有的委员、地方和部门代表提出，家庭承包是以户为生产经营单位，家庭的部分成员死亡，土地承包经营权不发生继承问题；而且，农村集体经济组织内部人人有份的承包是农村集体经济组织成员的一项权利，如果不是该组织成员，就没有对土地承包经营权的继承权。[②] 最终通过的农村土地承包法没有采取上述规定，而是区分不同情况规定了承包收益的继承和继续承包，其中，第 31 条针对家庭承包规定：承包人应得的承包收益，依照继承法的规定继承。林地承包的承包人死亡，其继承人可以在承包期内继续承包。第 50 条针对其他方式承包规定：土地承包经营权通过招标、拍卖、公开协商等方式取得的，该承包人死亡，其应得的承包收益，依照继承法的规定继承；在承包期内，其继承人可以继续承包。农村土地承包法相关条款的立法过程清楚地表明，这部法律不认同家庭承包的土地承包经营权可以继承。

需要指出，继续承包不等于继承。继承是依照法律规定或者遗嘱约定，将被继承人的遗产转移给继承人。继续承包具有继续行使权利的内涵，继续行使权利显然不等同于继承；而且，如果立法的本旨是允许继承人继承林地承包经营权，完全没有必要规定继承人可以继续承包，直接规定继承人可以继承岂不更加明确？林地的继续承包仅仅指林地承包的延续，表示林地承包经营权行使的延续，不能得出林地承包经营权可以继承

---

① 王超英主编：《中华人民共和国农村土地承包法实用问答》，中国法制出版社 2002 年版，第 213 页。

② 顾昂然：《全国人大法律委员会关于〈中华人民共和国农村土地承包法（草案）〉审议结果的报告》，参见何宝玉主编：《中华人民共和国农村土地承包法释义及实用指南》，中国民主法制出版社 2002 年版，第 29 页。

的结论。①

因此，关于土地承包经营权的继承问题，法律区分家庭承包与其他方式承包，区分耕地、草地与林地，并分别作出了不同规定。对于承包收益，法律规则是一致的，即承包人死亡的，承包人应得的承包收益可以依法继承；对于家庭承包的耕地、草地，承包户的家庭成员死亡的，不发生继承问题，也不能由死者的继承人继续承包；对于家庭承包的林地，承包人死亡的，其继承人可以继续承包；对于其他方式承包，承包人死亡的，其继承人可以继续承包。

（三）家庭承包的土地承包经营权不存在继承问题

根据相关立法说明、司法实践和农村土地承包实践，承包户通过家庭承包取得的土地承包经营权不发生继承问题，主要理由是，家庭承包的土地承包经营权的权利主体，是集体经济组织内部的农户，不是家庭成员个人。对此，农村土地承包法第16条第1款明确规定：家庭承包的承包方是本集体经济组织的农户。实践中通常是按照每个农户内集体经济组织成员的人数、年龄等，计算并确定该农户承包土地的具体数量，最终以户为单位进行承包，并且以户的名义与集体经济组织签订承包合同，取得土地承包经营权。实际签订合同的一般都是户主，但户主是代表农户家庭签订承包合同，承包方、土地承包经营权人都是农户而不是户主个人，更不是农户家庭的其他成员。

既然家庭承包以户为单位，土地承包经营权人是农户而不是农户的成员个人，那么，农户家庭成员的增减，甚至代表该农户签订合同的户主死亡，只要家庭还有其他成员，就不影响农户作为土地承包经营权主体的存在。因此，不论承包户的成员增加或减少，作为土地承包经营权主体的农户依然存在，不发生土地承包经营权继承问题。农户的最后一位幸存的成员死亡，农户家庭消亡，土地承包经营权的主体已不存在，该承包户的土地承包经营权归于消灭，应当由发包方收回承包地。② 该承包户的承包收益可以依法继承，但也不涉及土地承包经营权继承问题。

实践中经常遇到的问题是，承包期内农户家庭的成员发生变化，如何

---

① 孟勤国等：《中国农村土地流转问题研究》，法律出版社2009年版，第68页。

② 林地承包具有特殊性，法律作了不同规定。因此，林地承包的承包方家庭成员全部死亡的，可参照农村土地承包法第32条的规定，由继承人在承包期内继续承包。

解决相关的继承问题。家庭承包的主体是农户家庭，承包期内农户家庭成员的变化，不影响家庭这个承包主体的存在，因此，家庭成员的变化（例如老人去世、儿子娶媳妇、新生儿出生、女儿出嫁等）虽然会导致家庭成员的结构、数量发生变化，但家庭作为承包主体仍然存在，因而不存在继承问题。这是因为，一方面，实行家庭承包在一定意义上就是要在家庭内部自行解决人口变化带来的利益调整问题，这既有现实的考虑（防止家庭内部矛盾变成社会问题），也是我国的历史传统（长期以来我们都以家庭、家族为基本的生产生活单位）。家里老人去世，土地承包经营权自然归家庭其他成员；儿子娶媳妇，媳妇自然就成为家庭成员，与其他成员一起享有土地承包经营权，这些都是长期以来我国农村自然而然的人口变化过程，是不言而喻的。另一方面，既然家庭作为土地承包经营权的主体，家庭中的成员并不享有土地承包经营权，也不享有所谓的土地承包经营权份额，虽然有些学者认为，农户作为家庭承包主体，农户内部成员对土地承包经营权属于共同共有或者按份共有，但法律并没有明确规定家庭成员对农户的土地承包经营权属于共同共有或者按份共有。相反，按照现行法律规定和司法实践，尽管在夫妻离婚的特殊情况下，人民法院可以分割农户的土地承包经营权，以维护双方及其子女的生活保障，但农户家庭的单个成员并不享有一定份额的土地承包经营权，家庭的某个成员因去世、出嫁而离开家庭的，并没有遗留土地承包经营权份额可由他人继承。①

司法实践也确认家庭承包的土地承包经营权不能继承。在李某祥诉李某梅继承权纠纷案中，法院判决指出：家庭承包方式的农村土地承包经营权只能属于农户家庭，而不可能属于某一个家庭成员。根据继承法第3条的规定，遗产是公民死亡时遗留的个人合法财产。土地承包经营权不属于个人财产，故不发生继承问题。除林地外的家庭承包，当承包农地的农户家庭中的一人或几人死亡，承包经营仍然是以户为单位，承包地仍由该农户的其他家庭成员继续承包经营；当承包经营农户家庭的成员全部死亡，由于承包经营权的取得是以集体成员权为基础，故此时该土地承包经营权归于消灭，不能由该农户家庭成员的继承人继续承包经营，更不能作为该

---

① 还有学者建议，家庭成员死亡的，其他成员可因身份的特殊性，依先占或者准先占而取得死者的承包权份额。参见祖彤、杨丽艳、孟令军：《我国农村土地承包经营权制度研究》，黑龙江大学出版社2014年版，第99—100页。我国物权法并未规定先占制度，这一建议似难以实施。

农户家庭成员的遗产处理。①

而且，以家庭承包方式实行集体经济组织成员人人有份的承包，一个重要目的就是为集体经济组织成员提供基本的社会保障，体现承包地的社会保障功能。因此，非集体经济组织成员不享有以家庭承包方式承包土地的权利，当然也不能继承承包户的土地承包经营权。在王甲与王乙土地承包经营权继承纠纷案中，② 一审法院审理认为，王甲虽然已经是国家公务员，但作为儿子，在父亲去世时仍对父亲的遗产具有继承权，土地承包经营权作为父亲的财产性权利，亦应作为遗产。但二审法院认为，农村土地承包经营权是对本集体经济组织内部农户的基本生活提供保障，王甲已经成为国家公务员，丧失了该农村集体经济组织成员资格，故不能继承土地承包经营权。继承人不是集体经济组织成员，就不应当享有土地承包经营权的继承权，否则就会损害其他成员的权益。③

（四）林地承包人死亡后继承人可以继续承包

林业生产具有特殊性，比如林木生长期较长，有些多年生树木（例如我国特有的银杏树等）的生长期达到几十年甚至超过一百年，因此，与大部分农作物一年一季甚至两季相比，林业的投资周期普遍较长，投资见效较慢，风险较大，为更好地保护承包方权益，鼓励农民植树造林，促进林业发展，维护良好生态环境，有必要对林地承包作出不同规定。因此，农村土地承包法第32条第2款规定：林地承包的承包人死亡，其继承人可以在承包期内继续承包。据此，农户家庭承包林地的，最后死亡的家庭成员的继承人，在承包期内可以继续承包，直至承包期满。④ 而且，这里的继承人似不限于本集体经济组织成员。不过，一般认为，林地承包的承包人死亡后由继承人继续承包，并不等同于继承法规定的继承。

（五）"四荒"土地的承包人死亡后继承人可以继续承包

按照农村土地承包法的规定，其他方式的承包主要是对不宜采取家

---

① 参见李某祥诉李某梅继承权纠纷案，载《最高人民法院公报》2009年第12期。

② 参见王甲与王乙土地承包经营权继承纠纷案，载《民事审判指导与参考》2009年第4辑。

③ 何宝玉主编：《中华人民共和国农村土地承包法释义及实用指南》，中国民主法制出版社2002年版，第89页。

④ 这一规定主要适用于家庭承包。个人承包林地的，承包人死亡，其继承人自然可以继续承包。

庭承包方式的荒山、荒沟、荒丘、荒滩等农村土地实行的承包经营。"四荒"土地的承包方既可以是本集体经济组织的农户、个人，也可以是本集体经济组织以外的单位和个人，承包的具体方法不是人人有份的平均承包，而是采用招标、拍卖或者公开协商的办法，由出价最高或者经营条件最适宜的人承包，发包方按照"效率优先，兼顾公平"的原则确定承包人。

"四荒"土地是宝贵的资源，应当合理开发利用，发展农业林业生产，保持水土，改善生态环境。1993 年 7 月通过的农业法第 15 条明确规定：国家鼓励个人或者集体对荒山、荒地、荒滩进行承包开发、治理，并保护承包人的合法权益。一般来说，"四荒"都是自然条件比较恶劣、难以开垦利用的土地，开发治理难度大，需要投入的费用高，投资周期长，承包期限一般长达 50 年。"四荒"承包人在承包期内死亡的，如果不允许其继承人继续承包，就难以调动群众开发治理"四荒"的积极性。因此，针对以其他方式承包"四荒"土地的情形，农村土地承包法第 54 条规定：依照规定通过招标、拍卖、公开协商等方式取得土地经营权的，该承包人死亡，其应得的承包收益，依照继承法的规定继承；在承包期内，其继承人可以继续承包。这一规定的重点是，在确认承包收益可以依法继承的基础上进一步明确，"四荒"土地的承包人死亡，其继承人有权继续承包，继续承包也不是"四荒"土地经营权的继承。

六、土地承包经营权的放弃

土地承包经营权作为一种财产权利，自然可以放弃。不过，土地承包经营权是一种有期限的土地权利，又与集体成员身份密切联系在一起，而且土地承包经营权是集体经济组织内部的农户享有的权利，其权利主体是农户家庭，放弃土地承包经营权的只能是农户家庭，不能是家庭的户主或者家庭成员。因此，土地承包经营权的放弃就比较复杂，大体可以分为两种情况：一种是放弃承包期内的土地承包经营权，但保留承包土地的权利；另一种是既放弃承包期内的土地承包经营权，同时放弃承包土地的权利，即完全退出土地承包关系。

（一）承包期内放弃土地承包经营权

在国家取消农业税、发放种粮补贴以前，不少地方都曾经出现过有些承包户在承包期内放弃土地承包经营权的现象。一轮承包期间，甚至在二轮延包完成后，随着城镇化、工业化迅速推进，大量农民进城务工，其中有些家庭的全部劳动力都进入城镇工作，甚至远离家乡务工，没有能力继续经营承包地，而且，种地收益不高甚至可能亏本，承包地上负担较重，他们也不愿意回家种地，但是又希望保留今后承包土地的权利，因此放弃承包期内的土地承包经营权，实际上是在承包期内将承包地交回集体经济组织，但家庭成员还是集体经济组织成员，享有承包土地的权利。在新一轮承包或延包时，还可以继续参与承包。事实上，不少地方在二轮延包时，都有一些在一轮承包期间放弃土地承包经营权、交回承包地的农户，重新回来承包土地。有些地方甚至在二轮延包完成后，仍然有在一轮承包期间放弃土地承包经营权的农户回来要求承包土地，甚至会因此引发纠纷。

随着国家对农民种粮给予补贴，并且取消了延续数千年的农业税以及附着在承包地上的"三提五统"等费用，承包户不仅无偿取得承包地，种地不再缴纳税赋和费用，还获得一定补贴，土地承包经营权事实上成为一种纯利益，放弃土地承包经营权就等于放弃利益，在承包期内放弃土地承包经营权的现象就很少发生了，不愿种地的承包户可以流转土地承包经营权，个别的甚至抛荒也不明确表示放弃。

（二）放弃土地承包经营权及承包土地的权利

土地承包经营权与集体经济组织成员身份相关，有些情况下，承包户的全部家庭成员因某种原因丧失集体经济组织成员资格，因此放弃土地承包经营权，通常不仅放弃承包期内已取得的土地承包经营权，而且同时放弃承包土地的权利，甚至退出集体经济组织。例如，承包户在承包期内全家迁入城镇工作生活，并且加入城镇社会保障体系，离开了集体经济组织，愿意退出已取得的土地承包经营权，并且家庭成员丧失经济组织成员身份，从而丧失了承包土地的权利，该农户完全退出土地承包关系，并且与集体经济组织脱离关系。

还有一些特殊情况，例如，某集体经济组织的农户因各种原因全家迁入另一个集体经济组织，家庭成员成为新集体经济组织的成员，从而退回在原集体经济组织的土地承包经营权，并且自然丧失承包土地的权利。这种情况并不常见，但实践中确有发生。

第三节　土地承包权

一、土地承包权的主体和客体

土地承包权是承包户不亲自经营承包地，将承包地的经营权流转给其他经营者时为自己保留的土地权利，即承包地实现"三权分置"，农户的土地承包经营权派生出土地经营权，并且流转给其他经营者，自己保留土地承包权。或者按照法理解释，承包户在其土地承包经营权上为其他土地经营者创设土地经营权，承包户继续行使对承包地的权利要受到他人的土地经营权约束。按照农民的话来说，就是在承包期内把自己的承包地交给他人耕种，自己不种了。不论怎样解释，土地承包权的主体都是以家庭承包方式承包集体土地的承包户，不是承包户的家庭成员，更不是其他单位和个人。

土地承包权和土地经营权的基础和母体都是土地承包经营权，对于土地经营权的客体是承包地还是承包地上的权利，目前还存在争议。不过，承包地的承包主体是承包户，承包户的土地承包经营权的客体是承包地，而土地经营权的主体同样是承包户，承包户将土地经营权流转给他人后，从稳定土地承包权的政策导向来看，承包户保留的土地承包权主要是针对承包地的权利，因此，土地承包权的客体应当是承包地，而不是土地承包经营权，何况承包户本身就享有土地承包经营权。

二、土地承包权的主要内容

农户的承包地实行"三权分置"后，农户将土地经营权流转给其他经营者，自己保留土地承包权。伴随着土地经营权流转，承包方的一些土地权利移转给土地经营权人，承包方保留的土地承包权的具体内容，应当是土地承包经营权中除土地经营权以外的其他权利。具体来说，根据有关法律规定，土地承包权主要包含以下权利：

（一）对承包地的间接占有权

承包方亲自经营承包地的，通常直接占有承包地从事农业生产。承包方流转土地经营权后,承包地由土地经营权人直接占有,从事农业生产活动,承包方只能构成对承包地的间接占有(即承包方基于土地经营权流转关系,对直接占有承包地的土地经营权人享有承包地的返还请求权),流转期限届满,土地经营权回归承包方,承包地返回承包方亲自耕种,承包方重新实现对承包地的直接占有。

（二）对土地承包经营权的处分权

对土地承包经营权的处分权主要体现在三个方面:(1)依法进行土地承包经营权互换、转让的权利,即依据农村土地承包法第33条和第34条,将其土地承包经营权互换、转让给本集体经济组织其他承包户。(2)流转土地经营权的权利,即依据农村土地承包法第36条规定,将土地经营权从土地承包经营权中分离出来,采取出租、入股或者其他方式,流转给第三方经营者,可以是本集体经济组织内部的农户、成员,也可以是本集体经济组织以外的单位和个人。(3)放弃土地承包经营权的权利,根据农村土地承包法第30条规定,承包方在承包期内可以自愿将承包地交回发包方。承包方自愿交回承包地,实际是承包期内放弃已取得的土地承包经营权。承包方的家庭成员仍是集体经济组织成员的,仍然享有承包土地的权利,今后还可以承包土地,重新取得土地承包经营权。

（三）土地承包经营权受到保护的权利

为了巩固和完善以家庭承包经营为基础、统分结合的双层经营体制,保持农村土地承包关系稳定并长久不变,法律对土地承包经营权给予充分保护。根据民法典第336条和农村土地承包法第28条规定,承包期内发包方不得调整承包地,因自然灾害严重毁损承包地等特殊情形对个别农户之间承包的耕地和草地需要调整的,必须经本集体经济组织成员的村民会议2/3以上成员或者2/3以上村民代表的同意,并报乡(镇)人民政府和县级人民政府农业农村、林业和草原等主管部门批准。而且,民法典第337条和农村土地承包法第27条都规定,承包期内发包方不得收回承包地。这是法律保护土地承包经营权的特别规定,承包方的土地承包经营权依法享有这些特别保护。

（四）补偿请求权

承包方的补偿请求权主要包含三方面内容。

一是培肥地力的补偿请求权。农村土地承包法第 11 条第 2 款规定，国家鼓励农民和农村集体经济组织增加对土地的投入，培肥地力，提高农业生产能力。第 27 条第 4 款规定，承包期内，承包方交回承包地或者发包方依法收回承包地时，承包方对其在承包地上投入而提高土地生产力的，有权获得相应的补偿。据此，承包方在承包期内增加投入培肥地力，并因种种原因交回承包地时，应当获得相应的补偿；发包方依法收回承包地的，也应当给予相应的补偿。

二是土地承包经营权流转时的补偿请求权。2002 年制定的农村土地承包法第 43 条规定，承包方对其在承包地上投入而提高土地生产能力的，土地承包经营权依法流转时有权获得相应的补偿。① 此条规定目的是鼓励承包方在生产经营过程中增加土地投入，提高土壤肥力，促进土地可持续利用。实践中，双方当事人在流转过程中通常会考虑承包方培肥地力应当获得的补偿，并且在流转费用上予以体现，例如因承包方培肥地力而提高租金。双方也可以协商在流转费用之外，另行给予承包方适当补偿。

三是承包地被依法征收、征用、占用时的补偿请求权。根据农村土地承包法第 17 条，承包地被依法征收、征用、占用时，承包方有权依法获得相应的补偿。民法典第 243 条第 2 款规定，征收集体所有的土地，应当依法及时足额支付土地补偿费、安置补助费以及农村村民住宅、其他地上附着物和青苗等的补偿费用，并安排被征地农民的社会保障费用，保障被征地农民的生活，维护被征地农民的合法权益。民法典第 245 条规定，组织、个人的不动产或者动产被征用或者征用后毁损、灭失的，应当给予补偿。根据土地管理法第 66 条的规定，为乡（镇）村公共设施和公益事业建设需要使用土地的，可以收回农民集体所有的土地，同时，对土地使用权人应当给予适当的补偿。按照上述规定，承包地被依法征收、征用、占用的，承包方作为土地承包经营权人有权依法获得相应的补偿，具体的补偿内容和标准，依据土地管理法等相关法律法规确定。实践中，基于经济发展，承包地的农业用途与非农业用途的价值相差巨大，承包地被征收、征用、占用时，承包方依法获得的补偿费越来越多，这项补偿请求权的经济

① 土地承包经营权互换、转让和土地经营权流转均由双方当事人自主决定，双方商定的互换条件、转让价款、租金等对价，已经考虑到承包方提高地力的因素，双方也可以自主商定补偿事宜，法律可不作规定。因此，2018 年修改农村土地承包法时删除了该条规定。

价值日益显著。

（五）物权请求权

农村土地承包法第 8 条规定，国家保护集体土地所有者的合法权益，保护承包方的土地承包经营权，任何组织和个人不得侵犯。第 56 条规定，任何组织和个人侵害土地承包经营权、土地经营权的，应当承担民事责任。依据这些规定，承包方的土地承包经营权受到侵害时，承包方享有物权请求权，包括请求停止侵害、返还原物、恢复原状、消除危险、排除妨害等请求权。

实践中，对土地承包经营权的侵害可能来自第三方，也可能来自国家机关工作人员，更有可能来自承包方。特别是对于后两类可能的侵权行为人，法律都有明确规定。

一是针对国家机关工作人员的侵害行为。农村土地承包法第 65 条规定，国家机关及其工作人员有利用职权干涉农村土地承包经营，变更、解除承包经营合同，干涉承包经营当事人依法享有的生产经营自主权，强迫、阻碍承包经营当事人进行土地承包经营权互换、转让或者土地经营权流转等侵害土地承包经营权、土地经营权的行为，给承包经营当事人造成损失的，应当承担损害赔偿等责任；情节严重的，由上级机关或者所在单位给予直接责任人员处分；构成犯罪的，依法追究刑事责任。

二是针对承包方的侵害行为。农村土地承包法第 57 条规定，发包方有下列行为之一的，应当承担停止侵害、排除妨害、消除危险、返还财产、恢复原状、赔偿损失等民事责任：（1）干涉承包方依法享有的生产经营自主权；（2）违反本法规定收回、调整承包地；（3）强迫或者阻碍承包方进行土地承包经营权的互换、转让或者土地经营权流转；（4）假借少数服从多数强迫承包方放弃或者变更土地承包经营权；（5）以划分"口粮田"和"责任田"等为由收回承包地搞招标承包；（6）将承包地收回抵顶欠款；（7）剥夺、侵害妇女依法享有的土地承包经营权；（8）其他侵害土地承包经营权的行为。依据这一规定，发包方侵害承包方的土地承包权的，承包方有权依法追究发包方的侵权责任。而且，承包方与发包方签订了承包合同，针对发包方的一些侵权行为，承包方也可以依据承包合同提起合同之诉，以获得救济。

三是针对其他单位和个人的侵害行为。根据民法典第 1167 条规定，侵

权行为危及他人人身、财产安全的，被侵权人有权请求侵权人承担停止侵
害、排除妨碍、消除危险等侵权责任。根据民法典第 1165 条第 1 款，行为
人因过错侵害他人民事权益造成损害的，应当承担侵权责任。因此，任何
单位和个人侵害承包方的土地承包权，承包方都有权请求侵权人停止侵
害；给承包方造成损害的，侵权人应当承担损害赔偿等责任。

（六）其他重要权利

主要是延包的权利、承包收益的继承和继续承包的权利。具体请看前
述承包户享有的其他权利。

第六章

土地经营权

放活土地经营权是农村土地制度的一次重大创新，是新一轮农村生产关系调整的核心所在，[①] 也是实施农村土地"三权分置"的核心要义和重要目标。[②] 从实践看，放活土地经营权既是保护进城务工农民的土地权益、促进土地适度规模经营的客观要求，也是农村土地"三权分置"的重要目的。

土地经营权作为一个新的法律概念，如何确定其法律性质和具体内容，是"三权分置"的法律表达所面临的关键问题，也是难点所在，主要原因有三：

其一，实行"三权分置"后的土地经营权，实际上包括两类：一类是家庭承包的土地经营权，即家庭承包的承包方进行土地经营权流转（主要是出租），第三方经营者通过流转取得的承包土地经营权，这是土地经营权的主要形态，实践中普遍存在；另一类是其他方式承包的土地经营权，即各类经营主体通过招标、拍卖、公开协商等方式承包"四荒"等农村土地取得的土地经营权。这两类土地经营权不仅取得方式不同，而且权利的来源、客体、内容和法律性质也有所不同，面对这种情况，既要明确土地经营权的法律性质，又要符合实践经验和现实需求，无疑是非常困难的。

其二，确定土地经营权的法律性质和内容，不仅涉及农村土地承包相关各方之间权利义务的协调和平衡，还要注意维护相关法律概念的一致性和统一性，必须充分考虑各方面法律关系，与相关法律规定搞好协调和衔接，以免造成法律上的冲突。

---

① 王东明：《以放活土地经营权为突破口深化农村改革》，载《求是》2014年第20期。

② 吴晓佳：《"三权分置"的核心要义是放活土地经营权》，载《农村经营管理》2016年第12期。

其三，确定土地经营权的法律性质，既是一个复杂的法学理论问题，必须符合物权基本法理，并且与相关法律相协调；同时又是一个重要的实践问题，必须充分考虑实际情况、实践效果及其对相关权利主体可能产生的影响，在公平保护各相关权利主体权利的同时，维护农村土地权利关系的和谐稳定。

第一节　土地经营权概述

一、经营权与所有权分离

不论在政治学、经济学还是法学领域，所有权都是一个古老的概念。比较而言，经营权则是 20 世纪早期西方经济学家提出来的一个新概念，当时主要是针对大型企业的所有权与经营权相分离的趋势，突出强调这些企业的经营权（企业的实际控制权）的重要性。

（一）西方的所有权与经营权分离理论

在美国、英国等西方经济发达国家，随着现代公司制度的发展，特别是股份制企业的普及和证券市场的发展，到 20 世纪初，西方资本主义发达国家的一些企业规模不断扩大，企业股权高度分散，企业管理日益专门化，导致企业的控制权逐步从企业所有者（股东）转移到企业经营者（经理人员）手里，相对于分散的企业所有者而言，拥有专业管理知识并且垄断企业经营管理信息的企业经理人员，实际上掌握了企业的控制权。

于是，西方经济学家针对这种现象和趋势开展研究。1932 年美国学者伯利和米恩斯（Adolf Berle & Gardiner Means）出版的经典著作《现代公司与私有财产》，通过对美国 200 家大公司进行分析研究发现，其中有相当比例的大公司，实际上是由并不持有公司股份的高级管理人员控制的。他们由此得出结论认为，这些公司实际上已经由职业经理组成的"控制者集团"所控制。据此，他们明确提出，现代公司已经发生了"所有与控制的分离"，即企业所有权与控制权的分离，或者说名义控制权与实际控制权的分离。两位学者研究的对象主要是投资者众多、股权分散的大型公司，在这些公司里，由经营者控制公司的特征非常明显，经营权与控制权趋于一致,所有权与控制权分离几乎等同于所有权与经营权分离,因而,他们提出的企业所有权与控制权分离,也被看成企业的所有权与经营权分离,[①]这就是西方私有制下的现代企业"两权分离"理论。随后,一些西方经济学家不断丰富这一理论,所有权与经营权分离成为现代大公司的典型特征。

(二)我国国有企业的"两权分离"实践

20世纪80年代我国实行改革开放,为了推进企业改革特别是国有企业改革,在实践中和理论上引入了企业的所有权与经营权"两权分离"理论。一方面,推进国有企业改革必须坚持不改变国有企业的全民所有制性质;另一方面又需要将企业的经营权交给企业,因而运用所有权与经营权分离理论,明确国有企业的所有权属于国家,经营权属于企业。

1986年4月六届全国人大四次会议通过的民法通则最早提出经营权的概念。该法第82条规定:全民所有制企业对国家授予它经营管理的财产依法享有经营权,受法律保护。这一条款只是对经营权作了原则规定,提出了企业财产经营权的法律概念,并未明确经营权的具体内容,亦未涉及经营权的法律性质。而且,这里规定的经营权只是针对全民所有制企业(国有企业)而言的,并不具有普遍适用性。

随后,1988年4月七届全国人大一次会议通过的全民所有制工业企业法第2条进一步规定,企业的财产属于全民所有,国家依照所有权和经营权分离的原则授予企业经营管理。企业对国家授予其经营管理的财产享有占有、使用和依法处分的权利。企业依法取得法人资格,以国家授予其经营管理的财产承担民事责任。企业根据政府主管部门的决定,可以采取承包、租赁等经营责任制形式。该法第三章"企业的权利和义务"还分别规定了企业享有的一些权利,但是并未进一步明确哪些权利属于经营权的范畴,也没有明确规定经营权应当包含哪些权利。不过,当时有些学者认为,民法通则规定的经营权是一种原则性规定,因承包、租赁而取得的经营权则是具体体现,它们实际是一回事。[②]

[①]　这一结论比较符合投资者众多、股权分散的大公司。国内外学者的研究都表明,在其他有些公司里,企业的控制权并不能等同于经营权。

[②]　孙小平:《所有权与经营权分离的新探索——中国法学会民法学经济法学研究会1987年年会暨武汉理论讨论会观点综述》,载《法学评论》1987年第6期。

可见，当时的法律只对经营权作了原则规定，并没有明确权利的性质和具体内涵。法律这样规定，从实践需要看，主要是在改革开放初期，股份制企业的发展还处在试验和探索过程中，企业改革的重点是全民所有制企业。为了解决国家对全民所有制企业的财产所有权与企业对其生产的财产的控制、处分权的问题，以及在有些全民所有制企业实行承包制、租赁制等经营责任制的情况下，为了明确承包者、租赁者的权利，都需要使企业的所有权与经营权实现分离，明确全民所有制企业的财产属于全民所有（国家享有所有权），并由企业经营管理（企业享有经营权），对于实行承包制、租赁制的企业，承包者、租赁者享有经营权。显然，国有企业改革的所有权与经营权分离，主要是基于实践需要而非理论化的制度设计。

按照学者普遍接受的观点，国有企业"两权分离"中的经营权，是指全民所有制企业在国家法律授权范围内，对国家交由它经营管理的财产占有、使用、收益、处分的权利。一般认为，经营权具有如下主要特征：（1）经营权是他物权，其客体（即企业财产）属于国家所有；（2）经营权包括受财产所有权主体（国家）意志限制的占有、使用和处分权能，虽然其权能与所有权近似，但永远不是所有权，因为国家所有权并未虚化；（3）企业依经营权独立承担法律责任。①

二、农村土地经营权的产生及主要类型

在国有企业改革提出企业经营权概念的同时，农村改革的实践逐渐实现农村土地实行家庭承包经营后集体土地所有权与农户土地承包经营权的"两权分离"，在此基础上进一步发展，形成集体土地所有权、土地承包经营权、土地经营权的"三权分置"，出现了独立的土地经营权概念。

（一）农村土地经营权的产生

20 世纪 80 年代以后，农村普遍实行以包产到户、包干到户为主要形式的家庭承包经营责任制。在家庭承包经营初期，承包户对承包地的权利在很大程度上受到集体经济组织的约束，而且要按照规定向国家缴纳农业税和农林特产税，按照承包合同约定向集体交纳"三提五统"等

---

① 孙宪忠：《论物权法》，法律出版社 2001 年版，第 516—517 页。

费用,① 承包户的权利主要体现为自主确定劳动时间,自主安排生产经营活动,自主处分"交足国家的、留够集体的"之后的剩余产品;而且,承包户的这些权利都是在实践中形成的,并没有得到法律的明确承认。

随着家庭承包经营制度的发展,承包户对承包地的权利逐渐扩展,权利的期限不断延长,权利内容不断充实,权利的效力不断增强。一方面,承包期限从起初的 1 年、2 年、3 年,统一延长到 15 年,在二轮延包时进一步延长 30 年,而且,集体经济组织收回、调整农户的承包地受到越来越严格的限制,承包户的土地权利的稳定性大大增强。同时,集体经济组织对承包户的约束和干预不断减少,农户的生产经营自主权不断强化。另一方面,承包农户的收益权日益丰富,国家不仅取消了农业税和"三提五统"费用,还向农民提供种粮等直接补贴。而且,承包户进行土地承包经营权流转的,流转的收益归承包户享有,从而丰富并强化了承包户的收益权能。

在承包实践不断丰富农户土地权利的同时,政策和法律先后对农户的土地承包经营权予以确认和保护。1986 年 4 月通过的民法通则及 6 月通过的土地管理法,都确认农户的土地承包经营权,并且明确规定,土地承包经营权受法律保护。2002 年通过的农村土地承包法具体规定了承包方和发包方的权利和义务,此后,承包双方的权利义务由原来的承包合同约定变为法律规定,明确了农户享有的土地承包经营权属于物权性质的权利。2007 年通过的物权法进一步确认,实行家庭承包的农户取得的土地承包经营权,是由土地所有权派生出来并且独立于土地所有权的用益物权。从而,农村土地集体所有权与农户土地承包经营权的"两权分离"得到法律确认,形成了"两权分离"格局。

20 世纪 80 年代末期,有些地方立法开始采用经营权的概念。例如,1989 年 9 月山西省人大常委会通过的《山西省农村合作经济承包合同管理条例(试行)》第 6 条规定:农村合作经济组织和村民集体所有的生产资料承包经营后,其所有权和性质不变,承包方只享有合同规定的经营权。

---

① "三提五统"也称"村提留、乡统筹",是承包户依照有关规定和承包合同应当向集体交纳的费用。"村提留"是村级集体经济组织按规定从农民生产收入中提取的用于村一级维持或扩大再生产、兴办公益事业和日常管理开支费用,包括公积金、公益金、管理费三项;"乡统筹"是指乡(镇)集体经济组织依法向所属单位(包括乡镇、村办企业、联户企业)和农户收取的用于乡村两级办学(即农村教育事业费附加)、计划生育、优抚、民兵训练、修建乡村道路等民办公助事业的款项,共五项。这两类费用通常合并简称为"三提五统"。

1989 年 10 月北京市人大常委会通过的《北京市农业联产承包合同条例》第 11 条第 1 款规定：承包方对其承包的土地和其他生产资料享有承包合同规定的经营权和收益权。1989 年 12 月广州市人大常委会制定的《广州市农村集体经济承包合同管理规定》第 16 条规定：承包方享有合同规定的经营权和产品处理权。这些地方性法规都明确提出了经营权的概念，但按照当时的承包实践来理解，其中规定的经营权实际是指土地承包经营权，明显不同于"三权分置"的土地经营权。

20 世纪 90 年代以后，在"两权分离"基础上进一步发展成为土地所有权、承包权、经营权的"三权分置"。20 世纪 90 年代初期，广东南海试验区开展了以土地为中心的股份合作制试点，提出明晰所有权、稳定承包权、搞活经营权，这可能是"三权分置"的最初雏形。随着工业化、城镇化迅速发展，越来越多的农民进入城镇工作生活，部分农民离土又离乡，他们既不愿耕种承包地，希望流转给其他经营者耕种，又不想放弃土地承包经营权。因为他们担心，一旦失去土地承包经营权，万一在城镇工作生活遇到困难被迫回到家乡时，就难以收回已经流转出去的承包地了。为了顺应农民既想流转又希望保留土地承包经营权的愿望，土地承包经营权流转较为活跃的浙江、江苏、安徽等地在实践中提出，明确所有权、稳定承包权、放活经营权，经过实践探索，在"两权分离"基础上进一步形成了所有权、承包权（承包经营权）、经营权的"三权分置"。

进入 21 世纪以后，农民进城的趋势更趋明显，大部分青年农民离开农村进入城镇工作生活，农户承包地的流转更趋活跃，为确保"三权分置"下各方权益，一些地方出台政策文件对"三权分置"予以确认，有的地方性法规也明确了"三权分置"的法律地位。例如，2012 年 7 月湖北省人大常委会通过的《湖北省农村土地承包经营条例》第 4 条明确规定：农村土地承包应当明晰所有权、稳定承包权、放活经营权，依照公平、公正、公开及有利于规模经营、发挥土地效益原则，稳步推进土地承包经营体制创新，促进工业化、城镇化和农业现代化。这就作为地方性法规确认了"三权分置"的实践探索。

2013 年以后，党中央、国务院充分肯定农村土地"三权分置"的实践创新，并且在多份相关文件中明确提出，要坚持农村土地集体所有权，稳定农户承包权，放活土地经营权，实现所有权、承包权、经营权"三权分置"。2016 年 10 月中共中央办公厅、国务院办公厅印发《关于完善农村土地所有权承包权经营权分置办法的意见》进一步确认，现阶段深化农村土地制度改革，顺应农民保留土地承包权、流转土地经营权的意愿，将土地承包经营权分为承包权和经营权，实行所有权、承包权、经营权分置并行，着力推进农业现代化，是继家庭联产承包责任制后农村改革又一重大制度创新。至此，农村家庭承包土地从集体所有权与土地承包经营权的"两权分离"，发展到所有权、承包权、经营权的"三权分置"。

法律上最先采用"土地经营权"概念的，是 2014 年 11 月全国人大常委会修改的《中华人民共和国行政诉讼法》。2013 年 12 月全国人大常委会初次审议的行政诉讼法修正案草案，为更好地保障当事人的诉讼权利，适当扩大了行政诉讼的受案范围，将行政机关侵犯农村土地承包经营权等行政行为，纳入行政诉讼的受案范围。全国人大常委会审议过程中，有委员提出，随着农村土地承包经营权流转改革的推进，侵犯农村土地经营权的行为也应当纳入可诉范围。[①] 因此，修改后的行政诉讼法第 12 条第 7 项，将"认为行政机关侵犯其经营自主权或者农村土地承包经营权、农村土地经营权的"，纳入行政诉讼受案范围。因为农村土地承包法规定，承包方对其依法取得的土地承包经营权，可以采取转包、出租、互换、转让或者其他合法方式进行流转，对于以流转方式、经由合法程序取得农村土地经营权的受让方，其占有、使用、收益的权利也受到法律保护，行政机关不得侵犯其享有的土地经营权，否则，相关当事人也有权向人民法院提起行政诉讼。[②]

多少有些出乎意料，在相关民事法律对农村土地经营权作出明确界定前，行政诉讼法率先对土地经营权的司法保护作出规范，某种意义上符合先有救济才有权利的观念。

2017 年修改的农民专业合作社法第 13 条规定，农民专业合作社成员可以用货币出资，也可以用实物、知识产权、土地经营权、林权等可以用货币估价并可以依法转让的非货币财产，以及章程规定的其他方式作价出资。这就明确了可以用土地经营权作价出资。

[①]　全国人大常委会法制工作委员会行政法室编著：《中华人民共和国行政诉讼法解读》，中国法制出版社 2014 年版，第 337 页。

[②]　马怀德主编：《新编中华人民共和国行政诉讼法释义》，中国法制出版社 2014 年版，第 48 页。

（二）土地经营权的主要类型

由于历史原因及地理位置、资源禀赋等方面差异，不同地区的农村经济特别是集体经济发展状况存在很大差别，各地土地承包经营的具体情况比较复杂。总体来看，全国绝大部分农村地区在推行土地承包经营的过程中，都采取了集体经济组织内部人人有份的家庭承包方式，将农民集体所有的耕地、林地、草地按照国家规定，平均承包给本集体经济组织内部农户，承包户取得土地承包经营权，这是普遍状况。也有个别集体经济实力较强的地方没有实行人人有份的家庭承包，集体所有的土地由集体经济组织内部的农业专业队或者符合一定条件的农户承包经营，这种情况主要出现在经济发达地区和城市郊区，一直作为农村土地承包经营的一种特殊方式而存在。而且，实行人人有份的家庭承包经营的，主要是集体所有的耕地、林地、草地，对于集体所有的荒山、荒滩、荒坡、荒沟，以及果园、鱼塘等其他农村土地，难以实行、也未实行人人有份的家庭承包，而是由集体经济组织直接发包、租赁给经营者，这些其他土地的承包者、租赁经营者可能是本集体经济组织的成员或农户，也可能是本集体经济组织以外的单位或个人，他们同样依法享有土地承包经营权。

按照农村土地"三权分置"的实践，家庭承包的农户依法进行土地经营权流转时，保留承包权，经营权流转给经营者，形成所有权、承包权、经营权三种土地权利分置并行。这是"三权分置"的典型形态，受让方通过流转取得的土地经营权，是典型的土地经营权。

为了在法律中体现"三权分置"实践，同时按照体系化、法典化要求，实现物权法律制度的统一和规范化，对相关法律规定和用语统一加以规范，2018年修改的农村土地承包法，一方面确认，家庭承包的承包户进行土地承包经营权流转的过程中产生土地经营权，实现所有权、承包权、经营权的"三权分置"；另一方面，进一步将土地承包经营权确定为集体经济组织内部的农户采取人人有份的家庭承包方式取得的土地权利，法律性质属于用益物权，同时，将其他承包经营者采取其他方式承包取得的土地权利（包括以前所称的土地承包经营权、土地使用权等），统一称为土地经营权。2020年通过的民法典对此加以确认。

因此，农村土地实行"三权分置"后，依照农村土地承包实践和法律的相关规定，土地经营权的概念实际上包括多种类型的土地权利，比表面看起来要复杂得多。具体来说，土地经营权包括以下几种类型的土地权利：

1. 家庭承包的土地经营权

实行人人有份的家庭承包经营的耕地、林地、草地，承包农户取得土地承包经营权，实现集体土地所有权与农户承包经营权的"两权分离"；农户可以亲自经营承包地，也可以将承包地交由他人耕种。农户不经营承包地，而是采取出租等方式进行流转的，流转的受让方（第三方经营者）取得承包土地经营权，也可以看作承包户在土地承包经营权上为第三方经营者设定土地经营权，这就是典型形态的土地经营权。全国绝大部分地区的耕地、林地、草地都属于这种情形。

这种典型的土地经营权，是第三方经营者通过流转从承包农户那里取得的，对其法律性质存在较大争议，农村土地承包法和民法典都没有明确它是物权还是债权，只是明确，土地经营权流转期限为 5 年以上的，当事人可以向登记机构申请土地经营权登记。因此，经依法登记的土地经营权可以视为物权对待，未经登记的应当属于债权。

这类土地经营权还有一种特殊情况，根据农村土地承包法第 47 条规定，承包方可以用承包地的经营权向金融机构融资担保。即承包方只需要用承包地的土地经营权向金融机构担保融资，并不涉及其承包权。这种情况下的土地经营权来自承包方自身，可以看成是"三权分置"的非典型形态。

2. 集体经营的土地经营权

全国普遍推行家庭承包经营的过程中，一些城市郊区或者集体经济比较发达的地方，集体经济基础较好，实力较强，集体经济组织除从事农业生产经营，还从事工商业、物业管理等经营活动，而且，集体经济组织成员大都参与非农业经营，集体收入主要来自非农业经营。因此，集体土地并未实行人人有份的家庭承包经营，而是采取集体经济组织内部的作业队（组）承包经营的方式，统一由作业队（组）承包经营，或者是按照一定条件承包给集体经济组织内部符合条件的农户经营。有的地方在实行人人有份的家庭承包后，集体将农户的土地承包经营权流转回来，并且统一组织经营集体土地，农户取得租金收入，但不直接经营土地；有的地方按照家庭承包的类似办法，将集体土地的收益权以股份形式量化到集体经济组织内部每个农户，集体土地则由集体经济组织统一组织经营，开展农业生产经营活动，承包农户享有相应份额的收益权。这些情况下，承包方通常是但不限于集体经济组织内部农户或成员，承包方直接与集体经济组织签订承包合同，承包期限有长有短，承包经营效果好的，享有继续承包的优先权。

这种情况下，具体负责承包经营的农业作业队（组）等经营者，直接从集体经济组织取得土地经营权，而不是从承包农户手里流转取得土地经营权。经营者主要按照承包合同约定享有权利、承担义务，但通常都享有比较广泛的权利，同时承担较为严格甚至比较特殊的义务，例如要求承包方深翻土地、种植绿肥养地等。这种情况下的土地经营权是直接由集体土地所有权派生的，在一定意义上类似于承包户的土地承包经营权，因此，这类土地经营权如果期限较长，依法取得土地承包经营权证或土地经营证的，可以按照物权对待。

这类土地经营权主要出现在个别城市郊区或者集体经济发达的地方，一般主要涉及耕地，很少涉及林地、草地。这些地方通常具有较强的经济实力，集体土地对成员的社会保障功能日益弱化，作为例外情形具有一定特殊性，不具有普遍意义。

3. "四荒"土地经营权

耕地、林地、草地以外的其他农村土地，最重要、最受关注的是"四荒"土地。在农村改革开放早期，一些地方为了治理水土流失、保护生态环境、发展集体经济等，积极制定优惠政策措施促进"四荒"开发治理，由集体经济组织采取招标、拍卖、公开协商的方式，将集体所有的"四荒"土地承包给本集体经济组织成员、农户或者本集体经济组织以外的其他经营者。由于各种原因，"四荒"土地承包并未采取人人有份的家庭承包方式。

"四荒"承包经营主要具有如下特点：（1）承包经营者直接与集体经济组织签订承包合同，取得"四荒"土地经营权，而不是从农户那里流转取得土地经营权；或者说，经营者的土地经营权直接由集体土地所有权派生，与承包户的土地承包经营权没有直接关系。（2）承包经营者不限于本集体经济组织成员或农户，其他单位或者个人，只要具有相应经营能力和条件，均可承包。（3）通常采取招标、拍卖、公开协商等市场化方式确定经营者，经营者必须支付约定的承包费，而不是实行集体经济组织内部人人有份的无偿承包。（4）承包合同约定的承包治理期限比较长，通常是30年或50年，有的甚至达到70年。（5）承包经营者签订承包合同进行初步治理后，通常按照有关规定向县级以上地方人民政府申请登记，取得土地权属证书。（6）"四荒"土地开发治理不仅受承包合同约束，还必须遵守水土保持法等相关法律法规和政策文件的具体要求。①

根据"四荒"承包的特点，"四荒"承包期限较长、承包经营者取得土地使用权证或者土地承包经营权证等权属证书的，土地经营权属于物权性质的权利；承包期限较短、未依法取得相应权属证书的，土地经营权属于债权。

4. 其他土地经营权

除家庭承包经营的耕地、林地、草地以及"四荒"土地以外，还有其他一些适宜耕作的农村土地通常也实行承包经营，主要是果园、鱼塘（水塘）、小片荒地等其他零星土地以及机动地。② 实践中，这些土地通常面积不大，客观上难以采取人人有份的家庭承包方式进行承包经营，通常都由集体经济组织直接承包给经营者。

这些零星土地的承包主要具有如下特点：（1）承包经营者通常限于本集体经济组织农户、成员，本集体经济组织以外的单位或者个人一般不能承包；（2）通常采取招标、拍卖、公开协商的方式进行承包，承包经营者需要支付约定的承包费，例如每年支付一定数额的承包费，或者一次性付清承包期内的全部承包费；（3）承包期限一般不长，通常是1至3年，不超过10年；（4）承包经营者的权利义务具有较大灵活性，具体由双方通过承包合同确定；（5）承包经营者一般都没有向地方人民政府领取土地承包经营权证等权属证书。

根据上述特点，这些土地的承包经营者取得的土地经营权，通常只是债权性质的权利。

概括而言，农村土地"三权分置"以后，土地经营权按照权利来源的不同可以分为两大类：一类是家庭承包的土地经营权，主要是经营者（例如实行规模经营的新型经营主体）通过流转从承包户那里取得的土地经营

---

① 相关的政策文件主要是指国务院办公厅的两个文件，即1996年6月发布的《关于治理开发农村"四荒"资源进一步加强水土保持工作的通知》和1999年12月发布的《关于进一步做好治理开发农村"四荒"资源工作的通知》。

② 这里的果园，是指农民集体所有的不适宜实行人人有份的家庭承包的果园。有些地方具有种植果树的传统，农民集体所有的耕地主要都是果园，因此，果园如同耕地一样实行人人有份的家庭承包，不属于这里所述的果园。

权，其基础和权利来源是承包户的土地承包经营权；另一类是其他方式承包的土地经营权，即各类经营者（包括但不限于集体经济组织内部的农户、成员）采取家庭承包以外的其他方式，直接从集体经济组织取得的土地经营权，其基础和权利来源是农民集体土地所有权，与承包户的土地承包经营权没有直接关系。

第二节 家庭承包的土地经营权

一、土地经营权的主体

家庭承包的土地经营权一般是指各类农业经营者通过租赁（转包）、入股等流转方式，从承包户那里取得的土地权利。其主要特点有：（1）土地权利来源于采取人人有份、按户承包的家庭承包方式依法承包集体土地的承包户，不是来源于国家、集体经济组织或者其他单位、个人。（2）权利产生于承包户以出租（转包）、入股等方式进行流转之后，即承包户在流转过程中为经营者创设了土地经营权。（3）经营者取得土地经营权的同时，农民集体的土地所有权与承包户的承包权均保持不变，或者说，农民集体土地所有权派生出农户的土地承包经营权，集体土地所有权保持不变，农民集体不因创设农户土地承包经营权而丧失集体土地所有权；农户的土地承包经营权派生出土地经营权以后，农户的承包权保持不变，即承包农户不因创设土地经营权而丧失土地承包权。（4）土地经营权的内容主要依照法律的规定确定，同时，双方当事人签订的流转合同也可以约定某些权利义务。

"三权分置"的一个重要目标，就是在稳定农户承包权的前提下放活土地经营权，因此，对土地经营权的主体，不应当存在特殊身份限制。而且，土地经营权通常都是按照市场化方式取得的，经营者支付了相应对价。所以，对土地经营权的主体没有特别限制。

从实践看，家庭承包的土地经营权的主体，主要是农民专业合作社、家庭农场、农业产业化龙头企业、农业企业等新型农业经营主体，他们具备资金、技术、管理方面的优势，从承包户那里取得土地经营权，开展规模化农业生产经营；同时，也有一些具有农业经营能力、希望适当扩大生产经营规模的集体经济组织内部的承包农户、集体经济组织成员，或者是本集体经济组织以外的农户或个人。

二、土地经营权的主要内容

家庭承包的土地经营权的主要内容，体现为土地经营权人的权利和义务。土地经营权作为"三权分置"的核心要义，2018 年修改的农村土地承包法和 2020 年制定的民法典先后予以确认，相关法律对土地经营权人的权利义务作了一些规定；同时，土地经营权又是依据流转合同或者承包合同取得的，合同双方还可以约定其他权利义务。因此，土地经营权的具体内容既来自相关法律规定，也来自双方当事人约定。特别是各地经济发展和城镇化水平不同，农村土地流转的供求状况差别较大，在不同地区，甚至同一地区不同经营者，土地经营权包含的具体权利义务可能各有差别，因为双方可以协商约定权利义务。这里按照民法典和农村土地承包法等相关法律规定，结合土地承包和土地经营权流转的实践，简要分析土地经营权的内容。

（一）土地经营权人的权利

依据民法典第 340 条规定，土地经营权人有权在合同约定的期限内占有农村土地，自主开展农业生产经营并取得收益。按照本条和农村土地承包法相关规定，土地经营权人一般享有下列权利：

一是占有、使用土地的权利。土地经营权人享有实际占有土地的权利，这是行使其他权利的基础和前提条件。在实际占有土地的基础上，经营权人有权依法使用土地，进行耕作，开展生产经营活动，这是土地经营权人的基本权利，有学者甚至主张将土地经营权称为农地耕作权或者耕作经营权。[1]

二是自主生产经营、自主处置农产品的权利。经营权人享有完全的生产经营自主权，有权在法律规定的范围内完全自主地安排在土地上的生产经营活动，有权自主处分在土地上收获的农产品。

三是取得收益的权利。这是土地经营权人最重要的权利。与家庭承包的承包户有所不同，土地经营权人取得经营权的主要目的，通常就是开展

---

[1] 孙宪忠、张静：《推进农地三权分置的核心是经营权物权化》，载《光明日报》2017 年 2 月 14 日，第 11 版。

生产经营以获取较高收益，除支付租金等约定的费用，其生产经营收益完全归自己所有，即享有经营收益的剩余索取权。

四是修建农业生产经营所必需的附属、配套设施的权利。经营者取得土地经营权，通常都是为了实行规模经营，提高土地产出率和经济效益。因此，不同于传统的小规模经营农户，土地经营权人通常需要进行土地平整或整理，建设开展生产经营活动所必需的农业生产设施、配套设施，甚至修建必要的建筑物，以方便生产经营，更加合理有效地利用土地。对此，2018 年修改农村土地承包法时专门增加第 43 条，明确土地经营权人经承包方同意，可以依法投资改良土壤，建设农业生产附属、配套设施，并按照合同约定对其投资部分获得合理补偿。

五是土地被依法征收征用时获得补偿的权利。承包地被依法征收的，土地的所有权性质由农民集体所有变为国家所有，同时该土地的农户承包权、土地经营权也随之消灭。按照土地管理法有关规定，被征收土地上的各个权利主体可以分别依法获得相应补偿，补偿的费用包括土地补偿费、安置补助费、地上附着物和青苗补偿费，其中，土地补偿费依法应当归农民集体，安置补助费依法应当归集体（集体负责安置）或者承包户（集体不组织统一安置），地上附着物应当按照"谁投资谁受益"的原则，谁投资建设就补偿给谁，青苗补偿费一般应当补偿给土地经营权人。当然，如果承包户与土地经营权人在流转合同中对补偿费用的归属另有约定，则按照双方的约定确定相应补偿费的归属。

六是依法获得国家补贴的权利。按照现行政策规定，国家发放的粮食补贴等一般都按照承包地面积直接补给承包户，补贴的实际功能主要是提高承包户的收入，而不是促进农业生产特别是粮食生产。随着国家支农惠农政策特别是农业补贴政策逐步完善，补贴的功能逐渐转向支持农业生产特别是粮食生产，农业补贴可能从直接补给承包户，转向重点补贴实际从事农业生产的经营者，补贴政策作出类似调整后，土地经营权人直接从事农业生产经营，可能获得国家的相应补贴。①

---

① 直接将补贴的对象由承包户调整为土地经营权人，对于能否实际地增加土地经营权人的收益，不像表面看来那么简单。目前，承包户已经把补贴看成是既得利益，如改为补贴给土地实际耕种者，承包户可能提高租金，这无疑会增加不少纠纷，也不一定能增加实际耕作者的收益。因此，较为可行的办法是调整增量补贴的补贴对象。

七是土地经营权再流转的权利。实践中，为提高土地产出率，降低经营成本，发挥规模效应，土地经营权人可能需要将土地经营权流转给他人。但是，土地经营权人取得经营权的情况比较复杂，土地经营权再流转不仅涉及承包方权益，还可能影响发包方权益。因此，2018年修改的农村土地承包法第46条规定，经承包方书面同意，并向本集体经济组织备案，土地经营权人可以再流转土地经营权，就是要求土地经营权人必须取得承包方的书面同意，并向发包方备案，才能再流转土地经营权。①

八是以土地经营权担保融资的权利。在2018年修改农村土地承包法以前，按照物权法和担保法有关规定，耕地的土地承包经营权不得抵押。新修改的农村土地承包法在确认农村土地"三权分置"的同时，明确承包方和土地经营权人均可以用土地经营权向金融机构担保融资，因此，经营权人享有以土地经营权担保融资的权利。当然，从实践来看，真正能够用于担保融资的是期限在5年以上并经依法登记的土地经营权，未经登记的土地经营权用于担保融资，实践中难以操作。

九是排除妨害的权利。经营权人享有占有、使用承包地的权利，对妨害其依法行使权利的行为，有权予以制止，排除妨害。例如，相邻企业违法排污导致农作物产量明显下降的，土地经营权人有权请求相邻企业排除这种妨害，并赔偿损失。

（二）土地经营权人的主要义务

依照有关法律规定和各地实践，土地经营权人主要负有三方面义务：

一是按时足额支付流转费或者租金。土地经营权人采取租赁等方式取得土地经营权，有义务按时、足额支付租金。这通常是土地经营权人的主要义务。

对此，有几个问题值得研究：（1）从多年来的实践看，为避免因农产品价格涨跌而引发租金争议，租金一般应当按照农产品实物形态确定（例如每亩每年800斤水稻），不宜简单按照价值形态确定（如每亩每年700元），以减少通货膨胀和农产品价格波动带来的影响，防止引发争议。实际支付租金时，可以根据当时的农产品价格水平折算为一定数额的货币。

---

① 我国历史上对农地承租人可否再流转其租佃权，也是分情况对待的，只有在永佃制下形成"一田二主"或者承租人预先支付押租，承租人的租佃权才可以自主地再转让。类似地，房屋的承租人不得再转租，也是普遍通行的规则。

（2）租金的支付方式通常采用预付制，即提前一定期限预付一笔租金，具体提前多长时间由双方协商确定。实践中，有的提前半年、一年或者一个作物季节预付；也有的租期较短，采取一次性付清租金的方式。（3）租期较长的，应当确定租金的合理浮动机制，通常是每几年适当有所增加，但不能随意上涨。（4）经营者取得土地经营权并实际占有土地后，因自身原因未取得收益的，一般不能免于支付租金；因不可抗力（如台风等自然灾害）导致经营者收益少于租金的，是否减免租金，可由双方商定。（5）按照租赁的一般规则，土地经营权人不按时、足额支付租金的，承包户有权立即终止合同，而不必等到经营权人迟延支付租金达到一定数额或者一定程度。

二是合理利用土地，不得给土地造成永久性损害，确保土地可持续利用。土地经营者应当主动按照合同约定合理地利用土地，不能对土地进行掠夺性经营，更不能对土地造成永久性损害，不得破坏土地生态环境。例如，不能随意在土地上挖坑、挖鱼塘等。土地经营者必须接受集体经济组织和承包户的日常监督，经营者未合理利用土地的，集体经济组织和承包户有权予以制止。土地经营权期满后，土地经营者有义务将土地恢复原状，因基础设施等地上附着物无法恢复的，可依约定协商给予补偿。

三是维持土地的农业用途，不得转作非农业用途，确保农地农用。对农用土地实行用途管制是各国的通行做法。土地经营者取得土地经营权的同时，就伴随着接受土地用途管制的义务，不能随心所欲地利用土地，必须服从国家对农用土地的用途管制和土地规划控制，不得擅自改变土地的农业用途，将农地转为非农业用地。实践中，有些经营者打着经营农业的旗号，实际上并非真心从事农业，而是打擦边球，以建设农业庄园为名搞房地产开发，以获取巨额增值收益，对此必须严格管理，坚决查处，确保农地农用。

此外，土地经营权流转合同还可能给土地经营者施加其他义务，土地经营者作为合同当事人应当依约履行这些义务。

三、土地经营权的法律性质

确定土地经营权的法律性质，或者说明确土地经营权属于物权还是债权，是农村土地"三权分置"在理论上面临的最大难题。这不仅是因为，如同农村改革的其他重大制度创新一样，"三权分置"并不是按照事先研究提出的某种理论设计出来的，而是随着土地承包经营的实践逐渐发展而形成的，还处于不断完善的过程中；而且，土地经营权的现实情况比较复杂，有些期限较长，有些期限较短，有的只有一年甚至一季，特别是"三权分置"后土地经营权涵盖了采取不同承包方式的各种土地的权利，很难从法律上统一确定土地经营权的性质。法学理论界也难以形成一致看法，因为按照传统物权理论来分析"三权分置"还存在很大争议。

（一）将土地经营权界定为物权可能面临的问题

理论上说，将土地经营权界定为物权，通过立法明确经营权的权能内容等，就法律规范而言无疑更清晰，也更简单，实践中可能更有利于保护经营权人的权益，但同时可能面临理论和现实的困难。

其一，可能与物权法的"一物一权"原则不符。按照现行法律规定，承包户的土地承包经营权构成一种用益物权，在此基础上，进一步将土地承包经营权派生出来的土地经营权也界定为物权，这两种权利最终都作用于同一土地，可能违背"一物一权"原则，这可能是法学理论界比较普遍的看法。为了适应"一物一权"原则，有学者建议，将土地经营权看成是权利用益物权，是以承包户的土地承包经营权为标的的权利，不同于以承包地为标的的农户的土地承包经营权，以此种方式使土地经营权与土地承包经营权成为同一处土地上的两个标的不同的权利，可以回避与"一物一权"原则的潜在矛盾。不过，这种观点未能得到普遍认同。而且，土地经营权是否包含处分权、土地经营权与农户承包权这两个用益物权之间是什么关系、这两种权利发生冲突时适用何种优先规则等，都需要重新进行制度设计并且作出明确规定，理论上与"如无必要、勿增实体"原理相悖，实践中，在既无充分理论支撑又无实践经验的情况下，由立法直接作出规定是非常困难的，也不符合长期形成的立法实践经验。还有观点提出，土地承包经营权（土地承包权）是准所有权或自物权，土地经营权是用益物权。这种观点即使不会让人产生可能掏空和虚化集体土地所有权、动摇集体土地所有权的不可分割性的疑虑，也会形成集体土地所有权的双层结构，依据现行法律，显然是难以接受的。

其二，将土地经营权界定为物权的实践基础还不成熟。土地经营权是随着实践发展而产生的一种新型土地权利，主要是承包户的土地承包经营权派生出来的，土地经营权的具体内容虽有法律规定，也可由双方协商确定。实践中，不同农户的土地承包经营权派生出来的土地经营权的具体内容可能并不统一，而且土地经营权的期限有长有短，有的长达二十多年，有的只有几年，还有的只有一年甚至一季，实际情况非常复杂，加之当事人可以提前终止合同，特别是承包户不论在法律上还是实践中都享有终止合同的权利，而土地经营权人在实践中也可能因经营不善或者市场风险、自然风险而被迫提前终止合同，土地经营权的实践经验还不成熟，将土地经营权统一界定为物权的客观条件还不具备。而且，从实践的观点看，总有一些土地经营权客观上难以界定为物权，例如，有些期限较短的土地经营权如果作为物权，当事人甚至可能没有充分的时间及时办理土地经营权的登记和注销登记。

其三，不利于维持承包农户与土地经营权人的权利平衡。农户的土地承包经营权派生出土地经营权以后，土地经营权的内容和性质会反过来影响、限制农户的土地权利。土地经营权的权利性质越强、权利内容越丰富，农户的权利就要相应地有所减损，土地承包权就越弱，搞不好可能造成对承包权保护不够，从而影响承包农户设立土地经营权的积极性。将土地经营权界定为物权，使其具有强烈的独立性和对抗性，确实能够较好地满足土地经营权人的需要，但同时，有些承包农户可能会担心其承包权受到抑制，因而干脆拒绝设立土地经营权，反而不利于经营者顺利获得土地经营权。在一些地方出现的承包农户宁愿撂荒不愿流转，导致"有田无人种"与"有人无田种"并存，此种现象就是农户这种心态的体现。① 国外也存在类似现象。例如，20 世纪 60 年代，日本政府为推进农业集中化，促进老年农民放弃农地，对受让农地的经营者的土地权利给予特殊保护，结果导致部分农民干脆拒绝放弃农地，反而不利于农地的集中化。小农户担心受到大规模经营者挤压，宁可让土地荒芜，也不流转给大经营者。事实上，日本的土地利用关系很少设定用益物权，大部分是设定租赁契约，因为租赁这种债权性质的利用方式较为便利，且符合所有权人或者用益物权人强化其支配地位的愿望。②

---

① 王立彬：《农村土地"三权分离"概念首发过程亲历》，载《中国记者》2015 年第 6 期。
② ［日］我妻荣：《债权在近代法中的优越地位》，王书江、张雷译，中国大百科全书出版社 1999 年版，第 4 页。

其四，经营者对土地经营权的现实需求也各不相同。实践中，家庭农场、农民合作社、农业企业等新经营主体为了实现适度规模经营，通常集中成片地从农户手中取得土地经营权，其经营面积较大，经营期限较长，资金需求量大，利用土地经营权融资的需求比较强烈，因而迫切需要土地经营权的物权化，使他们的土地经营权更有保障，并且可以利用土地经营权融资来解决他们的资金困难。但是，也有很多经营者的经营规模不大，利用土地经营权融资的需求不那么强烈，特别是有些农户从其他农户那里取得土地经营权，基于种种原因，双方都希望土地经营权保持适当的灵活性，这些农户对土地经营权物权化的需求就不那么迫切。况且，土地经营权实现物权化的许多规范性要求，例如土地权利变更登记，在全社会特别是公共机构的服务意识还普遍不强的现实情况下，对于普通农户来说，不仅可能带来一些他们认为不必要的麻烦，还可能增加一些他们认为不必要的成本。

其五，土地经营权的内容应当取决于土地经营权人支付的对价和双方当事人的约定。在中国历史上，自宋代以后，特别是明清时期，农地上的权利义务关系，从普通租佃发展到永佃制，从永佃制发展到"一田二主"，都是在长期的交易过程中地主与佃户之间反复博弈形成的结果。佃户支付的对价越大，地主让渡的土地权利就越多，经过反复交易，逐渐形成惯例，得以确立相应的制度。普通租佃关系的租户支付普通地租，其享有的土地权利缺乏保障，地主可以随意撤租；而且，佃户未经地主同意不能将其权利再转移给他人，即佃户的权利只能及于自身，且不能自由处分。永佃关系中的佃户支付的对价远远超过普通佃户，其享有的土地权利具有更长期限，而且权利更有保障，地主不能随意撤佃，但佃户也不能随意将其土地权利转移给他人。"一田二主"的佃户支付的对价，通常超过普通租佃关系的佃户，甚至超过永佃制的佃户，因此能够获得更大的土地权利，形成独立的田面权，并且可以自主地进行田面权的交易，不受地主约束。从普通租佃发展到永佃，再发展到"一田二主"，是一个长期的自然发展过程，佃户支付的对价不同，取得的土地权利也不同。就"三权分置"产生的土地经营权而言，正如有学者指出的，土地经营权是派生出来的权利，土地经营权权能到底多大，取决于承包方与经营者之间的合约议定。①

---

① 张晓山等：《农村集体产权制度改革论纲》，中国社会科学出版社 2019 年版，第 18 页。

（二）土地经营权人面临的主要问题

就规模经营者的现实需求而言，经营者通过流转取得土地经营权开展规模经营，主要面临如下三个难题。

其一，经营者面临的最重要问题，是对土地经营权缺乏安全感，因为土地经营权缺乏法律依据。经营者通过流转取得的土地经营权，没有明确的法律概念，尚未得到法律确认，权利的内容没有明确规定，形式上也缺乏具有公信力的权利凭证或者权利外观。而且，经营者可能担心承包农户随意收回土地经营权。具体来说，主要体现在三个方面：（1）土地经营权缺乏法律依据。承包土地经营权是近年来农村土地承包实践创造出来的一种新型土地权利，是在实践探索中不断发展形成的，先后得到有关文件的确认，但在 2018 年修改农村土地承包法以前，法律没有确立土地经营权制度，因此，对于土地经营权的内容、性质等还缺乏明确的规范，经营者的土地经营权在法律上没有依据，显然缺乏法律保障。[①]（2）土地经营权缺乏法律凭证。经营者从承包农户那里取得土地经营权以后，还不能像其他土地权利那样向登记机构申请登记以确认其土地经营权，因此，经营者获得的土地权利在形式上也缺乏具有公信力的权利凭证或权利外观。特别是，经营者利用土地经营权作为担保向金融机构融资时，金融机构通常都要求经营者提供土地经营权的相应权利凭证，而经营者手中没有权利证书。（3）经营者可能担心承包农户违约随意收回土地经营权。经营者通过流转取得的土地经营权，按照现行法律规定，实质上相当于不动产租赁权。根据租赁关系一般法律规则和合同的相对性原则，土地经营权人如逾期未支付租金或者有不按照约定使用土地、擅自改变土地农业用途等违法违约行为，承包农户可以依法收回土地经营权。而且，有些经营者还担心，承包农户可能因为在城镇工作、生活遇到困难而返回家乡，或者认为租金太低、对其他条件不满意，随意要求收回土地经营权，从而使经营者的土地经营权处于不稳定状态，存在较大的不确定性。

其二，经营者迫切需要利用土地经营权担保融资。经营者取得土地经营权从事规模经营，因经营土地面积较大，资金需求量大且时间紧迫（因

---

① 许多金融机构不积极开展土地经营权担保融资业务，其中一个公开表达的原因，就是法律上没有土地经营权的概念，万一由此产生纠纷诉至法院，金融机构的权益难以得到保障。

为受到季节和农时的影响），且经营者为取得土地经营权已经支付、预付一定资金，开展生产经营活动又需要大量资金，故迫切需要向金融机构融资，而经营者通常缺乏足够的担保物，需要利用土地经营权作为担保进行融资。从一些地方"三权分置"的实践看，规模经营者最迫切、最现实的需求，就是能够以取得的土地经营权作为担保物向金融机构融资。①

其三，经营者整理土地、修建必要设施的权利不够明确。经营者取得的土地经营权可能来自不同的承包户，为了实现规模化经营，通常需要对土地进行适当的归并、整理，修建必要的生产经营设施和附属、配套设施。实践中，土地经营权期限较长的，经营者通常可以适当归并、整理土地以便利耕作，但由于缺乏法律和政策依据，经营者可否在承包地上修建生产经营设施和附属、配套设施，修建的设施在土地经营权期满后的归属如何，经营者是否应当获得补偿等问题都未明确，很容易引起争议，经营者难以适从，又不无担忧。

（三）区分情况分别确定土地经营权的法律性质

综合以上两方面情况来看，从实践的观点出发，"三权分置"后土地经营权主体多元化、类型多样化，情况复杂，统一界定土地经营权的性质，理论上虽有好处，但实践中可能给农民权益带来损害，因此，对土地经营权的性质不宜进行统一界定。② 现阶段"三权分置"还在发展完善过程中，既要确保农户承包权的长期稳定，以维护土地承包经营制度的稳定；又要放活土地经营权，以促进农业经营规模化和农业现代化。比较现实可行的办法是，在充分尊重承包农户与经营者双方意愿的基础上，根据经营者取得土地经营权的具体情况，例如土地经营权的期限、支付的对价等，分别确定土地经营权的法律性质：对于符合一定条件的土地经营权，经过依法登记，可以按照物权对待，主要是可以用作融资的担保；对于其他不具备相应条件的土地经营权，按照债权对待。

具体来说，经营者通过流转从承包农户那里取得土地经营权时，通常

---

① 为满足经营者需要，一些地方政府规定，经营者利用土地经营权向金融机构担保融资时，为了给经营者提供金融机构所要求的土地经营权权利凭证，由地方政府有关部门或者当地土地权利交易机构为经营者颁发相应的权利证书，作为土地经营权凭证，金融机构依据该权利证书向经营者融资，地方政府设立担保基金予以担保。

② 王连合：《"三权分置"下经营权的性质不宜统一界定——基于社会实践中农民权益保护的视角》，载《山东科技大学学报（社会科学版）》2021 年第 5 期。

都约定了经营者的权利义务，只要经营者享有耕种土地的基本权利以及生产经营所必需的其他权利，并且权利的持续时间超过规定期限，经营者可以进行土地经营权登记，确认其土地经营权，并且可以用土地经营权担保融资。相反，经营者获得的耕作权利受到较多限制，或者承包农户可以随时收回土地经营权，或者土地经营权的期限较短，通常不需要或者难以通过登记确认其土地经营权，这些土地经营权暂不进行登记，按照债权对待。按照民法典第341条的规定，通过流转取得的土地经营权的期限在5年以上的，土地经营权人可以向登记机构申请土地经营权登记。按照农村土地承包法第47条的规定，受让方通过流转取得的土地经营权，经承包方书面同意并向发包方备案，可以向金融机构融资担保。

这样区别情况处理，是对承包农户与土地经营者的意愿和需求的尊重，没有强制他们接受土地经营权的法律性质。一方面，赋予承包户较大的自主权，可以协商确定土地经营权的具体内容，在当前承包户普遍处于弱势的情况下，有利于承包户维护自身权益，从而较好地维护农户承包权的稳定，这是土地经营权顺利流转的基础和前提；另一方面，对于经营期限较长、经营规模较大的经营者，强化其土地经营权的物权特征，满足经营权人对权利保障、权利稳定性以及融资担保的迫切需求，从现实需要出发，着力解决经营者面临的突出问题。

今后，随着"三权分置"实践发展和乡村振兴战略深入推进，在客观条件比较成熟时，可以按照土地承包经营权物权化的相同路径，通过立法强化并进一步明晰土地经营权的权利内容，确认土地经营权的物权性质。

第三节　其他方式承包的土地经营权

其他方式承包的土地经营权，是指家庭承包的土地经营权以外的其他各种土地经营权，实际情况比较复杂。特别是农村土地"三权分置"后，土地经营权既体现"三权分置"的重要结果，也包含了未实行"三权分置"的农村土地的相应权利。具体来说，其他方式承包的土地经营权包括"四荒"土地经营权、集体经营的土地经营权和其他零星土地经营权。其中，集体经营的土地经营权只限于集体经济比较发达、未实行人人有份的家庭承包的个别地区，而且具体情况各有不同，这里不作深入分析。

　　与家庭承包的土地经营权相比，其他方式承包的土地经营权的突出特点是，土地经营权直接来源于农民集体土地所有权，而非农户的土地承包经营权。实践中通常直接由集体经济组织作为农民集体土地所有权代表授予经营者相应的土地经营权，即土地经营权创设于土地所有权之上，与农户承包权没有直接联系。因而，土地经营权的得失不影响农户承包权，不会影响农民的生活保障。而且，土地经营权自产生时就与集体经济组织成员身份没有直接联系，土地经营权人不限于本集体经济组织成员，其不是依据农村集体经济组织成员身份，而是采取招标、拍卖等市场化方式取得土地经营权的，因此，其他承包方式的土地经营权完全脱离了集体经济组织成员的身份约束，可以自由流转。

　　实践中，其他方式承包的土地经营权分为两种：一种是"四荒"承包经营者按照国家有关规定，依法承包农民集体所有的荒山、荒丘、荒滩、荒沟（"四荒"）而取得的土地经营权；另一种是经营者依法承包农民集体所有的其他土地而取得的土地经营权，这里的其他土地是指除耕地、林地、草地和荒山、荒丘、荒沟、荒滩以外的其他土地，主要是指果园、水塘、小片荒地和其他零星土地等。这两种情况下土地经营权的法律性质存在明显区别。

一、"四荒"土地经营权

　　根据本书第二章第三节相关介绍，"四荒"承包治理的主要特点是：（1）对承包方的身份没有限制，可以是本集体经济组织内部的农户、联户或者集体经济组织成员个人，也可以是集体经济组织以外的其他单位和个人；可以实行个人承包，也可以实行家庭承包、联户承包或者合作承包等；（2）承包方通过招标、拍卖、公开协商等市场化方式，直接从集体经济组织取得土地经营权，并且需要支付承包费或租金等费用；（3）"四荒"土地经营权的期限通常都比较长，多数为50年，少数为30年或70年；（4）承包方享有比较广泛的权利，不仅享有"四荒"土地使用权，还享有继承、转让、转租、抵押、参股联营的权利，承包人在承包期内死亡的，其继承人可以继续承包；（5）承包方大都按照有关规定向地方人民政府申请登记，取得土地权属证书；（6）承包方除承担承包合同约定的义务，还负有防止水土流失、保护生态环境的法定义务。

"四荒"治理承包方取得的土地权利，有些地方称为土地使用权，有些地方称为土地承包经营权。2002年制定的农村土地承包法第三章将"四荒"承包治理归入其他方式的承包，并且明确规定，承包方依法取得土地承包经营权。其中，承包治理"四荒"，经依法登记取得土地承包经营权证或者林权证等证书的，其土地承包经营权可以依法采取转让、出租、入股、抵押或者其他方式流转；承包人在承包期内死亡的，其继承人可以继续承包。这些规定实质上确认了"四荒"治理承包者的土地权利的性质：经依法登记取得土地权属证书的，依法取得物权性质的土地承包经营权；未经登记并取得土地权属证书的，享有债权性质的土地承包经营权。

2007年通过的物权法第133条规定：通过招标、拍卖、公开协商等方式承包荒地等农村土地，依照农村土地承包法等法律和国务院的有关规定，其土地承包经营权可以转让、入股、抵押或者以其他方式流转。这就确认了农村土地承包法的规定。

农村土地"三权分置"后，承包治理"四荒"取得的土地权利统一归入土地经营权，但它与家庭承包的土地经营权存在重要区别，因此属于其他方式承包的土地经营权，其中，已经登记并取得土地权属证书的，其土地经营权具有物权性质；未取得土地权属证书的，其土地经营权属于债权。2020年通过的民法典第342条规定，通过招标、拍卖、公开协商等方式承包农村土地，经依法登记取得权属证书的，可以依法采取出租、入股、抵押或者其他方式流转土地经营权。这就在原则上确认了农村土地承包法和物权法的相关规定。

二、其他土地经营权

采取其他方式承包取得的土地经营权，除前述"四荒"土地经营权以外，经营者承包果园、水塘、小块荒地等其他零星土地而取得的土地承包经营权，在农村土地"三权分置"后，统一归入土地经营权。

其他零星土地经营权的权利内容由双方当事人协商确定，属于意定权利，不同于家庭承包的承包方享有的法定权利；而且承包期限一般较短，加上客观条件限制（例如对土地缺乏登记资料），承包方通常没有向政府有关部门申请登记，未取得土地权属证书，不具有物权的绝对性、公示性和法定性，更多地具有债权特征，应当归入债权的范畴。

第四节　土地经营权登记

土地经营权作为土地承包经营权派生的新权利，论及土地经营权登记，不可避免地涉及土地承包经营权的登记。

一、土地承包经营权颁证、确权、登记

土地承包经营权的颁证、确权、登记，是随着承包实践逐渐发展和规范的。

（一）土地承包的合同管理

农村实行家庭承包经营初期，承包期限普遍较短，大部分地方只有一两年，有些地方三五年，加上土地登记制度很不健全，因此，对承包户的土地承包经营权没有登记颁证。

1984 年中央一号文件确定延长承包期，明确家庭承包的期限一般为 15 年。1986 年制定的土地管理法第 9 条第 1 款、第 2 款规定："集体所有的土地，由县级人民政府登记造册，核发证书，确认所有权。全民所有制单位、集体所有制单位和个人依法使用的国有土地，由县级以上地方人民政府登记造册，核发证书，确认使用权。"这一规定只涉及集体土地所有权，没有对集体土地使用权（土地承包经营权）的登记颁证作出规定。

当时，对农村土地承包的管理主要聚焦于土地承包合同管理。直到 1992 年 9 月国务院批转的《农业部关于加强农业承包合同管理的意见》仍然强调，依法管理农村承包合同是稳定和完善家庭联产承包制的重要保证，各级人民政府要采取有力措施，切实把农业承包合同管理逐步纳入法制的轨道。

第一轮承包期届满之前，1994 年 12 月原农业部提出《关于稳定和完善土地承包关系的意见》，强调要切实维护农业承包合同严肃性，同时就积极稳妥做好延长承包期工作、提倡在承包期内实行"增人不增地、减人不减地"、建立土地承包经营权流转机制等提出具体意见，1995 年 3 月国务院批转了上述意见。

（二）土地承包经营权颁证确权

1997 年 8 月，中办、国办发出《关于进一步稳定和完善农村土地承包

关系的通知》，部署延长土地承包期工作。该通知明确要求，延长土地承包期后，乡（镇）人民政府农业承包合同主管部门要及时向农户颁发由县或县级以上人民政府统一印制的土地承包经营权证书。按照这一要求，全国大部分地方在延长土地承包期后，都及时向承包户颁发了由县级以上地方人民政府统一印制的土地承包经营权证。

二轮土地延包完成后，2002 年制定的农村土地承包法总结二轮土地延包实践经验，将颁发土地承包经营权证书纳入法律规范。该法第 23 条规定，实行家庭承包的，由县级以上地方人民政府向承包方颁发土地承包经营权证、林权证等证书，并登记造册，确认土地承包经营权。

2003 年 11 月原农业部发布《中华人民共和国农村土地承包经营权证管理办法》，对土地承包经营权证的核发、变更、换发、补发、注销，以及与土地承包合同的关系等相关事项作了全面规定，是政府有关部门首次就土地承包经营权的确认、登记、管理等作出的规范。随后，各地依据农村土地承包法的规定，按照这一办法，进一步规范土地承包经营权登记、颁证工作。

2007 年通过的物权法将农村土地承包经营权界定为用益物权，作为物权加以规范和保护，而物权保护的前提是登记。对此，物权法第 127 条第 2 款规定，县级以上地方人民政府应当向土地承包经营权人发放土地承包经营权证、林权证、草原使用权证，并登记造册，确认土地承包经营权（基本沿用 2002 年农村土地承包法第 23 条），同时在第 10 条规定："不动产登记，由不动产所在地的登记机构办理。国家对不动产实行统一登记制度。统一登记的范围、登记机构和登记办法，由法律、行政法规规定。"这就在法律上明确提出建立不动产统一登记制度。

（三）土地承包经营权确权登记

2007 年 12 月中共中央、国务院发布的《关于切实加强农业基础建设进一步促进农业发展农民增收的若干意见》提出，加强农村土地承包规范管理，加快建立土地承包经营权登记制度。2008 年中央一号文件重申了这一要求。2009 年中央一号文件进一步明确提出，稳步开展土地承包经营权登记试点，把承包地块的面积、空间位置和权属证书落实到农户。同年 7 月，原农业部确定在辽宁、吉林、江苏、安徽、山东、湖北、云南等 8 个省，各选择一个村进行试点。

为进一步深入贯彻落实中央关于开展农村土地承包经营权登记试点的

要求，做好农村土地承包经营权登记试点工作，2011 年 3 月，原农业部发布《关于开展农村土地承包经营权登记试点工作的意见》，明确了试点工作的指导思想、基本原则、主要任务和有关要求。随后，试点范围不断扩大，原农业部等 6 个部门选择山东、四川、安徽和其他省（区、市）的 27 个县进行整体试点，不少地方还结合实际扩大了试点范围。

2013 年中央一号文件提出，全面开展农村土地确权登记颁证工作。健全农村土地承包经营权登记制度，强化对耕地、林地等各类土地承包经营权的物权保护；用 5 年时间基本完成农村土地承包经营权确权登记颁证工作，妥善解决农户承包地面积不准、四至不清等问题。在工作中，各地要保持承包关系稳定，以现有承包台账、合同、证书为依据确认承包地归属。按学者理解，这次确权登记颁证，最为重要的，就是要将过去作为债权的土地承包经营权改为物权，从而通过确权颁证给予保护。虽然第二轮承包时已由各级政府为农户颁发了土地承包经营权证，这次确权仍然由地方政府颁发土地承包经营权证，但过去的土地承包经营权证体现的是债权关系，现在的土地承包经营权证则是物权关系。[①]

从一些地方开展农村土地承包经营权确权登记颁证试点的做法看，他们都是以现有的土地承包合同、土地承包经营权证和集体土地使用权证登记成果为依据，查清承包地地块面积和空间位置，建立健全土地承包经营权登记簿，妥善解决承包地地块面积不准、四至不清、空间位置不明、登记簿不健全等问题，把承包地地块、面积、合同、权属证书全面落实到户，依法赋予农民更加充分而有保障的土地承包经营权。

农村土地承包的日常管理工作一直由农业部门负责，农户承包地的土地承包经营权证书也由农业部门具体负责颁发。建立不动产统一登记制度后，土地权益统一由国土资源部门具体负责，为做好土地承包经营权确权登记颁证工作与不动产统一登记的衔接，促进土地承包经营权证顺利纳入不动产统一登记，2014 年 1 月中央编办发布的《关于整合不动产登记职责的通知》明确，为与中央部署开展的农村土地承包经营权确权登记颁证工作做好衔接，农村土地承包经营权纳入不动产统一登记予以 5 年过渡期，过渡期内，原农业部会同原国土资源部等部门负责指导农村土地承包经营

[①]　贺雪峰：《谁是农民：三农政策重点与中国现代农业发展道路选择》，中信出版社 2016 年版，第 258—259 页。

权的统一登记工作，过渡期后，改由原国土资源部负责指导农村土地承包经营权登记工作。

为了规范登记行为，保护权利人合法权益，根据物权法关于建立不动产统一登记制度的规定，国务院于 2014 年 11 月制定《不动产登记暂行条例》，进一步细化不动产统一登记制度，明确了需要进行登记的不动产权利种类，以及不动产登记的内容、程序等，该条例第 5 条规定：耕地、林地、草地等土地承包经营权属于不动产权利，应当纳入不动产统一登记。由此，在法律制度上建立了不动产统一登记制度，结束了土地、房屋、森林、草原等不动产权利分别由不同部门登记的状况。

同时，按照土地承包经营权登记的现实和中央编办的上述意见，《不动产登记暂行条例》在附则第 33 条又规定：不动产统一登记过渡期内，农村土地承包经营权的登记按照国家有关规定执行。2016 年 1 月制定的《不动产登记暂行条例实施细则》进一步明确，不动产登记过渡期内，农业部门会同国土资源等部门负责指导农村土地承包经营权统一登记工作，按照农业部门有关规定办理耕地的土地承包经营权登记。不动产登记过渡期后，由国土资源部门负责农村土地承包经营权登记工作。

2015 年 1 月，原农业部、中央农办、财政部等六部门联合印发《关于认真做好农村土地承包经营权确权登记颁证工作的意见》，对农村土地承包经营权确权登记颁证作了安排部署。各地普遍按照要求开展土地承包经营权确权登记工作。2017 年 11 月，原农业部、财政部、原国土资源部、国家测绘地理信息局发布《关于进一步做好农村土地承包经营权确权登记颁证有关工作的通知》，要求各地在保证质量的前提下抓紧工作进度，确保到 2018 年底基本完成确权登记颁证工作，并且要求做好成果验收，加快数据库建设，保障成果汇交。

从 2014 年开始，在前期村组、乡镇和整县试点的基础上，推进整省试点并逐步全面推开，历时 5 年，在全国 2838 个县（市区）、3.4 万个乡镇、55 万多个行政村基本完成承包地确权登记颁证工作，2019 年开展回头看，进一步巩固成果，将 15.62 亿亩承包地确权给 2.2 亿农户，并颁发土地承包经营权证书。①

---

① 农业农村部政策与改革司编：《中国农村政策与改革统计年报（2020 年）》，中国农业出版社 2021 年版，第 15 页。

2020 年 11 月 2 日，全国农村承包地确权登记颁证工作总结表彰电话会议在北京召开，对农村承包地确权登记颁证工作进行总结表彰。至此，土地承包经营权的确权登记颁证工作基本完成。

二、建立健全土地经营权登记制度

理论上说，土地经营权作为一种土地权利都应当登记，但实践中土地经营权登记却比较复杂，因为存在不同类型的土地经营权，其登记情况各不相同。按照不动产统一登记的要求，登记机构正在抓紧研究土地经营权登记有关事项并逐步加以落实，尽快建立并不断健全土地经营权登记制度。这里主要依照有关法律规定和实践，对不同类型土地经营权的登记进行初步分析。

（一）受让方通过流转取得的土地经营权的登记

家庭承包的土地经营权包括受让方通过流转取得的土地经营权和承包方自行分离出来的土地经营权，其中前者是"三权分置"的直接体现，是典型的土地经营权。在未严格区分的情况下，通常所说的土地经营权登记，就是指受让方通过流转取得的土地经营权的登记。

对于这类土地经营权的登记，有学者主张，为有效保护土地经营权，按照物权法定、公示公信要求，应当按照不动产物权登记公示要求确立土地经营权登记制度，即土地经营权实行登记生效主义，经登记颁证公示生效，未经登记的，不能产生土地经营权的效力。

这种观点理论上说有些道理，但在土地经营权流转实践中，相当一部分流转发生在亲友熟人之间，双方比较熟悉甚至较为信任，没有多大必要通过登记强化受让方权利，甚至双方可能希望随时收回或者交回土地经营权，这些土地经营权流转通常期限较短或者不确定，法律强制要求当事人登记，不仅会增加土地经营权流转的成本和麻烦，甚至可能阻碍土地经营权正常流转。同时，有些新经营主体通过流转取得的土地经营权期限较长、规模较大，迫切需要通过登记来确认、保障其土地经营权，并且便于运用土地经营权担保融资。因此，对土地经营权登记，法律应当尊重当事人意思自治，合理平衡各方当事人权利义务，允许当事人自行决定是否申请登记，不宜强行采取登记生效主义。

因此，2018 年修改的农村土地承包法第 41 条规定，土地经营权流转期限为 5 年以上的，当事人可以向登记机构申请土地经营权登记。未经登记的，不得对抗善意第三人。民法典第 341 条确认了这一规定。这就授权符合登记条件的当事人自行决定是否申请土地经营权登记，同时明确，土地经营权登记具有对抗效力，未登记的不影响土地经营权的效力，只是不能对抗善意第三人。这一规定只明确 5 年以上的土地经营权可以登记，作为一项立法政策选择，是在未能确定土地经营权物权性质的情况下对部分土地经营权给予物权保护，以放活土地经营权，促进适度规模经营，显然并未全面赋予土地经营权登记能力，土地经营权期限不足 5 年，当事人申请登记的，登记机构可以依法拒绝登记。

按照上述规定精神，土地经营权依法再流转的，受让人取得的土地经营权期限在 5 年以上的，可以申请登记。

2015 年 3 月 1 日实施的《不动产登记暂行条例》第 5 条列举的 9 项不动产权利登记的具体类型并不包括土地经营权，因为当时在法律上还没有土地经营权的概念，但该条最后一项作为兜底条款，将"法律规定需要登记的其他不动产权利"纳入不动产登记。依据这一规定以及农村土地承包法的上述规定，符合条件的土地经营权可以依法登记。

（二）承包方自行分离出的土地经营权的登记

作为家庭承包的另一类土地经营权，即承包方自行分离出来的土地经营权，主要是用于担保融资和入股。考虑到承包方已经依法取得土地承包经营权证，享有完整的土地承包经营权，只是以土地经营权担保融资、入股，可以在土地经营权证上进行附注登记，对土地经营权处分情况作出说明，不再单独进行土地经营权登记。

（三）集体经营的土地经营权的登记

在未实行家庭承包的个别地方，对农民集体所有的农用土地实行集体经营管理，由集体经济组织内部的农业作业队（组）或者符合条件的农户承包经营。承包经营者直接从集体经济组织取得土地承包经营权，并且按照承包合同约定享有权利、承担义务，通常都享有比较广泛的权利，同时承担较为严格甚至比较特殊的义务。2018 年修改农村土地承包法过程中，按照体系化要求，将直接从集体经济组织取得的这种土地承包经营权统一称为土地经营权，但与家庭承包的土地经营权不同，这种土地经营权是直接由集体土地所有权派生的，类似于承包户的土地承包经营权，一般情况下可以按照物权对待。

因此，集体经营的承包经营者已依法取得土地承包经营权证的，可将其土地承包经营权证视同土地经营权证，暂不另行进行土地经营权登记；待其土地经营权流转时，再依法进行土地经营权登记。

（四）"四荒"土地经营权的登记

按照有关文件规定，"四荒"承包经过初步治理后，由地方人民政府有关部门按照政策规定向承包治理者颁发权属证书，确认其土地承包经营权。2002 年制定的农村土地承包法第三章（其他方式的承包）专门对"四荒"承包作了规定，明确已按照地方政府的规定进行承包治理并取得土地承包经营权证、林权证或者土地使用证等权属证书的，承包方取得物权性质的土地承包经营权。2018 年修改农村土地承包法时，将其他方式承包取得的权利统一称为土地经营权，相应地，"四荒"承包者的土地承包经营权统一称为土地经营权，其法律性质不变。

因此，"四荒"承包治理者已经依法取得土地承包经营权证等权属证书的，可将其权属证书视为土地经营权证，暂不另行进行土地经营权登记；待土地经营权流转时，再依法进行土地经营权登记。

（五）其他土地经营权的登记

其他方式承包中的其他土地经营权一般期限较短，具有较大灵活性，当事人依照承包合同享有权利、履行义务，通常只能构成债权，一般不需要登记，个别情况下，承包方的承包期限较长，确有需要确认其土地经营权的，可以作为特殊情况予以登记。

第五节　土地经营权融资担保

土地经营权融资担保备受关注又非常复杂，因为它根源于土地承包经营权，而土地承包经营权抵押，自 1995 年制定担保法以来一直受到关注，特别是制定农村土地承包法和物权法的过程中成为争议热点之一，而且，法律直接规定土地经营权融资担保，并未赋予土地承包经营权抵押功能，而"三权分置"后土地经营权的概念变得比较复杂。

按照新修改的农村土地承包法和民法典的规定，"三权分置"后土地经营权可以分为两类，即家庭承包的土地经营权与其他方式承包的土地经营权，其担保融资情况有所不同。

一、家庭承包的土地经营权

根据客观情况变化、现实需要和试点经验，2018 年修改的农村土地承包法第 47 条规定，承包方可以用承包地的土地经营权向金融机构融资担保，并向发包方备案。受让方通过流转取得的土地经营权，经承包方书面同意并向发包方备案，可以向金融机构融资担保。担保物权自融资担保合同生效时设立。当事人可以向登记机构申请登记；未经登记，不得对抗善意第三人。实现担保物权时，担保物权人有权就土地经营权优先受偿。这一规定确立了土地经营权融资担保制度，相关具体内容分述如下。

（一）担保人

根据上述条文，土地经营权融资担保的双方当事人和担保物都是限定的。其中，担保人主要是家庭承包的承包户与通过流转取得土地经营权的受让方。

承包方以土地经营权担保融资不需要征得发包方同意，因为土地经营权担保融资并不影响承包方与发包方的权利义务关系，双方的承包关系不变，仍然受承包合同约束，承包方仍应承担相应的义务。

通过流转取得土地经营权的受让方以土地经营权担保融资，应当事先征得承包方书面同意，因为土地经营权担保融资，万一需要实现担保物权，就要处分土地经营权，并且由担保权人优先受偿，可能对承包方造成重大不利影响，承包方可能在一定期限内被迫丧失土地经营权，为保护承包方权益，担保人应当征得承包方书面同意。

以土地经营权担保融资，有可能影响土地集体所有权人的权益，同时，发包方依法负有保护土地和土地生态环境的义务，有权监督承包地的合理使用，有权制止损害承包地和农业资源的行为，因此，承包方和土地经营权受让方以土地经营权担保融资，都应当向发包方备案，使发包方了解有关情况，以便在必要时依法履行职责，监督相关当事人履行义务。

（二）担保权人

担保权人只能是符合规定的金融机构，其他任何单位和个人不得成为担保权人，即承包方、土地经营权的受让方只能以土地经营权向金融机构担保融资，不能向金融机构以外的单位和个人担保融资。

根据最高人民法院2005年7月发布的《关于审理涉及农村土地承包纠纷案件适用法律问题的解释》第15条，承包方以其土地承包经营权进行抵押或者抵偿债务的，应当认定无效。即明确禁止以土地承包经营权抵债，主要原因还是土地承包经营权承载农民社会保障功能，不能轻易丧失。农村土地"三权分置"后，土地经营权成为相对独立的权利，不直接涉及农户的社会保障，最高人民法院新修改的司法解释也删除了上述条文，承包方可否以一定期限的土地经营权抵债，值得研究。

（三）担保物

不论担保人是承包方还是其他土地经营权人，土地经营权担保融资的担保物都是土地经营权。理论上说，土地承包经营权作为用益物权，承包方可以用土地承包经营权抵押融资，但承包地"三权分置"后，为稳定承包权，承包方只须以土地经营权担保融资，以避免为实现担保物权而处分土地承包经营权可能带来复杂的问题。

承包方以土地经营权担保融资的，是否需要在土地承包经营权证之外，另行制作土地经营权证用于担保融资？理论上说，承包方以土地经营权担保融资也是创设土地经营权的一种方式，可以单独颁发土地经营权证，但从实际出发，土地经营权只是作为担保物的表征，担保期满通常会回归承包方，不会涉及土地经营权的处分，而承包方已经领取土地承包经营证，可以土地承包经营权证代替，不再单独颁发土地经营权证。在20世纪30年代我国有些地方农民押地借款，就是将耕地执照交给债权人保管，防止农民在清理债务以前把押出去的农田变卖，农田的所有和使用并没有发生直接的变化。[①]

（四）担保物权的成立和登记

以土地经营权担保融资的，担保物权自担保合同生效时设立，当事人可以向登记机构申请登记，未经登记的，不影响担保物权的有效成立，只是不能对抗善意第三人。这样规定是符合实际、合理可行的，因为法律对土地经营权融资担保的当事人有明确限定，担保权人只能是符合国家有关规定的金融机构，担保期限通常比较短，从近年试点情况看，担保人逾期

---

① 费孝通：《中国内地的农村》，华东师范大学出版社2021年版，第231页。

不履行债务的情况并不多见，而且，受让方再将土地经营权流转给他人的现象不会也不应当普遍发生。因此，担保物权实行登记对抗制度，既有利于充分发挥土地经营权的担保作用，方便承包方和受让方以土地经营权担保融资，以解决资金紧缺问题，同时也不会给金融机构带来重大金融风险。

（五）担保物权的实现

根据民法典第 386 条，担保物权人在债务人不履行到期债务或者发生当事人约定的实现担保物权的情形，依法享有就担保财产优先受偿的权利。根据农村土地承包法第 47 条第 3 款，实现担保物权时，担保物权人有权就土地经营权优先受偿。据此，以土地经营权担保融资，担保人到期不能偿还贷款的，金融机构可以要求实现其担保物权，依法处分作为担保物的土地经营权，并且，金融机构有权就处分土地经营权的所得优先受偿。实践中，参照一些地方在土地经营权抵押试点过程中探索创新的担保物权实现方式，可以采取拍卖、变卖、协议转让、交易平台挂牌流转等多种方式处分土地经营权。鉴于土地经营权担保的法律性质还不明确，如何从理论上搞好担保物权的实现与民法典规定的不动产抵押、权利质押等法律制度的衔接，还需要在实践发展的基础上深入研究。

实践中需要研究的突出问题是，如何处理好金融机构的优先受偿权与土地经营权人的债务之间的关系，具体来说，是金融机构与承包方的相应权益之间的关系。土地经营权人从承包方那里取得土地经营权时支付流转费的方式各有不同，通常是按年支付流转费，也有的一次付清全部流转费（如 10 年租期的全部租金）。土地经营权人取得土地经营权后即可向金融机构担保融资。在流转期内，万一土地经营权人不能按期偿还贷款，金融机构行使担保权，而土地经营权人还拖欠承包方的租金，就会出现金融机构与承包方的权益之间的优先与劣后之争。鉴于目前土地经营权登记制度处于建立健全过程中，金融机构可能了解、也可能不了解土地经营权人支付流转费的情况，使问题变得更加复杂。[①] 目前这种情况还不多见，既然

---

① 土地经营权担保融资面临的一个很大风险，就是土地经营权人通过流转获得较长期限（如 10 年）的土地经营权，按年支付流转费，如约支付 1 年流转费后，以土地经营权向金融机构担保融资，按 10 年期限的土地经营权获得贷款，随后出现经营困难甚至将贷款挪作他用，弃地跑路，使银行与承包方陷入争议。有些开展土地经营权抵押试点的地方探索在土地经营权证书上标明租金支付方式，是每年支付还是一次付清，提醒金融机构注意贷款风险，这种做法值得推广。

土地经营权人拖欠的流转费是取得土地经营权的对价，应当看成是土地经营权本身的债务或者负担，应当优先于担保物权的实现。因此，出现这类权益之争的，应当优先维护承包方权益，即以处分土地经营权所得优先支付拖欠的流转费。同时，应当健全土地经营权登记制度，将土地经营权流转费用支付方式和支付情况纳入登记内容，使金融机构充分了解情况，采取相应对策降低风险，维护自身权益。

二、其他方式承包的土地经营权

其他方式承包取得的土地经营权，符合法定条件的，可以直接用于抵押融资，或者根据情况用于担保融资。

（一）其他方式承包的土地经营权担保融资概述

与家庭承包的土地承包经营权不得抵押不同，法律明确允许其他方式承包（特别是"四荒"承包）取得的土地承包经营权用于抵押融资。1995年制定的担保法就允许"四荒"土地使用权抵押。2002年制定的农村土地承包法，根据"四荒"土地承包的相关政策规定和实践经验，在第49条明确规定，通过招标、拍卖、公开协商等方式承包农村土地，经依法登记取得土地承包经营权证或者林权证等证书的，其土地承包经营权可以依法采取转让、出租、入股、抵押或者其他方式流转。2007年制定的物权法第133条规定，通过招标、拍卖、公开协商等方式承包荒地等农村土地，依照农村土地承包法等法律和国务院的有关规定，其土地承包经营权可以转让、入股、抵押或者以其他方式流转。2018年修改的农村土地承包法第53条重申了修改前的第49条的规定，同时按照"三权分置"后的新概念，将其中的"土地承包经营权"修改为"土地经营权"，实质内容未变。2020年制定的民法典第342条规定，通过招标、拍卖、公开协商等方式承包农村土地，经依法登记取得权属证书的，可以依法采取出租、入股、抵押或者其他方式流转土地经营权。

其他方式承包的土地经营权主要有"四荒"的土地经营权、集体经营的土地经营权和其他零星土地的土地经营权，这里着重分析前两种土地经营权担保融资问题，因为其他零星土地的土地经营权属于债权性质，而且期限一般比较短，实践中还很难用于担保融资。

其他方式承包的土地经营权通常是通过市场化方式取得的，一般不具有社会保障功能，因此，这类土地经营权用于担保融资，似不应设置前提条件，在程序上也不应受到过多限制，对此，法律没有明确规定。不过，土地经营权源自集体土地所有权，土地经营权人以土地经营权抵押融资，应当向发包方备案，以便发包方了解相关情况，必要时维护集体土地所有权，履行法定职责。

（二）"四荒"土地经营权抵押融资

相关政策和法律对"四荒"土地承包权利抵押融资一直持开放态度。1995 年制定的担保法第 34 条规定的可以抵押的财产范围，就包括"四荒"的土地使用权。20 世纪 90 年代普遍推行"四荒"承包治理取得一定成效以后，1999 年 12 月国务院办公厅发布的《关于进一步做好治理开发农村"四荒"资源工作的通知》明确提出，"四荒"使用权受法律保护，依法享有继承、转让（租）、抵押或者参股联营的权利。随后，各地按照通知要求，对符合条件的"四荒"承包治理者颁发相应的权属证书，确认其土地承包经营权，承包治理者可以用土地承包经营权抵押融资。根据政策文件和地方实践经验，2002 年制定的农村土地承包法第 49 条明确允许"四荒"土地承包经营权抵押，并先后得到物权法和民法典的确认。

因此，"四荒"土地经营权抵押融资在法理、法律上均无障碍，也有一定实践经验。"四荒"土地经营权是比较典型的用益物权，不承载农民的社会保障功能，其抵押融资，包括担保物权的成立、生效、登记、实现等，可以适用用益物权抵押的相关规定。

需要研究的是，"四荒"土地经营权抵押是否需要事先征得发包方同意。根据 1995 年制定的担保法第 34 条，"四荒"土地使用权抵押应当以发包方同意为条件，随后在实践中也是事先征得发包方同意。不过，2002 年制定的农村土地承包法对此没有明确规定，2018 年修改的农村土地承包法第 47 条规定的家庭承包的土地经营权担保融资，也没有规定应事先征得发包方同意，因此，似乎可以认为，"四荒"土地经营权抵押无须事先征得发包方同意，但是应当向发包方备案，以便发包方了解情况。

（三）集体经营的土地经营权担保融资

根据不同地方的土地承包实践，集体经营的土地经营权担保融资可以分为两种情况。

一种情况是，集体经济组织直接把集体所有的土地承包给专业队（组）等，承包方直接从集体经济组织取得土地经营权，承包地上不存在土地承包经营权，承包方的土地经营权直接源自集体土地所有权，一定程度上类似于土地承包经营权，只是在法律保护的强度方面可能稍弱（例如集体可依承包合同约定收回承包地），性质上应当属于用益物权，加之承包地对集体经济组织成员承担的社会保障功能弱化，该类土地经营权经依法登记并取得相应权属证书的，应当可以用于抵押融资，具体可参照用益物权的抵押。

另一种情况是，集体经济组织将集体土地承包给农户后，承包户将土地交回集体，由集体统一将土地交由他人经营，经营者取得的土地经营权的性质比较模糊，既具有家庭承包的土地经营权的某些特征，因为承包地上已经成立土地承包经营权，同时具有物权性质的土地经营权的某些特征，因为经营者直接向集体经济组织承包土地并取得土地经营权。为稳妥起见，宜按照家庭承包的土地经营权对待，即承包期为 5 年以上的，可以向登记机构申请登记，并以土地经营权向金融机构担保融资。

第六节　土地经营权其他相关制度

一、土地经营权再流转

土地经营权作为一种不受身份限制的权利，可以依法流转，也可以依法再流转。其他方式承包的土地经营权一般采取市场化方式取得，而且直接来自集体土地所有权，其流转和再流转受到的限制较少。依法取得其他方式承包的土地经营权以后，可依相应法律规则再流转：土地经营权为用益物权的，可以按照用益物权的流转方式再流转；土地经营权为债权的，可以按照债权的流转方式再流转。对此，相应的法律规定比较明确。实践中需要关注的，主要是家庭承包的土地经营权的再流转。

家庭承包的承包方流转土地经营权，受让方取得土地经营权以后，应当及时利用承包地开展生产经营。实践中，为提高土地利用率，扩大经营规模、提升生产经营效益，或者土地经营权人由于各种原因不再经营承包地，都可能需要再次流转土地经营权。法律是否应当允许土地经营权再流转，2018 年修改农村土地承包法时存在争议。土地经营权再流转，一方面有利于充分利用农村土地，促进适度规模经营和农业产业化、集约化发展，提高土地产出率；另一方面，也可能造成土地经营权的过度流转甚至恶意炒作，导致生产经营中违约、非农化、非粮化的风险加大，可能不利于农业生产经营和农民权益保护。

土地经营权人通过流转取得土地经营权，目的是经营承包地并取得相应收益。一般情况下，土地经营权人应当亲自经营承包地，开展农业生产经营，不应当随意将土地经营权再流转给其他人，更不能为转手谋利而再次流转土地经营权。但是，考虑到有些情况下土地经营权客观上确实需要再次流转，例如，经营者取得土地经营权后开展适度规模经营，但由于经营不善或者其他原因（特殊情况下土地经营权人去世的）确实难以继续经营的，客观上就需要将土地经营权再次流转给他人，将承包地交由其他经营者经营，实践中这是难以避免的。因此，农村土地承包法第 46 条规定，经承包方书面同意，并向本集体经济组织备案，受让方可以再流转土地经营权。

这一规定允许受让方取得的土地经营权再次流转给他人，但施加了前提条件，即取得承包方的书面同意，并向集体经济组织备案。这主要是考虑到，土地经营权再次流转，搞不好可能对承包方的土地承包经营权和集体土地所有权造成损害，特别是承包方可能并不了解通过再流转而取得土地经营权的其他经营者，承包方的权益可能在其不知道的情况下受到其他经营者的损害，法律要求土地经营权再流转必须取得承包方书面同意，既强化了土地经营权再流转的严肃性，也便于承包方维护自身权益。对此，农业农村部 2021 年 1 月通过的《农村土地经营权流转管理办法》第 12 条规定，受让方将流转取得的土地经营权再流转以及向金融机构融资担保的，应当事先取得承包方书面同意，并向发包方备案。类似地，农村集体经济组织作为集体土地的管理者，负有保护集体土地的义务，土地经营权再流转向发包方备案，有利于集体经济组织履行义务，必要时依法采取措施维护集体土地所有权。

此外，土地经营权的再流转，必须遵守法律对土地经营权流转施加的限制，例如，不得改变承包地的农业用途，流转期限不得超过承包期的剩余期限等。

家庭承包的土地经营权再流转后，受让方取得的土地经营权的期限在5年以上的，仍然符合登记的条件，但实践中能否登记，情况可能比较复杂，例如，原土地经营权人未登记的，按照登记连续性原则，受让方的土地经营权就难以登记。

二、土地经营权收回

关于收回土地经营权，法律明确规范的主要是家庭承包的土地经营权。承包户进行土地经营权流转，受让方取得土地经营权，双方之间是平等的民事主体关系，都应当诚实守信，如约履行流转合同。受让方应当按照流转合同的约定使用承包地，开展生产经营活动，履行合同义务和法律规定的义务。承包户应当依照合同约定尊重受让方的权利，不随意干涉受让方的生产经营，更不能随意解除土地经营权流转合同，收回土地经营权。

但是，土地经营权流转的受让方取得土地经营权后，有可能未如约履行合同义务，特别是有可能出现比较严重的违约行为，应当允许承包方解除土地经营权流转合同，收回土地经营权。根据农村土地承包法第42条规定，受让方有下列情形之一的，承包方有权单方面解除土地经营权流转合同，收回土地经营权：

一是擅自改变土地的农业用途。承包地是农用地，只能用于农业，不能擅自改变其农业用途，这不仅是保障国家粮食安全的客观需要，是承包合同和土地经营权流转合同的约定，也是法律的明确要求。这项义务不仅适用于承包方，也适用于受让方。

二是弃耕抛荒连续两年以上。受让方取得土地经营权后，应当按照约定开展生产经营，受让方如果弃耕抛荒连续两年以上，造成承包地荒芜，应当允许承包方解除流转合同，收回承包地亲自经营或者另找其他经营者，避免浪费土地资源。

三是给土地造成严重损害或者严重破坏土地生态环境。保护土地肥力和土地生态环境，不仅是受让方的合同义务，也是法定义务，农村土地承包法第38条第2项明确要求，土地经营权流转不得破坏农业综合生产能力和农业生态环境。一旦受让方出现给土地造成严重损害或者严重破坏土地生态环境的行为，承包方可以解除流转合同，收回承包地。

四是其他严重违约行为。这是一个兜底条款，以防出现上述条文以外的其他严重违约行为。依据有关规定，受让方如不能按约支付流转费、事实上无力支付流转费，应当属于其他严重违约行为，承包方有权解除流转合同。受让方未经承包方同意，擅自在承包地上建设生产附属、配套设施，私自再流转土地经营权的，是否构成严重违约，可能需要根据具体情况作出判断。实践中，对受让方有其他严重违约行为、承包方是否应当解除流转合同出现争议的，可由人民法院裁定。

这样规定，可以在一定程度上限制受让方滥用土地经营权，同时有利于保障承包方的权益，也增强了法律的可操作性。①

实践中，土地经营权的受让方有擅自改变承包地的农业用途、弃耕抛荒承包地等违约甚至违法行为的，承包方可能由于各种原因，未能及时依法解除土地经营权流转合同、收回土地经营权，在这种情况下，为防止给承包地造成更大损害，法律还允许发包方采取行动，收回土地经营权。根据农村土地承包法第64条规定，在土地经营权人出现严重违约甚至违法行为，应当依法解除土地经营权流转合同时，承包方在合理期限内不解除土地经营权流转合同的，发包方有权要求终止土地经营权流转合同，收回土地经营权。这一规定明确授予发包方终止土地经营权流转合同的请求权。

据此，土地经营权人出现前述严重违约或者违法行为的，承包方可以依法解除土地经营权流转合同，在承包方不及时采取行动的情况下，发包方有权请求解除土地经营权流转合同。而且，土地经营权人对土地和土地生态环境造成损害的，还应当依法予以赔偿。

对于其他方式承包的土地经营权的收回，法律没有明确规定。"四荒"的土地经营权、集体经营的土地经营权都直接来自集体土地所有权，而非承包户的土地承包经营权，而且这两类土地经营权通常可能构成用益物权，似不能轻易收回，土地经营权人有违约行为的，可以按照约定处理；违反相关法律法规的，应当依法处理。采取其他方式承包水塘、果园等零星土地取得的土地经营权，权利期限一般较短，权利的性质通常属于债

---

① 这一规定适用于通过流转取得土地经营权的土地经营权人，不能适用于家庭承包户。承包地弃耕抛荒现象在一些地方时有发生，这一现象的背后有深刻复杂且不断变化的原因，应当在维护承包农户土地承包经营权的前提下，采取切合实际的措施（例如一些地方由村集体组织代耕，收益主要归承包方）解决弃耕抛荒问题，不能轻易收回农民的土地承包经营权。

权，其土地经营权的收回，应当依据承包合同的约定处理，可以参照适用农村土地承包法第 42 条的规定。

三、土地经营权入股

2002 年制定的农村土地承包法分别规定了家庭承包与其他方式承包的土地承包经营权入股。其第 42 条规定，承包方之间为发展农业经济，可以自愿联合将土地承包经营权入股，从事农业合作生产。第 49 条规定，通过招标、拍卖、公开协商等方式承包农村土地，经依法登记取得土地承包经营权证或者林权证等证书的，其土地承包经营权可以采取转让、出租、入股、抵押或者其他方式流转。显然，法律将家庭承包的土地承包经营权入股限定在承包方之间，并且只能从事农业合作生产；同时对其他方式承包的土地承包经营权入股没有限制性规定。

2017 年修订的农民专业合作社法第 13 条规定，农民专业合作社成员可以用货币出资，也可以用实物、知识产权、土地经营权、林权等可以用货币估价并可以依法转让的非货币财产，以及章程规定的其他方式作价出资。2018 年修改农村土地承包法确认承包地"三权分置"，并在第 36 条规定，承包方可以自主决定依法采取出租（转包）、入股或者其他方式向他人流转土地经营权，并向发包方备案。同时，对其他方式承包的土地承包经营权入股的规定未作修改。民法典第 339 条规定，土地承包经营权人可以自主决定依法采取出租、入股或者其他方式向他人流转土地经营权。因此，土地经营权入股可以分为两种情况，即家庭承包的土地经营权入股与其他方式承包的土地经营权入股。

（一）家庭承包的土地经营权入股

理论上家庭承包的土地经营权入股可能存在两种情况，即承包方依法以入股方式流转土地经营权，以及通过流转取得土地经营的受让方以土地经营权入股。考虑到受让方通过流转取得的土地经营权的法律性质尚不明确，可否用于入股还有待实践发展和深入研究，因此，实践中普遍关注的是前一种情形的入股，即在集体土地所有权和农户土地承包权不变的情况下，承包户以承包地的经营权作为股份投入合作社、企业等开展生产经营活动。根据 2021 年农业农村部发布的《农村土地经营权流转管理办法》第 14 条第 3 款，入股是指承包方将部分或者全部土地经营权作价出资，成为公司、合作经济组织等股东或者成员，并用于农业生产经营。①

党的十八届三中全会明确提出，允许农民以土地承包经营权入股发展农业产业化经营。农村土地实行所有权、承包权、经营权"三权分置"并行后，2015年中央一号文件《关于加大改革创新力度加快农业现代化建设的若干意见》提出，引导农民以土地经营权入股合作社和龙头企业。2016年中央一号文件《关于落实发展新理念加快农业现代化实现全面小康目标的若干意见》进一步提出，引导农户自愿以土地经营权等入股龙头企业和农民合作社，采取"保底收益＋按股分红"等方式，让农户分享加工销售环节收益，建立健全风险防范机制。

按照中央部署，2015年初农业农村部开始组织进行土地经营权入股试点，并且逐步扩大试点范围，最初在7省7县，2019年扩展到14省100多个县，通过试点积极探索土地经营权入股的组织载体、运行机制和配套政策并积累经验。为指导试点工作，2018年12月，农业农村部等六部门联合印发《关于开展土地经营权入股发展农业产业化经营试点的指导意见》，明确了土地经营权入股的基本原则和工作重点。按照该指导意见的规定，承包户的土地经营权可以依法直接对公司和农民专业合作社出资，可以先出资设立农民专业合作社，再由农民专业合作社以土地经营权出资设立公司；也可以让农民先出租土地，在公司、农民专业合作社具有稳定良好的经济效益之后再入股，以防范土地经营权入股的风险。

土地经营权入股的具体方式，有的是折算入股合作社，合作发展农业生产；有的是折算入股企业，农户不参与生产经营活动，不承担经营风险，只是按照约定取得分红。

具体来说，承包方以土地经营权入股合作社，合作社成员都是集体经济组织成员的，入股一般实行不保底分红，合作社的经营产生盈余后按股分红，合作社没有盈余的可以不分红，因为合作社主要从事农业生产经营，出现经营失败的风险不大，而且合作社成员都是本集体经济组织的，相互比较熟悉、信任。比较而言，合作社如有外来资本入股，特别是由集体经济组织以外的人牵头成立合作社的，农户通常要求采取保底收益加股

---

① 该管理办法规范的土地经营权流转，就是指在承包方与发包方承包关系保持不变的前提下，承包方依法在一定期限内将土地经营权部分或者全部交由他人自主开展农业生产经营的行为。

份分红的分配制度（即保底分红），以确保入股方利益，即在保证保底收益的前提下，如有可分配盈余（利润），再按股份实行股份分红；没有可分配盈余的，就不再按股份分红。

承包方以土地经营权入股企业的，除非企业效益好且稳定，可以实行不保底的按股分红，即企业经营如有盈余（实际上几乎肯定有盈余）就按股分红，否则，通常都采取保底收益加股份分红的分配制度。对于这种保底分红分配方式，各方面还有不同看法，但实践中，农民为维护自身利益而采用这种分配方式是可以理解的。保底是对农民利益的一种保障，可以看成是农民承包地的使用费或者租赁费，分红是入股的报酬，有盈余再按股分红。

承包方以土地经营权入股企业、农民专业合作社，在经营过程中要求退出的，可以按照企业、农民专业合作社的章程办理；章程没有规定的，一些地方采取灵活的变通办法，例如，承包方将入股的土地经营权流转给其他成员，或者将其他成员的承包地调换给承包方等，① 既保护承包方权益，同时也尽可能减轻对企业、农民专业合作社的经营造成的不利影响。

土地经营权入股可能面临的问题是，承包户以土地经营权入股公司，万一公司经营失败，如何处理土地经营权，是作为公司的责任财产用于偿还公司债务，还是返回承包方？理论上说，土地经营权已经入股公司，应当作为公司的责任财产。根据农业农村部等六部门 2018 年 12 月联合印发的《关于开展土地经营权入股发展农业产业化经营试点的指导意见》，承包方以土地经营权入股公司、农民专业合作，公司、农民专业合作社破产清算后，农户可以按照有关法律法规或公司、农民专业合作社章程规定回购土地经营权。为更好地保护农民利益，2021 年发布的《农村土地经营权流转管理办法》第 16 条规定：承包方自愿将土地经营权入股公司发展农业产业化经营的，可以采取优先股等方式降低承包方风险。公司解散时入

---

① 有些地方性法规已经对此作了规定。例如，2009 年制定的《江苏省农民专业合作社条例》第 18 条规定：农地股份合作社应当根据生产经营的需要，在章程中明确规定成员退社的条件。农地股份合作社成员退社的，鼓励其依法向本社其他成员流转该承包地的经营权。2010 年制定的《山东省农民专业合作社条例》第 21 条第 3 款规定：以土地承包经营权出资的成员资格终止的，其出资的退还，按照章程规定执行；章程未规定的，可以通过平等协商，退还土地承包经营权或者采取转包、出租、互换、转让等方式流转其土地承包经营权。

股土地应当退回原承包方。据此类推，承包方以土地经营权入股合作社的，合作社解散时，入股土地经营权应当退回原承包方。

（二）其他方式承包的土地经营权入股

其他方式承包的土地经营权入股应当包括"四荒"土地经营权、集体经营的土地经营权、其他零星土地经营权的入股，但实践中，其他零星土地经营权作为债权，很少用于入股开展经营活动，而集体经营的土地经营权入股比较特殊，情况又比较复杂，不具有代表性和普遍意义，可由相应的地方进行实践探索。因此，其他方式承包的土地经营权入股，实践中主要是"四荒"土地经营权入股。

"四荒"土地经营权，已依法登记并取得权属证书的，构成用益物权，这类土地经营权入股，基本可以适用用益物权入股的相关法律规则；未经登记并依法取得权属证书的，只能作为债权，通常很难用于入股开展经营活动。

四、土地经营权继承

土地经营权继承问题，在农村土地"三权分置"后变得更为复杂，因为存在不同主体、不同性质的土地经营权。但实际上，相关法律规定没有重大变化。按照现行有关规定，土地经营权主要包括家庭承包的土地经营权、其他方式承包的土地经营权两类。

（一）家庭承包的土地经营权的继承问题

家庭承包的土地经营权主要有两种。一种是承包方的土地承包经营权分离出来用作融资担保的土地经营权（承包方为自己设立土地经营权），权利主体是承包方，它实质是一种概念性权利，只是作为融资的担保，担保的双方当事人可能都不关心权利的具体内容。在担保期内不涉及土地经营权继承问题，担保期满后，土地经营权通常回归承包方，承包方的土地承包经营权归于圆满状态，也不存在土地经营权继承问题；万一在担保期内金融机构依法行使担保权，需要依法处分土地经营权，同样不涉及土地经营权继承。更重要的是，这种土地经营权的主体是承包方，不是承包方家庭成员，因此，一般不存在继承问题。

另一种是受让方通过流转取得的土地经营权，权利主体不受限制，可以是集体经济组织内部农户和成员，也可以是农民专业合作社、农业企业等其他单位和个人。这种土地经营权的期限不等，有长有短，可以是不超过承包方剩余承包期的任意期限，如 1 年或者 20 年，具体由双方协商确定；其法律性质可能是债权，有的可以按照物权对待。这种土地经营权已不具有身份特征，也不承载社会保障功能，继承似乎不存在障碍，但它由土地承包经营权派生，直接涉及承包方权益，又属于有期限的权利，是否确需采取继承方式解决可能出现的问题（例如，可以实现剩余期限的土地经营权价值的货币化，而不涉及土地经营权继承），如何公平地维护土地经营权人的继承人与承包方的权益，既需要更深入的理论研究，也需要更多实践探索。

（二）其他方式承包的土地经营权的继承问题

其他方式承包的土地经营权也可以分为两种。一种是未经登记并依法取得权属证书的土地经营权，实践中主要是承包果园、水塘等其他零星土地而取得的土地经营权，权利主体通常为集体经济组织内部的农户或成员，权利期限一般比较短，权利性质通常为债权。承包方取得的这类土地经营权，实行家庭承包的，同样不存在继承问题；实行个人承包的，承包人死亡后，根据具体情况（如承包合同约定和当地习俗），可由承包人的继承人继续承包，或者由集体经济组织收回承包地另行发包，通常也不存在继承问题。

另一种是经依法登记并取得权属证书的土地经营权，实践中主要是"四荒"土地经营权和集体经营的土地经营权，两者之间又存在某些区别。

根据农村土地承包法第 54 条规定，通过招标、拍卖、公开协商等方式取得土地经营权的，该承包人死亡，其应得的承包收益，依照继承法的规定继承；在承包期内，其继承人可以继续承包。因此，家庭取得的"四荒"土地经营权不存在继承问题；个人承包取得的"四荒"土地经营权，承包人死亡时，其应得的承包收益可以依法继承；在承包期内，继承人可以继续承包，也不是继承。

集体经营的土地经营权又可以分为两种情况：（1）集体经济组织将土地承包给内部的作业队（组），承包方直接从集体经济组织取得土地经营权，其权利性质相当于用益物权，权利主体是作业队（组）集体，其中一位成员死亡，其应得的收益可以继承，土地经营权没有继承问题。（2）集体经济组织按照家庭承包方式将土地承包给农户以后，承包方又将土地交回集体经济组织，由集体统一组织发包给集体经济组织内部符合条件的农户或者成员，承包方取得土地经营权，其法律性质较为模糊。这种情况下，承包方为家庭的，其土地经营权不存在继承问题；承包方为个人的，在承包期内承包人死亡的，其继承人可以继续承包，或者按照承包合同的约定办理，不必涉及继承问题。

农村土地"三权分置"的发展趋势

农村土地制度不单纯是一种经济制度，它是我国农村基层的政治、经济、文化、社会制度相互交织、相互影响而形成并不断发展的。农村土地制度的变革不仅涉及国家的基本经济制度，而且会影响农村的政治、文化、社会制度，从而在经济利益和意识形态等方面牵动整个社会最敏感的神经。中华人民共和国成立后农村土地制度演进过程中的经验教训表明，农村土地制度改革是一项涉及面很广又非常复杂的系统工程，应当是一个长期、渐进的过程，不可能一蹴而就，对此必须保持"历史耐心"，不可急于求成。

农村土地"三权分置"作为新时代农村土地制度改革的重大创新，同样也有一个探索、发展并不断完善的过程。2018 年修改农村土地承包法和2020 年制定民法典，对于农村土地"三权分置"的法律表达，都是根据农村土地承包实践和现行法律制度，按照农村土地法律制度体系化的要求加以规范，同时为未来发展留有空间。农村改革的一条成功经验，就是实践探索和发展走在理论和法律规范前面，"三权分置"法律制度同样会在现行法律制度规范的基础上，随着实践发展不断加以完善，这就需要深入研究、把握"三权分置"的未来发展趋势。

一、坚持和完善农村土地集体所有权制度

不论在理论上还是实践中，"三权分置"的未来发展必须坚持农村土地集体所有权制度，这是农村土地"三权分置"的基础和前提，这不仅是因为，在法理上，集体土地所有权是土地承包经营权和土地经营权的权源，而且也是因为，在政治上，坚持农村土地集体所有制是必须坚守的底线。

农村土地集体所有制是中国特色的土地所有权制度，具有独特的政治

基础和历史背景。正是这种特殊性，引发了对土地集体所有权的各种评论，学术理论界不时出现改革甚至取消农村土地集体所有权的呼声，有些学者还提出了农村土地国有化、私有化等设想。① 但是这些想法明显缺乏现实政治基础，因为农村土地集体所有制已经成为中国特色社会主义经济制度的重要基础，也是中国农村经济、社会制度的基本标志。农村土地制度无论怎么改，都不能把农村土地集体所有制改垮了，这是农村土地制度改革的一条底线。②

农村土地集体所有权是农村土地集体所有制的重要内容，坚持农村土地集体所有权制度是必须坚守的政治底线。法律制度变革作为重要政治活动，无疑受到政治现实的约束。有学者指出，我国农村土地所有权制度的改革，应该在对我国现行集体土地所有权制度重新审视和继承的基础上，采取渐进式改革措施和改革方案，这既是一种策略，也是一种必须。③ 而且，一个不切合实际的农地产权制度，不可能使中国农业维持长达 30 多年的稳定增长，我们要对现行农地制度保持自信，而不宜轻易地否定这个制度。④ 中华人民共和国成立以来特别是改革开放 40 年的农村土地改革实践，充分证明了我国农村土地必须坚持集体所有制形式，这是实现农村社会稳定、推动农村经济社会发展的根本经济制度。⑤

近年来，有人主张农村土地私有化、国有化，论证的理由各种各样。对此，我们必须清醒地认识到，农村土地所有权制度不仅是一个理论问题，也是一个实践问题，更是一个政治问题，从实践的观点出发，农村土地私有化、国有化的主张都是不可行的。

农村土地私有化是有些学者一直坚持的主张。回顾中华人民共和国成立以来土地制度演变历程不难发现，农村土地所有权制度是从农民私有逐步演变为农民集体所有的，这种演变既是以广大农民的积极性和主动性为基础，也是中国共产党领导和大力推动的。中国共产党经过长期革命斗

---

① 有学者对学术界关于农村土地集体所有权改革的各种意见进行了梳理分析，如刘俊：《土地所有权国家独占研究》，法律出版社 2008 年版，第 305—318 页；高飞：《集体土地所有权主体制度研究》，法律出版社 2012 年版，第 28—37 页。

② 陈锡文编著：《读懂中国农业农村农民》，外文出版社 2018 年版，第 167 页。

③ 任庆恩：《中国农村土地权利制度研究》，中国大地出版社 2006 年版，第 145 页。

④ 李周：《坚持农地集体所有的思考》，载《财经问题研究》2016 年第 4 期。

⑤ 白昌前：《农村土地经营权实现法律保障研究》，法律出版社 2020 年版，第 159 页。

争，取得新民主主义革命的胜利，建立中华人民共和国；中华人民共和国成立后顺利地进行社会主义改造，完成从新民主主义到社会主义的过渡，确立了社会主义基本制度。宪法明确规定，社会主义制度是中华人民共和国的根本制度；生产资料的社会主义公有制，即全民所有制和劳动群众集体所有制，是中华人民共和国社会主义经济制度的基础。宪法第 6 条关于社会主义经济制度基础的规定，落实到土地上就是取消土地的私人所有制，实行土地公有制，取消基于生产资料占有不公所产生的剥削行为，因此，取消土地私有制是我国过渡到社会主义的基本标志。① 农村土地集体所有制正是劳动群众集体所有制的重要体现，中华人民共和国成立后经过社会主义改造形成的农村土地集体所有制度，已经顺利运行 60 多年，如果再将农村土地集体所有变为私人所有，不仅会严重损害社会主义经济制度的基础，而且违背中国共产党建立公有制为基础的社会主义国家的执政理念，因此，从政治上和实践来看，都是根本不可能的。

农村土地国有化看似简单，其实有复杂的历史背景。在制定 1982 年宪法以前，对土地所有权没有作出明确规定。1982 年修改宪法时提出对土地所有制作出规定，当时发生的一个重大争议就是农村土地归全民所有还是集体所有，有的主张农村土地全部归全民所有，由集体和农民使用，理由是国家要进行建设，搞建设就要征用土地，规定归国家所有，有利于需要时征用土地。经过反复考虑，农村土地还是归集体所有为宜，法律规定属于国家的除外。我国农民对土地有特殊的感情，如果把土地规定归国家所有，虽然由农民长期使用，但在农民心理上还是不一样的，很可能产生强烈的影响，会影响他们的生产积极性，所以规定农村土地除法律规定属国家所有的以外，属于集体所有。② 这样规定是经过反复讨论、深入研究的结果。1982 年 2 月宪法修改委员会第二次全体会议审议的宪法修改草案（讨论稿）第 10 条规定：城市土地归国家所有，农村和城郊土地归集体所有。在讨论过程中，有些同志主张土地一律归国家所有，企业、集体、个人只有使用权；有些同志认为，农村土地国有，会引起很大震动，没有实

---

① 贺雪峰、桂华、夏柱智：《地权的逻辑 3：为什么说中国土地制度是全世界最先进的》，中国政法大学出版社 2018 年版，第 206 页。

② 王汉斌：《王汉斌访谈录——亲历新时期社会主义民主法制建设》，中国民主法制出版社 2012 年版，第 73—74 页；顾昂然：《新中国民主法制建设》，法律出版社 2002 年版，第 59—60 页。

际意义。中华人民共和国成立初期土地为农民个体所有，合作化后已经归了集体，如果规定农村土地一律国有，除了动荡，国家将得不到任何东西。因此，1982 年 4 月 22 日宪法修改委员会向五届全国人大常委会提交的宪法修改草案第 10 条规定：城市的土地属于国家所有。农村、镇和城市郊区的土地，除由法律规定属于国家所有的以外，属于集体所有；宅基地和自留地、自留山，也属于集体所有。经过全国人大常委会两次审议后，用 4 个月的时间，组织全民对宪法修改草案进行讨论，但对上述关于土地所有权的规定只作了个别文字修改。1982 年 11 月 26 日，宪法修改草案提请五届全国人大五次会议审议，彭真代表宪法修改委员会所做的《关于中华人民共和国宪法修改草案的报告》指出，草案第 10 条中原来是把镇的土地和农村、城市郊区一律看待的。全民讨论中有人指出，全国各地情况不同，有些地方镇的建制较大，今后还要发展，实际上是小城市。因此删去了有关镇的规定。镇的土地所有权问题，可以根据实际情况分别处理。①

从 1982 年宪法修改过程可以看出，对农村土地所有制度，经过认真讨论和研究，最终明确农村和城市郊区的土地属于集体所有，并未接受农村土地国有的建议。从目前情况看，一方面，农村改革 40 多年来，农村土地实行家庭承包经营早已深入人心，法律赋予承包农户土地承包经营权，明确土地承包经营权的用益物权性质，并且是集体土地所有权派生的独立土地权利，而且，党和国家的农村政策的基调一直是稳定农村土地承包关系，在这种情况下实行农村土地国有，不仅违反广大农民的心理预期，也违背长期以来的政策导向，在政治上是不可想象的；另一方面，长期以来，农村土地集体所有比较好地满足了国家建设和城市化对土地的巨大需求，对于推进工业化和城镇化，促进经济社会快速发展，发挥了重大作用。经过几十年快速发展，城镇化已经趋于稳定发展，农村土地实行国有化的必要性不大。因此，农村集体土地国有化既不太可能，也没有多大必要。

再进一步看，当前世界正进入高度不确定时期，我们正面临百年未有之大变局。立足于"两个大局"看待"三农"问题，更能深刻地体会农业、农村、农民问题的特殊重要性。从中华民族伟大复兴战略全局来看，改革开放以来农业农村发展取得了举世瞩目的显著成就，但是农业基础还

---

① 王培英主编：《中国宪法文献通编》（修订版），中国民主法制出版社 2007 年版，第 61 页。

不稳固，城乡区域发展和居民收入差距仍然较大，城乡发展不平衡、农村发展不充分仍然是社会主要矛盾的集中体现，实现中华民族伟大复兴，最艰巨最繁重的任务仍然在农村，最广泛最深厚的基础依然在农村；从世界百年未有之大变局来看，稳住农业基本盘，守好"三农"基础是应变局、开新局的"压舱石"。中国是一个拥有 14 亿人口的大国，农业是国民经济的基础，粮食是国家安定的基础，面对当前国际环境日趋复杂、不稳定性和不确定性日益增加的现实状况，更加突显稳住农业基本盘的重要意义，"三农"向好，农业稳定发展，粮食供应充分，全局就主动，就能够以国内稳产保供的确定性来应对外部环境的不确定性。当前情况下改变土地集所有制，不论是私有化还是国有化，都将造成广大农民的心理恐慌和农村社会的巨大动荡，搞不好甚至会影响社会稳定，都是难以接受的。

二、完善农村土地集体所有权运行机制

在坚持农村土地集体所有权制度的前提下，需要针对农村集体土地所有权制度存在的突出问题，不断完善这一制度。

关于农村土地集体所有权存在的主要问题，学术理论界反映较多的是三个方面：（1）边界不清，集体所有究竟是乡镇农民集体还是村农民集体、村民小组农民集体，界定不明确；村集体与村民小组集体所有的土地难以区分，特别是草地的集体所有权更是模糊不清。（2）主体缺位、虚位，法律明确了农民集体的所有权主体地位，但"农民集体"的含义模糊不清，导致集体所有者的主体实际上缺位；同时，法律又规定集体经济组织、村民委员会是农村土地集体所有权的行使主体，导致集体土地所有权的主体虚有其名、集体土地所有权主体制度形同虚设。（3）权能不全、内容残缺，集体土地所有权没有处分的权能，不得自主买卖；使用的权能也受到限制，不得用于非农建设；收益的权能更难以得到体现，特别是国家取消农业税和"三提五统"以后，几乎丧失了收益权。从现行法律规定和实践来看，这些问题是不是农村土地集体所有权制度存在的真问题，值得深入研究。

现行法律对农村集体土地所有权的规定是明确的，实践中农民自己对集体土地所有权的认知是清楚的。改革开放初期，相关法律对农村土地集体所有权的规定，在具体表述和用词上不够统一，例如分别采用了农业集

体经济组织、农民集体经济组织、农村集体经济组织的概念，但在物权法颁布实施后相关法律规定已趋统一：乡镇集体所有的土地属于该乡镇农民集体所有，村集体所有的土地属于该村农民集体所有，村民小组（村内农民集体经济组织）集体所有的土地属于该村民小组（村内农民集体经济组织）农民集体所有。表面上看，村民小组农民集体所有与村农民集体所有似乎难以区分，但实际上，村、村民小组分别是从人民公社时期"三级所有、队为基础"的生产大队、生产队演变而来的，局外人可能难以区分清楚，但农民自己对哪些土地属于村集体所有、哪些土地属于村民小组集体所有，都是非常清楚的。① 实行家庭承包经营初期，可能有个别地方的村与村民小组之间对特定土地的所有权归属存在争议，例如人民公社时期生产大队占用生产队的土地建设的小农场、苗圃等，但一般来说，农民对本集体土地都是清楚的。特别是，全国农村集体土地所有权已经完成确权登记发证，确权登记率达97%，集体土地所有权已作了明确界定；而且，农民集体所有的耕地、林地和草地开展家庭承包经营已经实行两轮之后，农民对不同农民集体所有土地的范围划分和所有权归属是清楚的。总体来看，对于农民来说，基本不存在土地集体所有权或者不同农民集体所有的土地模糊不清的问题。

　　同样地，作为集体土地所有权主体的农民集体，对局外人来说可能模糊不清，但对于特定的村、村民小组的农民来说，在任何特定的时间，农民集体的成员范围都是清楚或可以确定的。每一个农民都清楚地知道自己属于哪个农民集体，而且，某人是否属于特定农民集体，对于本集体农民来说通常都是显而易见的，即使有个别特殊情况存在争议，也是可以确定的。所以，虽然特定农民集体的成员数量不断变动，成员可能有生有死、有增有减，但在特定时间集体的成员是清楚、可以确定的。对于农民而言，集体是一个很清楚的事实，生产队等概念在农村并没有消失，而且在某些地区是一个比村民小组更加常用的词汇。② 农民自己不存在集体成员模糊不清的问题。事实上，自20世纪90年代以来，许多地方的农民集体

---

　　① 在农村生活过的读者对此可能有所感受。笔者读小学时就知道，相互交错的土地中哪块属于本生产队（二队），哪块属于同一自然村的一队。原来的生产队如今已改为村民小组，但土地所有权状况基本未变。

　　② 祝之舟：《农村集体土地统一经营法律制度研究》，中国政法大学出版社2014年版，第133页。

在实行股份合作制的过程中，清楚地界定了本集体成员及其分别享有的股份权益，甚至对曾经在村里工作和生活过的人员，如村小学以前的教师，都清楚地确定了他们的权益。对于农民来说，谁是本集体成员通常都是清楚的，即使存有疑问，集体也可以确定。

集体土地所有权的权能在法律上和实践中受到一些限制，是与现代社会里限制所有权的趋势相一致的。自19世纪末以来，各国民法普遍对所有权施加限制，所有权从纯粹的私权变成法定权利，国家通过立法对所有权的种类、内容等加以限定，不由当事人随意创设；法律还确立了禁止权利滥用原则，即所有权人不得以给他人造成损害为目的而行使权利，并且明确了所有权人行使所有权必须承担的义务，即所有权的行使不得违反社会公共利益和他人权益。而且，在私法上，法律明确承认用益物权等他物权对土地所有权的限制，所有权人必须服从这些权利的限制；在公法上，法律明确规定，为了公共利益需要，可以依法征收征用土地。可以说，现代社会里，对土地享有的上至天空、下至地心的绝对所有权，在现实生活中早就不存在了，对土地所有权的权能，包括对土地利用施加限制，已经成为十分普遍的现象。我国法律对集体土地所有权施加某些限制，显非集体土地所有权本身的问题。

按照宪法规定，我国社会主义经济制度的基础，是生产资料的社会主义公有制，即全民所有制和劳动群众集体所有制。土地的社会主义公有制是我国土地制度的核心，社会主义土地公有包括全民所有（国有）和农民集体所有两种类型，土地所有权的主体只能是国家和农民集体，不能是其他任何单位和个人，这是现代社会里土地权利法定的具体体现。据此，不论法律上还是现实中，农民集体所有土地的转让必然受到相应的限制，依照法律规定，农民集体所有的土地只能变为国有土地，不能为其他单位和个人所有，这显然在客观上限制了农民集体土地所有权的处分权。①

农民集体所有的农用土地只能用于农业用途，即农地农用，不能随意用于工商业等建设，这是世界各主要国家的通例，甚至奉行所谓自由市场

---

① 日本学者对我国清代土地法的研究表明，对土地的利用和处分受到土地的性质、土地存在目的或者维持亲属秩序目的的制约。清代的土地法出于不同目的，禁止买卖寺院的寺田、义学和书院的学田等，禁止特定官员在任职地购买民地，禁止旗人购买民地。参见［日］森田成满：《清代中国土地法研究》，牛杰译，法律出版社2012年版，第18—19页。

经济的英国、美国也是如此。我国是人口大国，耕地资源十分紧缺，粮食是国泰民安的重要基础，限制农民集体所有的农用土地只能用于农业，未经法定程序不得随意转为建设用地，确实限制了农用土地的使用权能，这既是世界主要国家的普遍做法，更是基于我国国情作出的重要战略决策，是正当且必需的。

农村土地实行家庭承包经营后，集体土地所有权的收益权能如何体现，是值得深入研究的问题。21 世纪初国家先后取消农业税和"乡统筹、村提留"费用，这是国家根据经济社会发展而实施的惠农政策。农户承包集体土地是否交纳承包费值得研究，承包户的家庭成员都是集体经济组织成员，本身就是集体土地所有者（农民集体）的一员，按照人人有份的家庭承包方式将集体土地承包给本集体内部农户，显然不同于普通土地租赁（双方可能是陌生人），农民承包自己的土地并且实行均田性质的平均承包，不交纳承包费也有道理。此外，国家征收集体土地时，农民集体依法获得补偿，也是集体土地所有权的收益权的体现。

以上分析可以看出，农民集体土地所有权界定不清、主体不明、权能不全等，不一定是农民集体土地所有权存在的实际问题。

从农村土地集体所有权运行情况看，实际的问题可能是，法律规定了集体土地所有权的主体和行使主体，但未明确行使土地所有权的规则和程序，作为所有权主体的农民集体缺乏意思表达、执行和监督的具体机制，实际上可能由村委会个别成员控制集体土地所有权。

具体来说，主要体现在三个方面：（1）农民集体作为土地所有权主体如何行使所有权，法律既未规定具体程序，也未明确基本规则，导致农民实际上难以依法行使集体土地所有权，集体成员作为集体资产所有者的一员对农村土地和其他资源的所有权并未在现实生活中体现出来，[1] 不能通过法定程序行使权利。集体成员缺乏对集体土地的有效介入和控制，导致农民利益得不到有效保障。[2] 国家征收征用村农民集体土地时，都是村委会出面与国家协议决定农民集体土地的命运，接受并处分相关土地补偿费

---

[1]　张晓山：《我国农村集体所有制的理论探讨》，载《中南大学学报（社会科学版）》2019 年第 1 期。

[2]　唐满荣：《不可分共同共有：集体土地所有权制度重构》，载《重庆工商大学学报（西部论坛）》2008 年第 2 期。

用。① （2）农村集体经济组织、村民委员会作为集体土地所有权行使主体应当如何行使所有权，法律也没有明确规定，实践中一些地方由村委会、村党支部的个别成员垄断集体土地经营、管理，实际控制集体土地所有权，甚至背着农民处分集体土地权益，村干部为谋取私利而侵害集体土地所有权和农民土地权益现象时有发生，出现小官巨贪。在目前土地集体所有权的控制权与产权所有者实践中存在不统一的情况下，所谓的集体所有就成了大家都没有，或者说等于地方政府所有。② （3）对村干部侵害集体土地所有权的行为，法律并未明确规定相应的救济措施，农民难以依法采取有效措施予以制止。集体土地不可分割，农民也不能通过行使退出权来约束村委会和乡镇政府。③

因此，坚持和完善农村土地集所有权制度的主要任务是，建立健全集体土地所有权的行使制度，规范集体土地所有的运行。具体来说：（1）建立科学、公正的集体共同决策程序，赋予集体成员应有的决策参与权，明确成员行使权利的具体程序和规则，使成员的权利变成可以行使的权利，能够落实落地，以遏制集体土地所有权代行主体权利的膨胀和少数人武断决策的现象。④ （2）赋予集体成员对行使集体土地所有权、处分集体土地权益的知情权、监督权，并明确行使这些权利的方式和程序，确保这些权利落到实处，真正能够行使。（3）丰富集体成员针对损害集体土地权益的救济措施，为集体经济组织成员维护集体土地所有权提供法律依据和途径。根据民法典第265条第2款规定，农村集体经济组织、村民委员会或者其负责人作出的决定侵害集体成员合法权益的，受侵害的集体成员可以请求人民法院予以撤销。但对于侵害集体土地所有权的行为，却没有赋予集体成员寻求救济的权利，应当明确集体成员可以采取的救济措施。

三、农村土地"三权分置"的未来发展

随着经济社会发展、农村集体产权制度和农村土地制度改革不断深化，农村土地权利体系还会进一步发展，"三权分置"的实践也会进一步

---

① 陈玉江：《农村土地所有权主体制度的不足与完善》，载《改革与战略》2009年第1期。
② 卫祥云：《产权的逻辑》，中信出版社2014年版，第36—37页。
③ 何国平、罗后清：《论农村土地的经济所有权归农》，载《农业经济》2014年第7期。
④ 袁震：《我国农村土地地权冲突与协调法律问题研究》，法律出版社2020年版，第238页。

发展和演化，基本趋势可能是，集体土地所有权运行更加规范，农户土地承包经营权趋于价值化，土地经营权逐步物权化。

（一）集体土地所有权的运行更加规范

总体来看，今后推进乡村全面振兴和农业农村现代化，将继续坚持并不断完善农村集体土地所有权制度，农村土地集体所有权将保持基本稳定，不可能实行私有化，也没有必要实行国有化。

随着农村集体经济组织不断健全，有关农村集体经济组织的法律制度规范不断完善，特别是将农村集体经济组织法纳入立法规划，对农村集体经济组织的性质、地位、作用、组织形式和运行规范，以及集体经济组织成员权利义务等作出明确规定，作为农民集体之一员的农村集体经济组织成员，参与行使集体土地所有权以及对集体财产的经营管理进行监督的方法、程序、救济方式等，在法律上更加明确，在实践中不断积累经验，集体土地所有权的行使，以及农民集体意志的形成和表达都更加规范，这是今后不断完善农村土地集体所有权制度的基本趋势，也是大部分地区坚持和完善集体土地所有权制度的主要任务。

今后一段时间，农村土地集体所有权总体保持基本稳定，同时个别地方也可能发生集体土地所有权的合并甚至消灭。（1）随着乡村振兴战略深入实施和农村土地制度改革不断深化，农村人口迁移更加突出，部分村庄人口明显减少，部分农户迁入城市后有偿、无偿地退出土地承包关系、交回宅基地，甚至完全退出集体经济组织，根据强化农村基础设施建设和公共服务的需要，按照村庄建设规划，有些村庄可能合并，相应地会发生集体土地所有权的合并，形成新的农村土地集体所有权，其土地规模更大，但土地所有权性质不变。（2）随着城市化推进和经济建设需要，一些城市郊区的农民集体所有的土地全部被征用，转为国有土地，相应的农村集体经济组织转为城市社区，集体土地所有权及农户土地承包经营权均归于消灭。当然，这是部分城郊农村地区的特殊情形，特别是大城市郊区，在近40 年城市快速扩张的过程中普遍出现过这种情况，这是城镇化和经济发展的必然结果，今后仍会发生。

（二）农户土地承包经营权（土地承包权）趋于价值化

农户土地承包的情况比较复杂，加上今后农户会发生分化，因此，农户土地承包权的发展趋势也可能比较复杂，基本趋势可能是土地承包经权（土地承包权）价值化，具体来说，可能向三个方向发展。

其一，承包户坚持经营承包地。基于部分农户的现实情况和国家支农政策不断增强，今后仍会有相当一部分农户继续经营自家承包地，其土地承包经营权保持不变，并随着承包期限延长不断强化。其中，有些农户可能成立家庭农场并流入其他农户的承包地，有些农户可能通过转让方式受让其他农户的土地承包经营权，这些农户既享有自家承包地的土地承包经营权，也享有其他农户承包地的土地承包经营权、土地经营权。

其二，越来越多农户的土地承包经营权（土地承包权）逐渐价值化，这是今后的重要发展方向。随着大部分农民进城务工，非农收入在农户家庭收入中的比例升高，种地收益越来越不重要，越来越多的农户不再经营承包地，同时，集体统一经营的作用不断增强，促进土地承包经营权价值化，使农户的土地承包经营权逐渐脱离土地，抽象为价值化的权利。

根据一些地方的实践探索，今后可能通过三种方式逐渐实现土地承包经营权（土地承包权）的价值化：（1）部分农村集体经济组织具有较强集体经济实力，而且大部分成员从事非农产业，经集体经济组织成员同意，集体将农户的土地承包经营权收回，统一组织经营集体土地，农户不再经营承包地，集体经济组织将经营收益按照承包户的土地承包经营权份额（承包土地面积）分配给承包户；承包户的土地承包经营权在承包期内已经实现价值化，转化为按照份额分享的经营收益。（2）部分农村集体经济组织成立土地合作社，承包户以土地承包经营权入股合作社，集体土地由合作社统一组织经营，承包户作为合作社的一员，按照入社土地承包经营权份额分享合作社的收益；集体成员参加劳动的，还取得劳动报酬。（3）有些集体经济组织可能将集体所有的土地和经营性资产一起量化到集体成员和农户，作为其分享集体经济收益和集体福利的基本依据；集体土地由集体经济组织统一组织经营，农户不再经营土地，其土地承包经营权（土地经营权）完全脱离土地，成为价值化权利。部分农户逐渐变得像明清时期的不在地主一样，只关心土地权利价值的实现，即取得收益。①

---

① 明清时期大多数不在地主对于土地的位置、土地上种的庄稼，甚至对于交租的人都一无所知，他们的唯一兴趣就是租金本身。参见费孝通：《江村经济》，北京大学出版社 2012 年版，第167 页。

其三，土地承包经营权消灭。部分农户全家迁入城市或者迁到其他地方，离开原集体经济组织，不再是集体经济组织成员，其享有的土地承包经营权交回集体，集体经济组织根据国家政策和本集体具体情况，对承包户的退出给予适当补偿，这部分农户的土地承包经营权（以及成员权）归于消灭。

（三）土地经营权逐步物权化

随着乡村振兴战略深入实施、农村土地制度改革不断深化，以及农村土地"三权分置"的实践发展，客观条件逐步成熟，土地经营权将逐步实现物权化。

具体来说，客观条件主要有四个方面：（1）大量农民进入城镇工作和生活，部分农户完全离开农村，迁入城镇居住和生活，在农村居住和生活的人口（特别是中青年农民）和承包户基本稳定，"农民"逐渐从身份变成职业；（2）城乡二元结构逐渐消融，城乡公共服务基本实现均等化，特别是农村社会保障体系逐步健全，保障水平随着经济发展不断提高，农户的土地承包权承载的社会保障功能不断弱化，农民实际上不再依赖承包地和土地承包权作为最后的生活保障，承包户对强化土地经营权的担忧逐渐缓和；（3）建立并不断完善农民土地权利的退出机制，部分农户自愿、有偿交回承包地，甚至退出承包关系，越来越多的土地经营权直接来自农民集体土地所有权，部分农户的土地承包经营权逐渐脱离土地而抽象化、价值化，土地经营权进一步独立出来对农户的生产经营和生活不会造成重大不利影响；（4）承包户与土地经营者反复博弈、调整、适应，使土地经营权的权利内容不断丰富、明确，并且逐步规范化，基本得到相关各方面普遍认可。这些条件趋向成熟时，遵循土地承包经营权物权化的相同路径，通过立法明确土地经营权的物权性质，进一步明晰土地经营权的内容，可以说是水到渠成。

家庭承包的土地经营权物权化以后，土地经营权法律制度将进一步规范化，依法取得的各种土地经营权可以归并为两类：经依法登记取得土地权属证书的，构成用益物权；未经登记并取得土地权属证书的，属于债权性质的土地租赁权。